裁员专家

琥珀指甲 ◎ 著

图书在版编目(CIP)数据

HR 工作手记：全二册 / 琥珀指甲著 . — 北京：北京大学出版社，2022.8
ISBN 978-7-301-33117-0

Ⅰ.①H… Ⅱ.①琥… Ⅲ.①职业选择—通俗读物 Ⅳ.① C913.2-49

中国版本图书馆 CIP 数据核字 (2022) 第 109008 号

书　　　名	HR工作手记：全二册 HR GONGZUO SHOUJI：QUAN ER CE
著作责任者	琥珀指甲　著
责 任 编 辑	王继伟　滕柏文
标 准 书 号	ISBN 978-7-301-33117-0
出 版 发 行	北京大学出版社
地　　　址	北京市海淀区成府路205号　100871
网　　　址	http://www.pup.cn　　新浪微博：@北京大学出版社
电 子 信 箱	pup7@pup.cn
电　　　话	邮购部 010-62752015　发行部 010-62750672　编辑部 010-62570390
印 刷 者	天津中印联印务有限公司
经 销 者	新华书店 720毫米×1020毫米　16开本　14.5印张　324千字 2022年8月第1版　2022年8月第1次印刷
印　　　数	1–5000 册
定　　　价	109.00 元（全二册）

未经许可，不得以任何方式复制或抄袭本书之部分或全部内容。
版权所有，侵权必究
举报电话：010-62752024　电子信箱：fd@pup.pku.edu.cn
图书如有印装质量问题，请与出版部联系，电话：010-62756370

目 录

- 大刀向前男友头上砍去 ………………………………… 001
- 女王，又见女王 …………………………………………… 013
- 江湖无兄弟 ………………………………………………… 024
- 被裁掉的公关经理 ………………………………………… 035
- 时代弃儿 …………………………………………………… 047
- "冠军"陨落 ……………………………………………… 059
- 打假行动 …………………………………………………… 070
- 泄密者 ……………………………………………………… 082
- 王牌对王牌 ………………………………………………… 093
- 4S店的"无间道" ………………………………………… 105

- 慈不掌兵 116
- 正道沧桑 128
- 落架凤凰 139
- 少年桀骜 149
- 被放弃的"背锅侠" 160
- 矽肺工人 171
- 颠覆的舒适区 181
- 与"关系户"的狭路相逢 192
- 爱加班的姑娘 203
- 与前男友的最后一战 214

大刀向前男友头上砍去

01

下午六点，明锐科技位于软件园二十一层的办公区中，郗娆端着咖啡临窗而坐。

她面前的白色小桌上有一份员工个人档案，档案上这个人的照片和前半段的人生经历她都熟悉，甚至她曾以为后半段自己也会参与，只是后来事实证明没有这个必要。

一杯咖啡见底，郗娆勾起唇角，拨通了填在表格里的电话。

"您好，请问是江海炎先生吗？"

那边似乎怔了一下，没有回应。

"江先生？"郗娆稍微提高音量，"您在听吗？"

"哦，不好意思。你的声音……我以为……"那边说到一半，顿了顿，转了话头，"您是哪位？"

"我是公司新来的HR，郗娆，这次联系您是关于您的病假条……"

"你说你是谁？"江海炎打断她。

"郗娆，希望的希加右耳旁，妖娆的娆。"

又是一阵安静。

"娆娆，真的是你？"江海炎讪笑道，"好巧，你怎么会在我们公司当HR？"

巧吗？也许吧。虽然不管对方是谁，这个案子郗娆都会争取到手。不过，如果对方是江海炎，她倒是也不介意痛打落水狗。

郗娆语气不变："江先生，您可以叫我郗小姐，或者郗经理。我打这个电话，是代表公司和您沟通，希望您能了解这一点。现在，我们可以回归正题了吗？"

郗娆所说的正题，关于江海炎的病假条。

"你说让我把医院开的病假条原件交到公司?"时隔五年,前女友给自己打电话,说的是这个事,江海炎一时有些五味杂陈。

可事关利益,他只能集中精力应对。

"我请假的时候已经拍了照片发给之前的 HR,现在让我交原件,没有必要吧?再说我腰椎间盘突出严重,正在治疗,不方便去公司……"

"之前的 HR 是怎样要求的我不管,现在这个工作由我负责。"郗娆打断他,"公司规定请病假需要提交病假条原件,我只是执行。至于你说的不方便,这个好办,你可以寄同城快递给我。三天之内,我必须拿到,否则很抱歉,只有按照旷工处理了。"

02

郗娆这个职业,官方说法叫裁员顾问,被戏称为"职业丑人",做的是砸人饭碗的事儿。

两天前,明锐科技 HR 经理找到她,表示因为市场布局需要,公司要裁掉一个新业务拓展部门。这个部门一共五人,除了部门经理江海炎是在公司工作快五年的老员工,其他都是才来一年左右的新人。

公司原本觉得这件事很简单。第一,这个部门成立以来,几乎没有任何有价值的产出。虽然有大环境的原因,但以结果导向来看,谁都得承认公司裁员有理。第二,公司愿意按照《中华人民共和国劳动合同法》规定的标准支付离职补偿金,员工与其在这里混日子,还不如趁着年轻拿了钱另找合适的地方,这对双方都有好处。

所以,一开始,他们是没打算找裁员顾问的,两个多星期前,HR 经理亲自上阵找员工谈话,表示公司愿意协商解除劳动合同。

刚开始,裁员谈话进行得很顺利,几名新人纷纷表示同意离开。这时候,公司犯了一个致命的错误——没有立即与他们签订协商解除劳动合同的协议,准备等所有人都谈完以后再一起办理手续。

没想到,谈到部门经理江海炎的时候,整件事情突然急转直下,打了公司这边一个措手不及。

那天,HR 经理把情况说完,江海炎没说行,也没说不行,只说要考虑一下。然而,第二天他就没有来上班,直接发了一张病假条的照片过来。

病假条上写着江海炎患有严重的腰椎间盘突出和腰肌劳损,需要卧床休息一个月。

这就是要计算医疗期了,如果对方不同意,想要在医疗期内解除劳动合同几乎是不可能的。

同时,原本已经同意离开的其他四名员工也齐齐反口,表示坚决留在公司,如果公司想让他们走,要给他们两倍的补偿金。

事情一下子陷入了僵局。

公司这才意识到问题的严重性,于是开始寻求外部力量的帮助。

他们最初找到的是一家以猎头相关业务为主、刚刚开始拓展裁员业务的人力资源服务公司。那家公司的合伙人程牧野在圈子内口碑好、人脉广，很值得信任。

然而，对方听说江海炎在医疗期内后，立刻建议公司提高补偿标准，表示如果能谈成，尽量还是通过协商解决。

吃点小亏，总比给他三个月的病假工资，同时赔上社保、公积金要好，而且还可以避免发生群体性纠纷。在目前这种情况下，这的确是一个可行的解决办法。

可公司这边不愿意。

总经理说："他钻了法律的空子，我还要多给钱，世界上哪有这个道理！"

正巧，这个时候，有人推荐了郗娆。

郗娆拿到江海炎的档案，只说了一句话："给我一个月的时间，没有我裁不掉的人。"

于是，总经理亲自拍板，把这个案子签给了郗娆。郗娆将以公司 HR 经理的身份，处理这次裁员事件。

03
HR DIARY

"果然是你。"郗娆拿着刚签完的合同从明锐科技出来，一个男人斜倚在电梯旁，似笑非笑地看着她。

眼前人眉目柔和，但郗娆本来就面无表情的脸又冷了几分："与程总无关。"

"你抢了我的生意，当然和我有关。"程牧野走过来，双手插兜，居高临下地看着她，"法定医疗期内公司要给员工发放工资，同时不能强制解除劳动合同，这个你应该知道。既然是这样，你告诉我，那个江海炎凭什么要接受你的 N+1 补偿，乖乖走人？你这单做不好，是要砸招牌的。郗娆，我是为你好，你要想清楚……"

"程总。"郗娆微微仰头，看着电梯显示屏上跳动的数字，语调不变，话却不好听，"我的事情不用您操心。至于是不是为我好，我不是没吃过亏，自己会判断。"

程牧野一顿，有几分尴尬："那件事我解释过了，确实是个误会。当然，我也有责任，我向你道歉……"

"不必。"电梯门开，郗娆扔下两个字，走得干脆利落。

如果道歉有用，还要警察干什么？何况毁了她作为 HR 的职业生涯，逼得她不得不转行做裁员顾问，这个梁子哪里是一句道歉能解开的？

虽说事情已经过去了两年，但郗娆还是清楚地记得，当时自己作为 HR 经理，是怎么被一群朝夕相处的前同事指着鼻子骂的。

这些人，有的在她入职时给予过她真诚的帮助，有的和她一起披星戴月加过班，甚至有一位女同事，曾热情地想给她介绍男朋友。

可最后，她把这些人全部解聘了。

当时的公司做出这个决定要求郗娆执行的时候，她的第一反应是拒绝。然而，HR 的工作必须要服从公司战略发展要求，公司不需要这些人了，她别无选择。

整整两个星期，郗娆整夜整夜地失眠。在裁员和辞职之间，她犹豫不决。

当时，她在那个职位仅仅工作了三个月，离职，对她的职业生涯损害太大了。

最后，郗娆用"他们被裁已成定局，这是公司的决定，我不做也有别人做"说服了自己。然而，令她怎么也没想到的是，裁员之后，那家公司高层领导说开除那些员工是她的意思，立即收回办公电脑和工牌也是她的意思，让保安把他们驱逐出办公区更是由她直接安排的，都与公司无关。

郗娆后来想起这些事，总是觉得很讽刺。几个连锅和铲子的用途都分不清的富二代老总们，甩起锅来，倒真是稳准狠，而她自己则成了典型的"背锅侠"，连续很多天，都有人半夜打电话来，用极其恶毒的话咒骂她。

那段时间，郗娆瘦了十几斤，一度靠喝醉入睡，甚至因为酒精中毒被闺密送去医院洗过胃。

直到她决定坏人做到底，干脆以裁员为职业，才一点点从谷底爬了出来。

在那家公司经历的一切对她来说意味着什么，只有郗娆自己知道。

那家公司，就是程牧野推荐给她的，在她最信任他的时候。

郗娆做 HR 的第三年，认识了程牧野。

一位很优秀的候选人上午刚刚和程牧野谈好，下午就来面试了郗娆所在的公司。郗娆凭着专业的职业生涯规划能力，说服了对方改旗易帜，与自己成了同事。

被"放鸽子"的程牧野想知道那个挖了自己墙脚的 HR 到底是何方神圣，于是找上门来，两人自此不打不相识。

程牧野比郗娆入行早，对整个地区的人力资源情况更熟悉，所以两个人偶尔会一起吃吃饭，交流一下经验，圈子里有什么培训或者茶话会，他也会叫上郗娆一起参加。跟着程牧野，郗娆认识了很多人，学会了很多东西。

他的电话慢慢进了她通讯录的收藏夹，他的微信和她妈妈的微信一起被置顶。

他成了对郗娆很重要的人。

好闺密王穗穗甚至开玩笑说这个男人百分百对她有意思，让她好好把握。

结果呢，她被程牧野害了。

"第一，你在原公司已经到了瓶颈，只要你的顶头上司不离职，经理的位置就轮不到你。第二，这家公司实力雄厚，而且处于前沿领域，你给别人做职业生涯规划时也会说，选择一个行业比选择一个职业更重要，眼前这个行业就非常值得选择。第三，老板都是年轻人，有冒险精神，你要想做出成绩，就要变革，否则怎么闪光？只有这样的老板，才能拥抱变革，让你放手去做。这个平台太适合你了，郗娆，我不希望你错过它。"

程牧野当初就是用这三个理由说服了郗娆。

对，她的确没错过，只是被人利用了而已，只是在行业内出名了而已，只是再也没有公司愿意请她做 HR 了而已。

所以，接受程牧野的道歉？她郗娆可没有那么大度。抢他的单子，她乐意之至。

04

打电话给江海炎的第二天，他没有来送病假条。

第三天也没有。

可是郗娆没闲着，她去了给江海炎开病假条的那家医院，花了五十元钱，挂了在病假条上盖章的那位主任医师的号。

主任医师很忙，门口等着叫号的人把几排不锈钢椅子坐得满满当当，郗娆只得找了个临窗的位置站着。等了大半个上午，直到小腿肚子开始泛酸，才终于轮到她进去。

"哪儿不舒服？"看起来五十岁出头的主任医师扫了她一眼，随口问。

"没哪儿不舒服，"郗娆拖过一个板凳，在主任医师对面坐下，"我想向您打听一个人。"

听到这话，主任医师的眉头瞬间拧成了一个疙瘩："这里是医院，不是号码百事通，也不是派出所。打听人？你到别的地方打听去。"

说完，他不耐烦地摆摆手，扬声对着门口喊："下一位。"

"可是这个人拿的是您开的病假条，我到别的地方打听不着。"郗娆一边起身按住门，一边加快语速，"我不会耽误您很长时间，就两分钟。您记得有个病人叫江海炎吗？"

"我怎么记得？"主任医师打断她，"你也看到了，我这里一天有多少病人？我每天都给病人开病假条，个个都记得，我非得累死不可！"

郗娆指着他桌上的电脑："可是他有没有来看过病，诊断结果是什么，需不需要卧床休息，您这儿能查得到吧？"

"查什么查？保护病人隐私懂不懂？"主任医师的脸色更难看了，干脆起身直接绕过她拉开门，"下一位是谁？进来。"

"如果有人拿着您开的病假条请病假，事实上您从来没有接诊过这个病人，或者诊断根本不是出自您，"郗娆身体前倾，和主任医师对视，"这对您来说，也无所谓吗？"

主任医师拿着笔的手一顿。

但凡读过书的人，尤其是努力了若干年才小有成绩的，都是爱惜羽毛的。

郗娆赌他也是。

"把你的身份证和工作证明给我看看。"僵持了几秒钟，主任医师冷着脸说。

郗娆立刻乖乖地递了过去。

主任医师看看她，看看证明，终于抽空在他面前的那台电脑上敲下了"江海炎"三个字，然而，没有。

有江海，有江炎，就是没江海炎。

这说明，主任医师不仅没有给江海炎开过假条，甚至根本没有接诊过他。

到这一刻，郗娆一直面无表情的脸上，才终于露出一丝笑容。

是的，她早就猜到了。作为和江海炎交往过三年的前女友，郗娆当然知道他很擅长处理图片。

别说只是把病假条上别人的名字换成自己的，就算是当年和学妹关系暧昧被她发现，人家都能把和学妹的亲密照换成和室友的合影，然后口口声声地指责郗娆不信任他，一举占据道德制高点。

病假条是假的，那就好办了。

虚构病假被判刑的案子不知道他听没听说过，这一局，她倒要看看，他江海炎怎么翻盘。

05

晚上，郗娆带着马上就能裁掉江海炎的美好想象进入梦乡，没想到，第二天一大早就收到了来自江海炎的快递。

快递中只有薄薄一张纸，是一份入院证明——江海炎住院了。

郗娆挑眉。

是她大意了。她的确了解江海炎，但江海炎也知道她了解他，现在看来，他是决定假戏真做了。

康平骨科医院？郗娆的目光在入院证明的签章处打了个转。避开么多公立医院，找了一家山远海远的专科医院，江海炎还真是费心。

看来，见面的时候到了。

想到这里，郗娆的唇角忍不住勾出一个嘲讽的弧度。

五年前作为男女朋友的最后一面，江海炎问她："你对我连起码的信任都没有，在一起还有什么意思？"

郗娆回答："如果到现在还相信你，那就是我的脑子进水了。在要你还是要脑子这个问题上，根本不需要选择。"

然后，她把他的所有个人物品都扔了出去，任凭他在门外暴跳如雷。郗娆回身进屋，戴上耳机看电影，顺便点了一大盘烧烤犒劳自己。

后来，王穗穗曾问过郗娆，三年真心一场空，恨不恨？

有什么好恨的？被狗咬了一口，难道还能咬回来吗？

她可不愿意沾上一嘴毛。

当时，郗娆懒得再搭理江海炎，却没想到还有这个机会等着她，真是人生何处不相逢。

06

到康平医院时，刚好早上六点四十分。

郗娆倚在病房对面的窗边，一直等到七点半，过道那边的电梯门一开一合，走出来一个男人。

不过三十岁,他却已经开始微微发福,头发似乎也不太富裕。

郗娆的唇角慢慢弯了起来。仅仅这一眼,她特意打车来的费用就没有白花——分手之后的情侣再见,女人仍然年轻貌美,男人则变成了典型的油腻大叔,没有什么比这更讽刺了。

见到她,江海炎怔住了,半晌,嘴唇动了动,却没发出声音。

这样一个男人,自己当初是怎么看上的呢?如果不是场合、身份都不合适,郗娆很想说一句:"感谢当年不娶之恩。"

"江先生是吗?"郗娆先开了口,很官方的语气,"我是公司 HR 经理郗娆,今天找您,主要是与您核实一下您的病假信息。"

"江先生?"江海炎重复了一遍这三个字,神情越来越复杂,片刻后突然笑了,"娆娆,我们之间没必要这样吧?"

郗娆并不接他的话,只扬起自己的手机递到他眼前,把屏幕上的一张图片给他看:"这是您请假时提供给前 HR 经理的病假条,您还认识吗?经过我的调查,您在这位主任医师那里并没有就诊记录。我想问一下,您的这张病假条是从哪里来的?"

"你说呢?"江海炎转身靠在窗台上,"既然都调查了,何必再绕弯子?就算病假条有误,我生病总是真的吧?住院手续你都看见了。"

"所以,您承认之前的病假条是伪造的,是吗?"郗娆挑眉,"江先生,我必须提醒您,伪造病假条骗取病假工资和社保、公积金,公司完全可以起诉您。按照公司在您住院以前已经支付给您的病假工资金额计算,您可能已经构成诈骗罪……"

"呵。"她的话没说完,就被江海炎打断,"郗娆,终于有机会报复我了,你是不是很开心?不过,你开心得未免早了点儿。"

"谈不上开心不开心。"郗娆语气不变,"我现在是代表您所任职的明锐科技和您谈话。首先,您伪造病假条的客观事实存在;其次,您虽然办理了入院手续,但晚上您显然不住在这里,这个住院的真实性有待商榷。所以,公司的意见是,如果您愿意协商解除劳动合同,公司也愿意好聚好散,该给您的'N+1'离职补偿金一分都不会少。反之,如果您不愿意,公司可以选择报案,那时您将面对的,也许就是刑事处罚了。"

说到这里,郗娆第一次露出笑容:"虽然这个结果我很乐意见到,但选择权目前还在您自己手里,希望您能做出一个明智的决定。"

07
HR DIARY

人和人之间,好聚容易,好散却相当难。

江海炎既然做了,就不会轻易低头,更何况对方是郗娆。

郗娆找到他的当天,江海炎的第二封快递就发了出来,明晃晃的一张病假条,出自他住院的那家康平医院,时间正好从他休病假当天开始,到他医疗期满。

私立专科医院的服务确实到位,难怪江海炎会选择它。

江海炎对此的解释是，他之前弄错了，这个才是他真正的病假条。

事情又回到了原点。

"需要我帮忙吗？"午休的时候，郗娆在走廊里遇到来签订猎头顾问合同的程牧野，对方问。

"你怎么帮忙？难道把他挖到别的公司去，害人家，顺便赚一笔猎头费？"

"你就这样看我？"程牧野有些无奈，"之前我没遇到过那种事，的确不知道有的公司招聘 HR 就是为了替他们做坏人。现在不同，现在我有信心给这位江先生推荐一个适合他的职位。"

"适合他的职位？程总，您说的该不会是垃圾回收站吧？"郗娆冷笑。

程牧野一怔："江先生得罪过你？"

郗娆这才意识到自己刚才的话里带了情绪，于是噤了声，面无表情地准备错身而过。

"或者，你可以从他的收入来源入手调查。"程牧野再次开口，"我听说他住在康平，那家医院不便宜，而且很多治疗项目不在医保范围内。虽然说江海炎有病假工资，可是为了这一万多块钱，花出去巨额医药费，我总觉得有些不对。除非，他想利用休病假的时间，自己另外谋一份收入，然后进可攻退可守。"

郗娆听后回头："有道理。"

以江海炎的性格，要说他费这么多事儿真的只是为了治病，郗娆是不信的。

那他到底在做什么？

她决定好好查一查。

08

托当年程牧野带着郗娆到处结交朋友的福，一个星期后，郗娆收到消息——江海炎几个星期前全款买了一辆奔驰 E 级车，入手价四十六万元。

此外，他前两年购房，现在每月要还八千多元的房贷。

根据明锐科技提供的工资表，这两年江海炎虽然担任部门经理，但因为业务拓展效果不好，他一年的工资收入总计只有二十几万元。

这些信息让郗娆更加坚信，江海炎在明锐科技任职的同时另有一份职业。现在她要做的，就是把江海炎的第二职业找出来。

如果江海炎一边休着病假，一边积极通过其他途径赚钱，那就不要怪她不客气了。送上门的机会，郗娆没有不珍惜的道理。

然而，猜到是一回事，查实却是另一回事。

整整十天，郗娆没有得到一点有用的线索。

她尝试过添加双方共同朋友的微信，可有的人换了电话号码，有的人的手机号并不是微信号，她一个也没有联系上。

她借回母校的机会去探望过江海炎的大学老师，试图从他那里了解江海炎的消息，但是除了被老师误会成想要求复合，一点收获也没有。

眼看着距离最后的裁员时限只有三天，郗娆一咬牙，再次翻开了江海炎的档案。

档案中紧急联系人那一栏，写着一个并不陌生的名字——张媛，与江海炎的关系是夫妻。

当年与江海炎暧昧不清的那个学妹也算厉害，不管怎么说，人家笑到了最后。只是不知道她有没有一种"砸在手里"的感觉，反正现在的江海炎，在郗娆看来，是根本不值得一争的。

张媛的工作单位是某保险公司，职位是客户经理。

郗娆扭头看向窗外，楼层高就是这点好，会有一种一览众山小的感觉，似乎以往再多的恩怨，都可以随手翻篇。

她笑了笑，发了一条添加好友的请求，申请原因写的是"我想买保险"。

三秒钟不到，郗娆就成了张媛的微信好友。

郗娆第一时间去翻了张媛的朋友圈。

江海炎的这位小师妹，当年就喜欢在朋友圈分享生活，否则郗娆也不会发现他们之间那些你来我往的暧昧。让人欣慰的是，多年过去，她的这个习惯还在，朋友圈内，各种生活照片数不胜数。

在她三天前发的朋友圈中，郗娆看到了江海炎。

从背景看似乎是一个微商大会，江海炎站在台上，正在对着话筒发言。

关于这条朋友圈，张媛是这样配文的："同样是做微商的，人和人之间的差距怎么就这么大呢？老公棒棒哒，我要向你学习！"

做微商是吗？参加大会作为代表发言？

好，很好。

江海炎，这次我看你还有什么话说。

郗娆忍不住笑出声来。

09

第二天，一份《解除劳动合同通知书》从明锐科技发出，当天下午到达江海炎在劳动合同上填写的通信地址。

通知书只有一页，核心内容是因为江海炎以病假为借口，实际从事微商活动，严重违反了公司规定，公司决定即日起单方面与他解除劳动合同，且不给予任何物质补偿。

"你觉得他能接受吗？江海炎可不是肯吃亏的性格。"晚上一起吃饭时，王穗穗不无担忧地说。

郗娆笑了："不肯吃亏吗？那这个亏他吃定了。"

事实上，江海炎下午已经打过电话来，声称要去劳动仲裁，不告倒公司誓不罢休。于是，郗娆热心地把仲裁庭的地址和电话发给了他。

这种行为就像在说:"我知道你是在虚张声势,我就是看看热闹。"

江海炎不是个能忍的人,尤其是面对郗娆——两人在一起的时候,但凡吵架,他就没让过半步。

毫无意外,郗娆上班时,在公司大门口与江海炎团队的一个毛头小子狭路相逢。

"郗经理早。"那毛头小子皮笑肉不笑,"听说您上大学的时候是个才女,有句话我不太明白,想请教您一下。'青竹蛇儿口,黄蜂尾上针。二者皆不毒,最毒妇人心'这句话是什么意思呢?"

偌大的写字楼,正是人流密集的时刻,见有热闹,有人停下观看。

郗娆神情不动,只淡淡回复一句:"有空问我,不如问百度。"

"得不到就要毁掉?江哥以前可真够瞎的。"那毛头小子在背后嗤笑。

年轻人底气足,说句话都像是自带扩音器。

只不过,这些声音对于郗娆来说,已经算不上什么了。

江海炎大概以为,她还是当年的那个姑娘,一两句闲言碎语都会放在心上,更何况她还要在公司工作,更得注意名声。

可惜他错了。

她经历过什么,他永远不懂。

郗娆回头,冷冷地看了那毛头小子一眼,又扫视围观群众一圈,冷声说:"是吗?江海炎瞎不瞎我不知道,你瞎,我是看得出来的。另外,请你转告他,别一副输不起的样子,到底是名校毕业,丢了母校的脸就不好了。"

说完,她大步迈上台阶,脊背挺得笔直。

10

不知道是不是郗娆的这种态度激怒了江海炎——前女友的蔑视是一把尖锐的刀,能让人失去理智,做出疯狂的事情来。

次日晚上,和明锐科技结了款,郗娆走进地下停车场,一边通过微信和下一个客户沟通,一边从包里摸车钥匙。

突然,后面有脚步声迅速接近。郗娆下意识地闪身、回头,迎面一个拳头带着风直奔她的脸。

她惊呼一声,举起手里的挎包去挡。拳头打在挎包上,力气之大,让挎包几乎脱手而出。

郗娆后退两步,直视着男人愤怒的脸:"江海炎,你这是狗急跳墙吗?现在立刻走,我可以当这事儿没发生过,否则我就报警了。"

"报警?"江海炎冷笑,"那你试试看,是警察来得快,还是老子的拳头来得快!"

他说着,一只手抓住郗娆的胳膊,另一只手照着她的头狠狠砸下去。

"过分了啊。"身侧传来一个男声,同时,那个拳头被人牢牢握住。

郗娆回头，地下停车场昏暗的灯光下，程牧野的身影像一座山。

一座令人心里踏实的山。

"你算哪根葱？少多管闲事！"江海炎抽回手，抬脚就朝郗娆踢了过去。

程牧野直接挡在郗娆前面，用手臂挡住了那一脚，同时声音也沉了下来："我警告你，你再动手，我就不客气了。"

"呵呵，郗娆的新男友对吧？我倒要看看你怎么对我不客气！"

话音未落，江海炎就一拳打在程牧野的下颌上。

郗娆的火气突然就蹿上来了。她是最不愿意欠别人人情的，可这次，她欠下程牧野的人情了。

"江海炎，你要不要脸？"郗娆大步从程牧野身后跨出，抬起脚，干脆利落地把尖锐的鞋跟踩在江海炎脚上，"匹夫之怒，以头抢地，说的就是你！"

"我是匹夫？我是匹夫你当初缠着我不放？"疼痛使江海炎的脸有些扭曲，"现在这么害我，还不是因爱生恨？"

这话一出，程牧野侧头看了郗娆一眼。

郗娆的脸色更冷了。

"你别管我是为什么，反正公司裁你合理合法，你今天做的这些事，只会把自己送去吃牢饭！"郗娆说完，拿起手机报警。

"你敢报警试试？郗娆，老子和你没完！"江海炎大喊一声，来抢郗娆的手机，程牧野抓住他的胳膊，一个过肩摔，完美地报了刚刚的一拳之仇。

"有什么话等着和警察说吧，江先生。"他淡淡地说。

11

人心总是不知足的。

后来，郗娆偶然得知，江海炎做微商比较早，顺利赚了第一桶金。也许相对于拓展业务，这个钱来得更快，他就慢慢地不把本职工作放在心上了。

所以，公司的裁员名单上有他，是他应得的，只是可惜了那些跟着他做事的员工。

但赚到了钱，不代表江海炎愿意被扫地出门。利用上班时间，拿着工资做自己的小生意，这种"福利"，江海炎怎么会肯轻易让出来？

于是，他导演了这出戏。那些员工被他煽动，当然，他们自己也希望获得更多利益，才有了集体反口这一段。

搞定了江海炎，其他人自然分外简单。

"其实，我还是建议，以后遇到这种问题，可以考虑跟我合作。"从派出所出来，程牧野叫住郗娆，"毕竟只是一个案子，没必要结仇。"

"你的意思是，我把他们的饭碗砸了，还得给他们另找一个？"郗娆说着说着，笑了起来，

"那我这项目款要不要分你一半啊？"

"我没和你谈钱。"程牧野无奈，似乎还有些委屈，"不管怎么说，我刚刚也替你挨了一拳，你对我有点儿信任好吗？我就那么唯利是图？何况，被一家公司裁掉的人，未必不是另一家公司正好需要的人才，我只是做个供需整合。"

"江海炎这种你也能整合？"郗娆竖起大拇指，"那我服气，你厉害。"

程牧野被她这句话噎了一下，半响才说："说实话，郗娆，你的这位前男友，人品有点……"

"前男友"三个字惹恼了郗娆，她笑容一收，又是一脸冷漠："我过去看人向来不准，否则现在还好好地在外企做着 HR 呢，也不必在这里让你替我挡拳头。"

说完，她扬长而去。

程牧野看看郗娆的背影，又抬头看看漫天星光，缓缓笑着摇了摇头："真是个小孩子，刚刚是谁说要请我吃饭还我这个人情的？"

如果此时王穗穗在这里，大概会说："娆娆，有一头品相不错的猪，正对着你这棵水灵灵的大白菜蠢蠢欲动呢。"

可惜郗娆对此一无所知。

女王，又见女王

01

半夜，某高档小区二十二楼。

嘭，嘭，嘭！

随着几声闷响，悬挂在房间中央的沙包荡来荡去，漆黑的影子落在玻璃窗上，乍一看像有人正在疯狂地左摇右摆。

突然，音乐响起，是贝多芬的第五交响曲。

"您好，胡总。"郗娆摘下拳击手套，抹了一把额头上的汗，"有何指教？"

胡宇轻笑了一声："郗小姐，这个时间打电话给你，你不会不明白我的意思吧？"

郗娆没接话。

"人，我是肯定要裁掉的。有她在，一些看不清风向的糊涂虫总是忘了这家公司姓什么。只不过，郗小姐您开的价格是不是太高了点儿？我可听说外面……"

"胡总。"郗娆打断他，看着镜子里的自己，脸上没什么表情，"这话您之前说过了。我还是那句话，收多少由我，签不签由您。"

对方一噎，再开口时问道："什么时候能搞定？我一天也不想再看到她那张脸了。"

"一个月吧。"郗娆语气不变，"您放心，我也想早点拿到钱。"

胡宇这才满意，又发了几句牢骚，挂断了电话。

郗娆走到饮水机旁给自己接了一杯水，喝到一半，忍不住嗤笑。

小狼崽子，刚接位，凳子还没坐热乎呢，就想把和自己亲爹一起打江山的老臣给辞退了，心够狠的。

难怪公司 HR 不肯做这件事，这件事明显是谁做谁背锅，真要做了，难保不和当年的郗娆落得一个下场。

这样的老板，不赚他的钱，郄娆都觉得对不起自己。

02

胡宇要裁掉的人姓王，名珂如，说是老臣，其实并不老，只有四十四岁。

二十年前，王珂如研究生毕业，入职本地一家服装企业。因为她学历高，人也聪明，部门经理觉得她是个可造之才，便亲自带在身边培养。

从设计流程到生产工序，从原材料到销售渠道，王珂如在服装行业的第一课，都是这位部门经理手把手教会的。而这位部门经理，正是胡宇的父亲，时年三十八岁的胡建东。

王珂如进入公司半年后，因为公司内斗，胡建东遭到排挤，愤而辞职创业。他离开公司的时候，只从公司带走了一个人，就是自己的小徒弟王珂如。

万事开头难，并不是喊一句口号，胡建东就能翻身当老板了。

王珂如成了胡建东的左右手，两个人在一间民房里创立了现在这家公司。从代加工到打出自己的品牌，他们花了七年。

又过了三年，公司有了自己的办公大楼和大型生产车间，人员也从两个发展到了上千个。

胡建东担任董事长和总经理，负责把握公司发展方向和设计、生产，王珂如担任副总经理，负责市场和运营，并持有20%的股权。

对公司里的老员工来说，公司有两位当家人，老胡总不在的时候，王副总说的话是算数的。

公司发展得一直很好，逐渐在这个城市乃至全国占据了一席之地。

直到半年前，五十八岁的胡建东在出差途中突发心脏病去世，半个字也没有留下。与其他家族企业一样，公司总经理助理、胡建东的儿子胡宇接任了总经理。

胡宇年轻，对公司里的很多事早就有自己的想法，接任后，自然是要改革的。

让胡宇气愤的是，员工们一如既往地叫他"小胡总"，不管他做出什么决定，总有部门经理犹豫着提醒他："这件事是不是要和王副总商量一下？"

王副总，王副总，这个名字每天都出现在他耳边。

可以想象，一个在强势父亲的阴影下生活了二十多年的年轻人，想建功立业、证明自己的心有多迫切。他有多迫切，对这个王副总就有多厌恶。

胡宇忍了。

根基未稳，民心为重，他觉得自己非常顾全大局。

然而，偏偏王珂如不懂得收敛。一件事的发生彻底激怒了胡宇，让他决定无论如何，他都要让这个人走。

03

那是一次大型电商活动，也是胡宇让所有员工信服自己的第一个机会。

为了这个机会，他带着营销团队加了半个月的班，从公司的历年数据，到其他品牌的销售情况，全部做了详细的分析，并整理了一份营销方案，拿到总经理会上讨论。

PPT 播放完，胡宇自己是很得意的。

从安索夫矩阵到 SWOT 分析，用的都是西方现代管理学工具，他要让这些人看看，他胡宇是在国外学过商科的，不是他们这种半路出家的人所能比的。

然而，还没等胡宇得意完，王珂如就泼了一盆冷水下来。

"绕了半天，还是价格战。"她的目光落在投影幕布上，"如果降价就能让消费者买单，大家何必在这里浪费时间？直接讨论降到多少钱不就完了？"

有人低下头偷偷笑了，也有人几不可见地摇了摇头。

胡宇的脸腾地红了："价格战怎么了？价格本来就是影响消费者做出购买决策的重要因素。再说，我这个方案是根据竞争对手过去几年的活动折扣，有针对性地设计的，你们谁敢说消费者在别家看到六折后，不会为咱们这个五点九折动心？更别说还有折上折、满额送。女性消费者对价格最敏感，又容易冲动消费，如果落实这个方案，我敢说……"

"胡总。"王珂如再次开口，"并不是所有女性都只关注价格。我们的目标客户是三十岁到四十五岁的职业女性，这个年龄段的女性，相比价格，更关注品质。一味地降价，只会让她们对产品的品质产生怀疑。"

"再有品质，买不起有什么用？"胡宇嗤笑一声，"并不是每个女人都有王总您这个条件，年入百万就算了，最重要的是一个人吃饱全家不饿，万事自己做主。"

他这话一说完，在场的人脸色都变了。

但王珂如语气平静："买不起，只能说明她不是我的目标客户。放弃她，我不觉得可惜。"

最后，管理层投票否决了胡宇的方案，而这次大型活动，在王珂如的主持下，销售额圆满达标，会员数量增加了十几万。

这狠狠地打了胡宇的脸，他甚至觉得，公司进账的每一分钱，都和王珂如一样，在嘲笑着自己。

不能再忍了，再忍就真成忍者神龟了！胡宇咬牙切齿。两天后，他从朋友那里得到了郗娆的联系方式。

04
HR DIARY

"娆娆，你怎么接这个单子呀？"王穗穗一边往嘴里塞薯片一边说，"我哥有个朋友，也是做服装生意的。听他说，那位王珂如不是好惹的。前些年有人恶性竞争，使手段截了他们公司的原材料，她把竞争对手告上法庭不说，还把那家唯利是图的供应商彻底拉黑。不管那家供应商后来怎么降价、求和，都永不再用对方提供的面料，甚至不惜为此把整个服装系列下架。你说，她是不是个狠角色？你这次要把她裁掉，我觉得不是那么容易。"

郗娆拉开冰箱门，取了一罐可乐递过去："我知道。不过，要是容易，胡宇也不会肯出这个价。"

星期四，郗娆一到服装公司报到，就被胡宇叫进了办公室。胡宇自己根本没有胆量去和王珂如谈，话却说得理直气壮："你现在就去告诉她，我给她离职补偿，劳动合同法规定多少，我给多少。既然合作不愉快，她拿着钱走人有什么不好？再说了，她现在缺钱吗？这么多年，我爸给了她多少钱？她何必非要在这儿和我互相添堵？"

郗娆盯着眼前这张年轻的虚张声势的脸，笑了："胡总，王珂如任职公司副总经理，您父亲给她的是她的劳动报酬和股权分红，都是她应得的。相反，您想要解除她的劳动合同，要么是发现她有重大违纪或给企业造成严重损失的行为，要么就只有双方协商一致，没有第三种选择。至于您说的，按照劳动合同法的规定给予她补偿，那是有适用条件的，比如不能胜任岗位，培训或者调整岗位后仍然不能胜任，王珂如显然不在此列……"

"郗小姐，你到底在帮谁说话？"胡宇不耐烦地打断郗娆，"我问过律师了，大不了双倍赔偿，2N，我认了。愿意给钱，还有想辞退谁辞退不了的事吗？笑话！"

"律师这样说？"郗娆轻笑，"那您该考虑换一位律师了。您这样解除劳动合同，她去仲裁，要求恢复劳动关系，您怎么办？更不用说违法辞退一位公司元老会带来多少问题。这些，我相信您都想过，否则，您也不会找我了。"

"那你倒是去和她谈呀！"胡宇指着办公室门口，"一个月，你可答应过我。超过一天我都不会付钱的，郗小姐。"

"好。在这一个月之中，也希望胡总遵守承诺，不要和王珂如见面，也不要以任何方式干涉我的工作。否则，人不见得裁得掉，钱，您还得付给我。"

05

"怎么会打给我，有事？"电话响了两声，那边传来沉稳的男低音。

"上次你说可以合作，还算数吗？"郗娆直奔主题，"如果我有合适的人选，可以推荐给你？"

"当然。"程牧野回答得很干脆。

"那行，我有个人选，你查查她的市场价。"

郗娆挂断电话，手指一点，把王珂如的简历发了过去。

"是她？华越王总？"程牧野很快回了电话，"两年前我找过她，当时有家公司对她有意，委托我们去沟通。那家公司虽然规模不及华越，但在电商领域发展迅猛，前景非常好，而且给的待遇是年薪百万，外加业绩提成和股票期权。不管怎么看，都是个不错的机会。"

"王珂如拒绝了？"

"是。"程牧野苦笑，"可惜了一个大单子，我白忙了半个月。"

"有没有说原因？"郗娆追问道。

"至少不是因为钱。"程牧野说完，又想了想，"关于她，我倒是听说过一些传闻，未经考证，你要不要听听？"

"我对八卦不感兴趣……"

"据说她和胡建东的关系不一般。"程牧野打断郗娆，"是那种男女之间的不一般，你明白我的意思吧？"

一个女人，为了某个男人留在一家公司？这事儿放在别人身上，郗娆觉得有可能，可放在王珂如身上，就要打一个问号了。

而且，就算传言是真的，现在情况也不同了，胡建东已经不在了，而他的儿子胡宇，视王珂如为眼中钉。

"明天我先找她谈谈，看她怎么说吧。"

"好，有需要我的地方，随时联系我。我听说有一家上市公司在找中国区总经理，已经找了一段时间了，王珂如或许是一个合适的人选。"

这倒真是一个好消息，如果王珂如能够接受，无论对谁，都是好事。

06

第二天下午，郗娆打电话给王珂如，约她到会议室面谈。

王珂如很准时，只是一进门就皱起了眉："不是开会吗？只有我们两个人？"

郗娆点头："有事单独和您沟通。"

"好，郗经理请讲。"王珂如说着，打开了随身带着的记事本。

对面的女人短发齐肩，五官精致，但已经并不年轻了。就算化着淡妆，眼角眉梢上岁月的痕迹也隐藏不了。

可是，郗娆每次对上她的眼神，都忍不住心口一跳。王珂如的目光不锋利，甚至可以说是很宁静，然而历经世事之后的那种了然、淡定，不是一般人能有的。

面对这样一个女人，郗娆突然轻松了。她决定，放弃那些准备好的开场白，直奔主题。

"王总，因为经营需要，公司委托我作为代表，与您协商解除双方劳动合同的事情。"

王珂如的笔尖一顿，抬头看了郗娆一眼，慢慢合上记事本，双手交握，放在桌面上。

"是胡宇的意思吧？少主不容老臣，自古就是这样，更何况是我这种什么事都要管的老臣。"

"您也可以这样理解。王总，这是公司的补偿方案，您先看一下。"郗娆把桌上的一张纸推了过去。

"呵。"王珂如的目光顺势落在了那张纸上，却没有接，只是轻声笑了，"辛苦你了，郗经理。很抱歉，我不同意协商解除劳动合同。"

"补偿金可以商量，我会帮您向胡总争取。"

"不必。"王珂如摆了摆手，"与补偿金无关。华越是我和胡总一起创建的，华越在，我在。"

王珂如口中的胡总，自然是胡建东。

"可是胡总已经不在了。"郗娆的话一针见血。

女人笔挺的背僵了一下，再开口时，一字一顿地说："所以，我更要在。我们努力了二十年，华越才有今天。它是我一生唯一的作品，我不能让它毁在胡宇手上，不，毁在任何人手上都不行。胡宇想要赶我走，可以，证明给我看，只要他可以经营好华越，我立刻离开。"

说完，她转身拉开门出去，高跟鞋敲击在地面上的声音无比清脆，一如她这个人。

07

面条上桌，热气腾腾。程牧野靠在椅子上，看着对面的人。

"面条凉了就不好吃了。"郗娆一边挑面，一边随口说。

程牧野指着面碗："我以为你有求于我，好歹会找个差不多的餐厅请我吃顿饭，闹了半天，就吃面？"

"爱吃不吃，反正我请了。"郗娆慢条斯理地吸了一口面条，擦了擦嘴，"把你听说的事儿，关于王珂如和胡建东的，都和我说说，一句都别落下。"

程牧野笑了："你不是对八卦不感兴趣吗？"

"知己知彼，百战不殆。何况，合作可不是我提的。"

"是我，我提的，行了吧？"程牧野话锋一转，"事情，我可以和你讲，但还是那句话，对于真实性，我不能保证。"

王珂如暗恋胡建东，无论是在华越公司内部，还是在做服装生意的圈子里，都有人这样猜测。

之所以说是猜测，不仅是因为胡建东比王珂如大了十几岁，更因为没有任何人看到过两个人有任何一点儿出格的举动，甚至一起出差的次数，这些年都寥寥无几。

然而，王珂如一直单身。

一个出身知识分子家庭、学历高、长相不错的女孩子，从来不交男朋友，生活中除了胡建东，没有任何男人，不引起别人的议论是不可能的。更何况，多年来，她拒绝一切机会，坚决留在华越，包括在华越最困难、胡建东众叛亲离的时候。

这不太符合职场规律，就算是有一层师徒情谊，也没有人会拿自己的前途开玩笑。毕竟，那时候，谁也不相信华越能做大、做强。

"除非那里有其他东西吸引她，"程牧野总结道，"比如胡建东。"

"万一王珂如就是单纯地感念胡建东的知遇之恩呢？"郗娆挑眉，"世界很现实，不代表王珂如很现实。"

"那怎么解释她二十年来一个男朋友也没有交往过？"

郗娆接得很快："也许她是单身主义者，或者有什么别的难以启齿的原因呢？"

程牧野一噎，忍不住笑起来："你别这么说话，传到王珂如耳朵里，我怕你被她报复。"

"人家的格局没那么小。"郗娆埋头吃面，唇角却慢慢翘了起来。

08

郗娆和王珂如见面后的第二周，王珂如和胡宇的矛盾升级了。

矛盾的爆发点表面上看是一件小事。

胡宇手下有一个销售经理，虚报客户招待费，被王珂如发现了。王珂如要公开处罚这个销售经理，胡宇说什么都不同意。

在会议室，胡宇对王珂如拍了桌子。

"水至清则无鱼，这话王总听过吧？做销售的，虚报点招待费怎么了？我就不信只有我胡宇下边的人虚报费用，您下边的人就干干净净！他犯错了，他退钱、扣工资，我没意见。可您要通报批评是什么意思，打谁的脸呢？啊？证明我胡宇压不住人？这对您有什么好处？"

这话一出，会议室里坐着的十几个中高层管理人员面面相觑。

王珂如声音平静："我只是就事论事，并不是针对您。"

"那您什么意思？以前没有人虚报费用吗？我不信！为什么这个人是我手下的，就要弄得人尽皆知？"胡宇再一次拍响了桌子。

"胡总，现在在开会，请您控制情绪。如果您认为有必要，我们可以去您的办公室单独沟通。"王珂如合上了记事本，"今天就到这里吧，散会。"

"散什么会？我说散会了吗？"胡宇涨红了脸，"王珂如，王副总，容我提醒您一下，华越是姓胡的，现在华越的董事长兼总经理是我胡宇。请您摆正自己的位置，就算我父亲还在，您也不是老板娘，做不了华越的主！这事儿我说了算，不用商量，散会！"

他起身，摔门而去。

"王副总。"有人小声叫王珂如。

王珂如仰头看着天花板，灯光晃得她眼前一片模糊。

过了好一会儿，她才微微叹了一口气："大家都回去吧，按照胡总的意思办。"

思君令人老，岁月忽已晚。

有一瞬间，王珂如觉得，自己真的累了。

09

这件事很快就传到了郗娆耳朵里，当时，恰好程牧野把那家上市公司的用人需求发了过来。

"你说，如果王珂如真的暗恋胡建东，胡建东本人知道吗？"郗娆问。

程牧野毫不犹豫地回答："知道。"

"这么肯定？那他为什么不挑明？带着一个喜欢自己的女人在身边，和她共同开创事业，对于她的感情却既不回应也不拒绝，这合理吗？"

这次，程牧野沉默了一会儿。

"郗娆，你觉得一个已婚男人，对于别的女人的爱慕，应该怎么回应？"

"那他至少可以拒绝。"

"然后呢？失去左膀右臂？"程牧野笑了笑，"胡建东是一个企业家，他做每一件事前，首先要权衡的是利益。至于感情，我想那不在他的考虑范围之内。"

郗娆冷笑："果然还是男人最了解男人。"

说完就挂断了电话。

和程牧野的这次通话莫名地让郗娆觉得堵心，不知是为王珂如那样的女人被这样对待，还是为程牧野能这么清楚地分析胡建东的行为。

再见到王珂如，是在胡建东的墓地。

胡建东葬在位于市郊的一个墓园里，地势颇高，要爬石阶上去。郗娆爬到一半，抬头就看见墓碑前站着的消瘦背影。

"王总，来看老胡总？"郗娆在王珂如身边停下，弯腰放下手里的花，低声问。

"还来劝我离职？"王珂如的目光落在墓碑上，话却是对着郗娆说的，"有一位叫江海炎的先生给我打电话，告诉我您是裁员顾问，以 HR 的身份临时进入公司，就是为了裁员。"说到这里，她转头看向郗娆，"所以，胡宇请您来只有一个目的，就是把我扫地出门？"

郗娆笑了笑："您说对了一半。"

"哦？"王珂如挑眉。

"我是裁员顾问，也确实是冲您来的，只不过，这对您来说未必是一件坏事。"郗娆打开背包，拿出一份职位说明，递给王珂如，"我的一位合作伙伴是做猎头工作的。他有一个非常适合您的机会，我建议您考虑一下。以您现在的条件，完全可以获得更好的平台，实在没有必要……"

"实在没有必要赖在华越？"王珂如扯了扯唇角，"郗小姐，和胡总一起创业那一年，我二十四岁，比您现在还要年轻。年轻真好，天不怕地不怕；可年轻也不好，容易想岔。万一想岔了，也许就是一辈子。"

10

王珂如所说的想岔了，是指离职和胡建东一起创业这件事。

三十几岁，正是男人最有魅力的时候，而王珂如只是一个大学毕业不久的小姑娘，每天相处，要说不动心，那是假的。

"刚开始，我们给人家做代加工，利润微薄。为了省钱，每天中午我都会煮一大锅面条，胡总、我，还有女工们一起吃。有一天我煮面的时候，胡总走过来，递给我一个鸡蛋。他让我把鸡蛋打在面里，等一会儿盛在自己的碗底，一个人吃了，别让别人看见。我问他为什么，胡总说我加班太多，要好好补一下，否则会累坏的。"

回想过去，王珂如的脸上露出笑容。

"可是你不知道，他那时候加班比我还多呢。有时候加到后半夜，就在办公室的沙发上对付一晚。沙发短，他长手长脚地伸出去，看着……"

她摇摇头，没说完，郗娆猜测，那没说出口的话是"让人心疼"。

"后来，有个很少在我们公司下单的客户，突然下了一个不小的单子，做一批女式旗袍裙。合同签了，我高兴得一晚上没睡着。我们那会儿正缺钱，现金流眼看就要断了，这个合同等于雪中送炭。"

可是后来，这个合作出问题了。

布料裁成了裙子形状，还没来得及缝，客户要修改设计。这样一来，不仅意味着这批布料作废了，而且还要加班加点地重新生产。

王珂如接受不了，要去和客户谈，让对方赔偿损失，工期也要给够。可他们都知道，如果真这样做，先不说能不能谈下来，就算客户勉强同意，以后也没法再合作了。

胡建东上火了，起了满嘴血泡。可他拦下王珂如，没事儿人似的安排重新备料生产，又领着工人夜以继日地干，最终按时交了货。

至于那批废料，他们制成了裙子，送到批发市场，总算没有亏得太厉害。

"我问他为什么要这样做，郗小姐，您猜他怎么说？他说，客户之前没怎么和我们合作过，突然下了这个单，应该是很着急，是没办法的选择。这时候，我们必须给客户一个满意的答卷，只有我们经得起考验，以后这个客户，才算真正属于我们。"

被胡建东说中了。那个客户之后的所有大单子都给了他们，而且付款及时，从不拖欠。靠着这种现金流，他们公司才能在经济危机中存活下来，直至走到今天。

"您说，这样一个睿智、有格局的男人，如果他关心你、信任你，你能够在他需要的时候背弃他吗？"王珂如摇头，"至少我不能。"

11

"您爱他吧？我是说老胡总。"郗娆沉默了一会儿，突然问。

王珂如顿了顿："对我来说，只有一个胡总。"

"他知道您爱他吗？"郗娆又问。

"这个重要吗？"王珂如看着石碑上的照片，笑得有些苦涩，"我出身知识分子家庭，懂礼义廉耻。不该说的话，我不会说；不该做的事，我也不会做。这辈子晚了，我接受。终其一生，我做他的马前卒，陪他打江山，为他守江山，为的是我可以说一句，我王珂如，对得起你胡建东。"

"可您对得起自己吗？"郗娆跟着她的目光看向那个男人，"说到底，不管您承认不承认，他利用了您的感情。"

"郗小姐。"王珂如突然提高声音，"那是我们两个人之间的事。"

"对不起,我们回到正题。"郗娆转身和王珂如对视,"您对华越有感情,我理解。但是现在老胡总已经不在了,您留在这里其实没有任何意义。您和小胡总之间的矛盾日益尖锐,您认为有您在,对华越来说是好事还是坏事?对小胡总来说是好事还是坏事?你们之间的矛盾会不会导致华越内部分裂、管理人员站队、勾心斗角加剧?会不会有人趁着你们不和,钻空子谋取利益?这样的结果,难道是王总您想看到的吗?"

她说完,王珂如扭过了头,半晌,深深地叹了一口气。

"这些事您都想到了,是吗?"郗娆问。

王珂如却转移了话题:"为什么儿子不像父亲?胸襟不像,眼界不像,性情不像,能力更是相差十万八千里,却偏偏想要否定父亲,可笑。"

"那么,您在,能改变这一切吗?"郗娆说得更直接了,"您无法改变,而且事情只会更糟。您在,华越也许不会毁在他一个人手里,而是毁在你们两个人手里,到时候,您就真的不知道该怎么面对老胡总了。"

两个人都沉默下来。

不知道过了多久,王珂如说:"让您的猎头朋友帮忙约一下吧,我和那家上市公司的领导谈谈。"

"好。"郗娆唇角上翘,点了头。

12

王珂如办理交接手续那天,刚好是郗娆合同期限的最后一天。

胡宇心情好,付款痛快,王珂如刚走,钱就到了郗娆账上。

新公司同意王珂如带自己的团队过去,但王珂如一个人都没带,单枪匹马地上任了。

后来,郗娆听程牧野说,王珂如刚开始工作时很艰难,公司原本内斗厉害,她去了,变成一致对外了,她就是唯一的那个外人。

可王珂如在这个行业深耕多年,什么人没见过?什么事儿没经历过?不过三五个月,挑头找事儿的人就被换了大半,没被换的,也个个乖成了兔子,不敢在她面前说半个"不"字。

然后,听说她准备更换设备,在一些辅助环节引进服务机器人,减少人工成本,提高生产效率。

"这是机会呀,娆娆。引进机器人后肯定要裁员,你和她联系一下,把这单子接了多好。"闺密王穗穗建议。

"她不会想见到我的。"郗娆苦笑。

女王也有狼狈的感情世界,而那个世界,郗娆曾经窥探过。王珂如不记她的仇已经很好了。

初冬,又遇电商大型活动,王珂如出其不意,拒绝参加所有折扣返券活动,只放出会员名额,给予三倍积分机会。相反,华越走了胡宇那步棋,打起了价格战。

可想而知,活动当天,华越销售飘红,王珂如却成绩平平。为此,胡宇还在管理层会议上把王珂如好一顿羞辱，觉得王珂如已经老了，这个时代，与她无关。

然而，没过两个月，各行业、各公司年终大总结，王珂如的销售业绩完胜胡宇。

虽然王珂如在活动中销量不大，但华越因为赶货，严重影响了产品质量，从而产生大量退货。去掉退货，销量虽然略有领先，净利润却完全无法与往年相比。那些重视品质的高端客户迅速流失，转而成了王珂如的会员，如果放在更长的时间段内进行对比，胡宇败得只会更惨。

"你说王珂如手下留情了吗？"程牧野听说这件事后，发了一条消息给郗娆。

"也许吧。"郗娆一边翻着下一个客户的资料，一边漫不经心地回消息。

"有人说华越那边今年的主打款和王珂如那边撞款了，准备上生产线的时候，王珂如临时决定改款，走了复古路线。"程牧野说。

郗娆手一顿："这是纯粹的商业策略，还是有意放胡宇一马？"

程牧野笑："谁知道呢？也许对于王珂如来说，她只是在践行她的话，帮那个男人守住他的江山吧，顺便替他教育一下儿子。"

他的江山？那个男人配吗？

郗娆冷哼一声，不经意间想起王珂如站在窗前的那个背影。

人到中年，风景正好，一切都来得及重新出发。

祝福你，王珂如。

郗娆对着镜子，举起了酒杯。

江湖无兄弟

01

时钟跳向 18 点,余靖峰的电脑准时响起一阵闹铃声。

他麻利地关机,拿起手机就准备下班。

"峰哥,峰哥!"隔壁办公桌的小林探过头来,瞟了瞟不远处其他项目组的同事,压低了声音,"你听说了吗?咱们公司要裁员。"

"不可能。"余靖峰摆手,"把精力放在正事儿上,别听风就是雨。真要裁员,你哥我能不知道?"

不等对方说话,他弯下腰,靠近对方耳边又说:"再说了,就算裁员,跟咱们也没关系。告诉兄弟们,都把心放在肚子里吧。"

小林咧开嘴,嘻嘻一笑:"那倒是,咱峰哥是谁呀?就凭峰哥你和高总的关系,他怎么也不至于拿咱们项目组开刀吧?"

他这句话的声音大了点儿,立刻招来几道打量的目光。

"低调,低调。"余靖峰说着,站起身,把椅子推回桌子下面,"得了,不跟你这儿耽误时间了,我还得去买菜呢,晚上儿子要吃红烧带鱼……"

"峰哥!"正说着,一个二十多岁的小胖子从门口三步并作两步跑过来,化纤布料的裤子被磨得沙沙作响,"出事了,出大事了!"

余靖峰扫了他一眼:"先把气儿喘匀了,慌什么慌,没个男人样。"

小胖子涨红了脸,委屈巴巴地左右看看,小声说:"刚才我路过会议室,听见 HR 说,公司要裁掉不盈利的项目。咱这个项目做了一年多了,客户一直不验收,会不会裁掉咱们呀?"

"胡说！客户不验收，是他们的问题，关我们什么事？"余靖峰脸色一沉，"都不用担心，我找高总去。我倒要问问他，是不是真的要把我这个哥们儿扫地出门！"

02

"什么扫地出门？你从哪儿听来的？"高翔说着，转身拿起自己的笔记本电脑，"公司里人多了，闲话就多。你一个大老爷们儿，别整天听风就是雨。还有没有别的事儿？没有我这儿马上要开视频会议了。"

余靖峰侧着头，审视的目光落在高翔脸上："这么说，你们真没打算裁我们项目组？"

"裁员这事儿，得看总经理的意思。就算我分管技术，也不是我一个人说了算……"

高翔的话说了一半，就被余靖峰打断："翔子，咱俩认识多少年了？你那官腔就省省吧。到底裁不裁，你今天给我一个准话，我也好对兄弟们有个交代。"

"公司目前没有裁掉你们项目组的计划，我这么说你满意了吗？"高翔伸手拍了拍余靖峰的肩膀，"得了，不是要给聪聪做红烧带鱼吗？赶紧走吧。回头把我干儿子饿着，我跟你没完。"

"行，那明天见，工作狂。天天加班，也不怕猝死。"余靖峰扔下这么一句，大步出了门。谁也没有看到，在他转身的瞬间，身后高翔脸上的笑容慢慢淡了下去。

二十年兄弟，到底还是走到了这一天。

高翔扭过头，看着落地窗外的繁华都市，许久才深深叹了一口气。

03

"高总，您的意思是让我不着急，好好铺垫，理由充分地把这位余先生请出公司，如果能让他自己提出离职更好。不知道我的理解对不对？"郗娆靠在椅子背上，一边翻着手里余靖峰的简历，一边随口问。

"可以这么说。"坐在她对面的高翔顿了顿，犹豫着补充道，"补偿金我们还是会给的，只不过……"

"只不过，不要让余先生感觉到是您要裁掉他。再多的怨，再多的恨，让他冲我来。"郗娆露出职业化的笑容，"没问题，您是甲方，您说了算。"

高翔略有些尴尬："郗小姐，裁员是公司的决定，我只是希望能好聚好散。毕竟是多年的兄弟，坦率地讲，我不愿意到最后弄得连朋友都没办法做。"

其实这一点，郗娆能够理解。

按照高翔的说法，他和余靖峰是高中同学，当年，两个少年都喜欢踢足球，一个左前锋，一个右前锋，球场上是好搭档，球场下是好兄弟，穿一条裤子的交情。之后，两人还报考了同一所大学，又在一个班里生活了四年。

只是毕业后，高翔进入了一家知名企业，余靖峰却阴差阳错地去了一家小型外包公司。

两个人的路开始分岔——高翔一路高开高走，二十九岁就升任部门经理，之后和自己的顶头上司一起创业，打拼下现在这家四五百人的高科技公司，任职公司副总经理。余靖峰则恰恰相反，因为外包公司的工作背景含金量有限，他虽然找机会跳过两次槽，但不说越跳越差，也差不多。即使薪资略有增长，却一直在外包公司的圈子里打转，直到四年前，他三十二岁的时候，任职的公司说项目没签下来，竟然一夜之间把整个项目组裁了，余靖峰自然也就失了业。

04
HR DIARY

"他那人要面子，没告诉我，但都是同学，哪有不透风的墙？没过多久我就知道了。"高翔站在落地窗边，转身看着窗外，神色有几分复杂，"我一想，以他这个年纪、这个背景，想找到合适的工作肯定很难。冲着我们俩的关系，这事儿我怎么可能不管？"

"所以您就让他来您的公司上班？"郗娆问。

"何止？"高翔苦笑道，"我绕了个弯子，求他来的，还给了他一个小团队让他带。当时是想着，三十多岁了，不可能一直做技术，先带两三个人锻炼锻炼，然后慢慢提拔起来，进入管理层，路就越来越宽了。"

郗娆点头："我赞同您的想法，可为什么您现在想请这位老同学、好朋友走人呢？"

这次，高翔沉默了很久。

"他再不走，可能就是我走了。"他低声说。

如果早知道余靖峰来了以后会出现这么多问题，高翔宁可当初在经济上资助他，也不会邀他入职公司。

入职不到两个月，余靖峰就要求转正。

这当然不符合公司的制度要求，可他直接找到 HR，对人家说高总最了解他，他是什么样的人，能力怎么样，一问高总就知道了，还需要试用那么久吗？

HR 打电话给高翔，高翔找余靖峰的直接经理沟通了一下，以试用期表现优异为由，给他提前转了正。

可这只是第一次。

第二次，是余靖峰嫌公司让他做的工作太边缘，没有成就感，体现不出他的价值，要求调换项目组。别的项目组都有项目负责人，实在没办法给他腾出地方，高翔好说歹说才稳住了余靖峰，在半年后成立他现在负责的那个项目组的时候，把他调过去做了项目经理。

在高翔看来，事情这就算可以了，只要余靖峰踏踏实实地干，有自己在，一份不错的收入还是可以提供给他的。

高翔没想到的是，不知道真的是人比较直率，还是为了炫耀，余靖峰经常在别人面前提起他们以前的事，以致于公司里连保洁阿姨都知道他们是异父异母的"亲兄弟"了。

"有一次，我刚走出办公室，就听见前台小妹说，看不出来，高总这么斯文的人，当年追女朋友的时候那么'霸道',要不是峰哥说他亲眼见到,我都不敢相信。你说这叫什么事?他的面子是有了,我连里子都没了。"

郗娆忍不住笑了。

怪不得要把对方赶出去。再不走,指不定会传出来什么儿时故事呢。

05

合同签好,第二天,郗娆这个新任"HR 经理"就走马上任了。

既然是来"找茬"的,她更喜欢短平快地解决问题,所以把各种资料研究完后,郗娆第一时间拨通了余靖峰的电话。

"您好,余经理,我是新来的 HR 经理郗娆。请您到我办公室来一下,关于上个月的考勤,我有几个问题需要和您沟通。"

郗娆简明扼要地说完,对方怔了怔,问:"HR 经理换人了?"

"对,换人了。"

"哦,那有什么事儿就在电话里说吧,我这儿挺忙的。"余靖峰仍是漫不经心的语气。

"不好意思,您还是百忙之中抽时间来一下吧,毕竟您上个月让人帮您打卡的事,让别的同事听见影响不太好。"郗娆的话说得很职业,但怎么听都带了一点讽刺的意味。

话音一落,那边静了两秒,电话被挂断了。

郗娆起身,给自己泡了一杯咖啡。

"你什么意思?"她刚回到办公桌后,余靖峰就推门而入,"什么叫我找人帮我打卡?"

"您心里清楚,不用我一条一条指出来吧?"

"有证据你就拿出来!别冤枉我。"余靖峰昂着头站着,郗娆抬头,看见他绷紧的下颌。

"好。"她放下杯子,拉开抽屉,拿出一沓纸,扔到余靖峰面前,"那您自己看吧。"

"看就看。"余靖峰一把抓过,翻了起来。

第一张是他的考勤表,后面几张都是监控录像截图。与他的考勤时间匹配的监控录像截图上,打卡的不是小林就是小胖子,反正不是他本人。

余靖峰越看脸色越黑,最后"啪"的一声把纸拍在桌子上:"你来了没几天就查我的考勤,现在连监控都调出来了。我倒要问问,我哪里得罪你了,这么针对我有意思吗?"

"针对您?"郗娆和他对视,缓缓笑了,"我是抽查,至于您嘛,大概是倒霉吧,撞枪口上了。既然被发现了,当然要按照制度来办。"

06

郗娆说的按照制度办,体现为三条,分别是代打卡双方通报批评、公开检讨、扣发当月绩效工资。

处分决定一出来，余靖峰就起身去了高翔办公室。

只可惜，秘书说高翔出差了，去参加一个涉密会议，手机无法接听，暂时联系不上。等余靖峰回到自己办公室的时候，通报批评的文件已经发布了，接收对象是公司全体员工。

"行，折我的面子是吧？"余靖峰拍着桌子冷笑，"想让我公开检讨，做梦去吧。"

"是吗？"郗娆的声音在他身后响起。

余靖峰回头，女人清冷的脸上毫无表情。

"今天下午5点40分，公司大会议室，给您20分钟时间，所有中层以上管理人员都会来听您的检讨。对了，记得带上帮您打卡的同事。"她说。

"我说了，我们不会去的。"注意到周围人的目光，余靖峰涨红了脸，说的话也更难听，"你的耳朵有毛病吗？"

郗娆神色不动："我只是通知您，至于去不去，在您自己。当然，作为HR，我个人建议你们去。毕竟，一个男人敢做不敢当，传出去不是那么好听。"

"谁敢做不敢当了？你把话说清楚！"余靖峰的脸色更红了，"不就是让人帮忙打个卡吗？多大点事，整人也没有这么整的……"

郗娆直接转身出了门，任凭他怎么说，都没有再回头。

如果余靖峰转到她面前，会发现这个女人的唇角早已经高高地翘起。只是那笑容，怎么看都有点残忍。

07

余靖峰到底还是做了公开检讨，只是从头到尾黑着脸。

郗娆留的时间挺合适，最后一个人说完时正好下班，余靖峰招招手，带小林和小胖子出门，拐进了隔壁的茶餐厅。

"峰哥，怎么办呀？"小胖子垂头丧气，"我被扣了300元钱，都不知道怎么向露露交代。"

"瞧你那没出息的样子，还没结婚呢就被人管成这样，这要结了婚，你上厕所是不是都得打报告？"余靖峰气儿不顺，劈头盖脸地把小胖子训了一顿。

旁边的小林小声说："峰哥，钱是小事，我担心万一公司真裁员，这风口浪尖上，咱们……"

"风口浪尖上怎么了？她一个新来的HR，想裁谁就裁谁？"余靖峰冷笑，"公司可不是她郗娆的，领导们还没说话呢，她算老几？"

"不是，峰哥。"小林左右看看，压低了声音，"我听说她挺有背景的，好像和总经理的关系不一般。"

"我觉得也是。"小胖子凑过来，"要不怎么前HR经理工作得好好的，突然就被她给顶了呢？"

两个人你一言我一语，越说越觉得事情就是这样，自己实在倒霉，后悔没有一开始就痛哭流涕地认错，最起码争个态度分，不至于把人给得罪了。

余靖峰被他们说得心烦,"哐当"一声放下杯子:"就算她跟总经理关系好,要赶咱们走,也没有那么容易。总经理要裁研发的人,好歹得问问高总的意见吧?高总不同意,他能硬裁?再说,咱也不是贪赃枉法了,不至于这么看咱不顺眼吧?"

"对,对,要裁峰哥,高总肯定反对。"小胖子跟着附和。

小林苦着一张脸:"那峰哥可别忘了我们俩呀,高总保你,可不见得保我们。"

"放心,有我在,没人裁得了你们……"余靖峰的话说了一半,听到一声轻笑,一抬头,看见对面卡座背后,一个女人探出半张脸,目光冷淡地看向自己。

"真巧,余经理。"她说,"如果不是在这里碰到,我还不知道余经理是个这么讲义气的好上司呢。"

余靖峰嗤笑了一声,转头对小胖子说:"真是哪里都有苍蝇,嗡嗡嗡的,倒胃口。你问问服务员,菜做了没有,没做咱们换个地儿。"

小胖子看看他,又看看郗娆,没敢接话。

倒是郗娆露出一个似笑非笑的表情:"讲义气是好事,但也要看看自己有没有那个能力,余经理,您说是不是?"

"你什么意思?"余靖峰拍案而起,"没完了是吧?我告诉你郗娆,这里可不是公司,我们爱说什么说什么,你管不着。"

"没错,我是管不着。"郗娆索性也站起来,抱着肩倚在卡座高高的靠背上,"不过,我提醒各位,公司确实有裁员的考虑,现在名单还没定。不管是谁,最好谨言慎行。要不就算是有高总撑腰,恐怕也只能公事公办。"

"哈,你以为你是谁?高翔是什么样的人,我比你了解。"余靖峰笑了,"你让他赶我走?不可能。就算他不念哥们儿情谊,道德良心总得要吧?"

"是吗?"郗娆也笑了,弯腰拿起自己的包,"那咱们拭目以待吧。"

看着她走远的背影,不知道为什么,余靖峰心里突然涌上一阵不安。

高翔不会真的不管自己吧?

他摇了摇头,不可能,要不是他余靖峰,哪有今天的高翔?他要真的这样做,哥几个的口水会淹死他的。高翔要面子,不至于做这种事。

08
HR DIARY

"你说余靖峰为什么有这个自信,认定了高翔会维护他?"晚上,和闺密王穗穗一起去洗头发的时候,郗娆问。

"感情好呗。好哥们儿,不维护他维护谁呀?"王穗穗闭着眼睛,漫不经心地说。

"如果我是公司高管,你在我的公司,也有这种自信吗?"郗娆又问。

"必须没有啊!"王穗穗本能地想扭头,不小心被扯了一下头发,她"哎哟"一声,躺了回去,摆手示意不关洗头小妹妹的事儿,"你多六亲不认呀。别说我到你的公司了,就是你来我家公司，我哥那个总经理一句话，你都有可能让我卷铺盖走人。"

郗娆笑："你要是听话，我肯定不会赶你走。"

王穗穗撇撇嘴，将话题绕了回来："问题是，余靖峰不听话，为什么这么肯定高翔不会赶他走？"

郗娆说："我也想不通，高翔明明想裁掉他，却不想自己出手，宁可绕个弯子，花一笔钱请我来做这个恶人。这背后，我总觉得有其他原因。"

"什么原因？"

"那就得问问高翔了。我猜，他有'小辫子'被抓在别人手里。"

09

"'小辫子'？"高翔皱眉，"郗小姐，你别逗我了。我行得正，坐得端，哪会有什么'小辫子'给别人抓？"

"那你欠他的人情？"郗娆继续问。

这次，高翔没说话。

"是什么样的人情？你把他带到你们公司，就是为了还这个人情？"

"算是吧。"许久，高翔终于点了头，"可他来我们公司以后，我一直在尽力给他机会，每次公司调薪都没落下他。你问问公司和他同一级别的人，谁有他的收入高？谁又像他这样想挑活就挑活，想挑人就挑人？我承认他过去帮过我，那对当时的我来说很重要，可现在回头看看，根本不算什么大事，而且都过去十几年了，不至于怎么还都还不完吧？"

也许在如今三十六岁的高翔看来，那的确不是一件大事。可如果去问问二十一岁的高翔，答案就很难说了。

那时高翔大三，喜欢上了同班的一个姑娘。

高翔是典型的学霸，可那个姑娘不同，她不那么擅长逻辑性太强的科目，却阴差阳错地学了计算机专业，挂科便成了家常便饭。

大一大二还好，补考机会多，努努力，影响不大。到了大三下学期就不一样了，如果挂科，会耽误大四出去实习，再倒霉一点，可能连毕业证也不能按时拿到。

于是，姑娘急了，眼泪汪汪地找到了高翔。英雄难过美人关，高翔也一样。他一咬牙，生平第一次在考试的时候作了弊——距离考试结束还有半个小时的时候，他把一张写满答案的小纸条扔向了姑娘。

然而，就是这么倒霉，他的纸条掉在地上，被监考老师抓了个正着。姑娘和旁边几个同学一样，都一口咬定不知道是谁扔的，更不知道是扔给谁的。

老师毕竟是老师，监考经验相当丰富。他研究了抛物线的角度后，锁定了"作案嫌疑人"——高翔及坐在他侧后方的余靖峰。

高翔当时是真的慌了。

如果这次被抓到作弊，取消成绩不说，优秀毕业生的名额肯定也拿不到了。那些高翔做梦都想去的一流大公司，是非优秀毕业生不要的。

余靖峰看出了他的慌张。

"没事，慌什么慌，大不了哥们儿一个人扛了。"

就这么一句话，解救了高翔。

"我承认，这件事是我做错了。没担当，不像个男人。可我那时候只是一个从小镇出来的大四男生，没见过世面，没经历过事儿，换成现在的我，绝对不会那样做。"

换做现在，你真的不会那样做吗？郏娆微低下头，不让对方看到她神色中的讽刺。很多话，不过是因为时过境迁，才能说得这么漂亮。

余靖峰"自首"后被取消了成绩，记了过，延迟半年才拿到毕业证。而优秀毕业生高翔顺利进入了国内最好的互联网公司，几年后被上级赏识，带出来创业，一路走到今天。

"恕我直言，高总。"郏娆看着对面的男人，"余先生会在公司有种种不羁的表现，会不会是因为在他心里，您的所有成就，都是因为那张优秀毕业生的证书？而他之所以没有您这样的成就，都是因为替您背了那次锅？"

"也许吧。"高翔和郏娆对视几秒，扭过头去看窗外，许久后叹了一口气，"可我累了，不想再背负这个人情了。他的离职补偿金，我会向公司申请，按最高标准发放，此外，我个人再加五万元给他。不过，这一点，你别告诉他。"

"好。"郏娆干脆利落地点头，"如果有合适的机会，我也会请猎头朋友推荐他去别的公司任职。"

"谢谢。"高翔低声说。

10
HR DIARY

裁员博弈如两军交战，都要知己知彼。

经过几次与余靖峰的正面接触，郏娆大概知道他是一个什么样的人了。要动他，最简单的办法是从他的身边人下手。

巧的是，除了余靖峰，小胖子也在裁员名单上。

郏娆做的第一件事，就是让人查了小胖子过去一年的所有考勤记录。有一个自己都会让人代打卡的项目经理，下面的人考勤有问题，不足为奇。

果然，两个月前，小胖子连续三天没有打卡记录，也没有提交任何请假申请。据人事专员回忆，当时余靖峰亲口说小胖子向他请假了，后面会补流程，然后这件事就不了了之。

很好，对方已经把刀柄递到了自己手里，再不开刀，她就没必要做这一行了。

郏娆用座机拨了电话："余经理，请您到我办公室来一下，关于公司与你们项目组的一位员工解除劳动合同的事情。"

"解除合同？不就是裁员吗？"十分钟后，余靖峰站在郏娆办公桌前，气势汹汹地看着她，

"你想裁掉谁？我告诉你，高总当着我的面亲口说的，没有裁掉我们项目组的打算。"

郗娆面无表情地把面前的《单方面解除劳动合同通知书》推了过去："公司是没有这个打算，但公司从来没说过，不会开除严重违反劳动纪律的员工。"

"违反劳动纪律？不可能。"余靖峰一边说，一边拖过面前的椅子坐下，"他们违纪的话，我不会不知道。"

郗娆没说话，等他把通知书看完，才轻声提醒："据说他向您请假了，但是没有走流程。"

"对，我想起来了。他陪女朋友去外地考试，这事儿他跟我说过。"余靖峰的眉头拧成了一个疙瘩，"不就是一个流程吗？我让他补。这算什么旷工？"

"请假是需要审批的，未经审批就不到岗，当然是旷工。而且，公司规定三天以上的假期要由分管领导审批，不是您说补就补的。"郗娆寸步不让。

"分管领导审批是吗？行啊，我去和高总说。"余靖峰站起来，把那张纸推向郗娆，"这个你收回去，我不同意。"

"余经理，"郗娆也站了起来，"违纪后解除合同是制度规定，由不得您不同意。我想提醒您，公司不是高总的，更不是您的，请您摆正自己的位置，也别给别人添麻烦。"

办公室的门开着，门口有人停下脚步，悄悄向里面张望。

余靖峰涨红了脸："我怎么没摆正自己的位置了？你算什么，凭什么想辞退谁就辞退谁？"

"凭我是 HR 经理，凭我在执行制度。我提醒您，这是公司，您只是公司聘用的一名项目经理，别以为有了高总的关系，就能在这里拉帮结派！"郗娆冷声说。

"拉帮结派？"余靖峰被激怒了，"我拉帮结派？对，高总是我兄弟，可我也是实实在在地凭技术进来的！不像有些人，不知道靠着什么不正当关系，硬把别人挤走，占了人家的位置，一进来就……"

他的话没说完，郗娆抬手，一杯水泼在他脸上。

水很冷，余靖峰本能地抬手，去推郗娆的肩膀。郗娆的后背撞开靠背椅，她重重地摔在了地上。

"你凭什么打人？"她厉声喊。

正在这时，高翔大步走了进来。

"你们在干什么？还知不知道这是在上班？"他看了余靖峰一眼，又看向郗娆，沉着脸说。

郗娆站起来，指着余靖峰："他动手打我。"

"我只是推了你一下。"余靖峰面红耳赤，"我也没想到……"

"闭嘴，都别说了。"高翔的脸色更难看了，"两个经理在上班时间大打出手，让底下的同事怎么看？让我怎么处理？以后大家都效仿你们，我们这是公司还是菜市场？"

话是这样说，他身后，办公室的门却始终敞开着。

郗娆抬头看向余靖峰，稍红了眼圈："我知道，我今天没控制住情绪，违反了劳动纪律。可他也不能打人啊，我请求公司处理他！至于我自己，不用您为难，我辞职！"

余靖峰的性格本来就比较容易冲动，那么多人看着，对方又已经说了这样的话，他便想也没想，脱口而出："我也是！"

"胡闹！"

高翔刚开口，就被郗娆打断："制度不能为了谁打破，包括我。我今天就办离职手续，请高总安排人接手我的工作。"

"还有我的！"余靖峰说。

"你们呀，让我说你们什么好……"高翔无可奈何地连连摇头，扔给余靖峰一个眼神，"你跟我来。"

他们谈了什么，郗娆当然很清楚，无非就是"发生了这样的事，我也保不了你，但你是我兄弟，我会给你争取最好的补偿金"……诸如此类的话。

11

"这次谢谢你，我今晚就会把佣金打到你的卡里。"办公室里，高翔说完，做了个抬手送客的姿势。

郗娆点头："不客气。按照协议，只要能够顺利裁掉余靖峰，公司一年以内的裁员，都会交给我，希望高总您信守承诺。"

"这个没问题。"高翔说完，意味不明地笑了笑，"毕竟你在这方面确实比较擅长，我原本以为需要两三个月的时间。"

"快一点不好吗？减少对方的痛苦，自己也能早点收钱，何乐而不为？"说完，郗娆转身走向门口，又停住，"之前答应您的帮余靖峰再找一份工作的事情，可能要等一段时间。毕竟在IT圈子里，余靖峰这个年龄……只有等机会。"

其实，她说的算是客气了。

程牧野的原话是这样说的——以余靖峰的资历、背景，如果小个五六岁，问题不大。但现在，除非他自愿降薪，否则根本不可能找到同等的平台。

谁会用四五十万的年薪，请一个有可能是过来养老的项目经理？就算他项目经验丰富，比他年轻而且薪资低的也大有人在。

等他碰壁吧。碰了壁他就会知道，价格终究要回归价值，而根据他余靖峰的价值，起码要把价格打七折，才会有人聘用。

"好。"高翔略一停顿，"这件事你费点心，成功了，我另外有感谢费。"

"我知道了。"郗娆说着，拉开门，下一瞬间，她怔在原地。

余靖峰背着双肩包，手里抱着纸箱子，一动不动地站在门口。

"余……"她刚开口，对方的目光从她脸上滑过，落在她身后的高翔身上。

"原来是你要我走？"余靖峰绕过郗娆，径直走进屋，"翔子，不对，高总。我想问问，我哪儿得罪您了？您犯得上这么大费周章，就为了开掉我吗？"

余靖峰把手里的箱子摔在高翔的办公桌上，喘着粗气，指着高翔问："到底为什么？今天你必须给我说清楚。不说清楚，咱俩没完！"

高翔在短暂的震惊之后，很快恢复了平静。

"郄小姐。"他对郄娆微微笑了一下，"您可以先回去了，麻烦带上门。"

"好。"郄娆点头。

大门紧闭的办公室里面隐约传来余靖峰的怒吼，然后渐渐没了声音。有些事，只有他们自己能解决，这不在她的职责范围内。

一个月后，程牧野说有一家百人左右的创业公司在找研发部经理，开价是年薪三十万，他觉得很适合余靖峰。

余靖峰接受了。

"要不要我告诉他，这是你托我帮他推荐的？"程牧野问。

郄娆摇头："不必。"

"做坏人就做到底好了，洗白什么的，最无聊了。"郄娆说完，端起面前的酒，一饮而尽。

程牧野静静地看了她几秒，按住杯子："少喝点儿吧。"

郄娆没说话。

"有段日子压力太大，我也像你这样喜欢喝酒。你猜是什么时候？"程牧野又说。

"和我没关系。"郄娆抬手，示意服务生再来一杯，却被程牧野拦住。

"被你误会的那段时间。电话、微信都被拉黑，解释无门。"程牧野苦笑，"我以为我们算是朋友的……"

"你得庆幸我们不是。"郄娆冷哼，"难道被朋友背叛，会更好受一些？"

她不由得想起高翔和余靖峰。

"朋友。"再次默念这两个字后，郄娆抬头对程牧野笑了笑，重复道，"你得庆幸我们不是。"

她没说出口的话是，听说高翔和余靖峰彻底反目了。一起成长的二十年，烟消云散、一笔勾销。

"如果你是高翔，你会怎么做？"那晚分开之前，她问程牧野。

"我？"程牧野想了想，"也许一开始就会站出来承认自己作弊？谁知道呢，人都是自利的。"

也许吧。

谁不是在自利的路上，一边得到，一边失去。至于得失几许，怎么说得清呢？

最后不过是一声叹息。

被裁掉的公关经理

01

"上周我们还在一起吃饭,我告诉你我准备怀宝宝了,这周你就发裁员通知给我?郗娆,你还算是个人吗?"

女人白净的脸上带着泪,眼里却有怒火,烧得郗娆心头热辣辣地疼。

贝多芬的第五交响曲在枕边响起,一遍又一遍。

"王穗穗,你最好有急事。"郗娆从梦境中挣脱,抓起手机的同时抹了一把额头上的汗,"否则就等着屁股开花吧。"

"有急事,必须有急事啊!"王穗穗语速很快,咋咋呼呼的,"我在微信上给你发了一张截图,你看看是不是你?"

郗娆打开微信,王穗穗发来的图片略模糊,且打了码,可还是能大致看出是一个穿着浅灰色西装外套的年轻女人从写字楼里走出来。

真的是她。

"快上网看看吧,你火了!不和你说了,我还要去和那些人理论呢,凭什么这么说我闺密!"

说完,王穗穗就挂断了电话。

"火了""理论"这两个关键词在脑子里转了一圈后,郗娆打开王穗穗说的网站,首页的一个帖子引起了她的注意。

帖子的标题是《来自孕妈的血泪控诉:怀孕两个月,遭遇强制裁员,我和腹中胎儿要怎么活下去》,下面附了两张图片,一张是公司的解除劳动合同通知书,另一张则是王穗穗截图的郗娆的照片。此外,帖子结尾处还有一段视频,拍摄了被强制裁员、请离办公室的场景。

帖子的发布时间是三个小时前，经多个大V转载，目前点击量已经达到十几万。

韩慧不愧是公关经理，拜她所赐，郗娆的确火了。当然，被一堆人围着骂，想不火都很难。

"呵，骂吧，你们高兴就好。"郗娆没当回事，轻笑一声，准备收起手机，接着睡觉。

正在这时，一条新的评论被顶了上来。

发表评论的人网名是"半是火焰半是海"，他评论道："我以为是谁呢，原来是我的前女友。这么多年了，还是那么心狠手辣。"

此评论一出，立刻点燃了围观群众的热情，要求他爆出郗娆个人信息的留言一条接一条。

郗娆皱起了眉。

江海炎这个人，还真是阴魂不散。

然而，令她想不到的是，江海炎竟然真的回复了："别这样，'人肉'好像违法。不过，据说她爸妈在林语路附近开了一家宠物店，想见她的小伙伴可以去那里碰碰运气。"

知道她不在乎，就把她的父母扯进来，这就触碰郗娆的底线了。

或许，自己应该免费帮他现在的公司做一单裁员案子？

郗娆正琢磨着，微信一响，又有新的消息进来，是程牧野。

"对不起。这些消息，你别急，也别回复，交给我来处理，好吗？"

"麻烦因你而起，当然是你来处理。"回复后，郗娆丢开手机，重重地呼出了一口气。

真麻烦。

02

事情之所以变成这样，要从半个月之前说起。

那天是星期六，郗娆被老妈从城南召回城北，帮忙给一到周末就被集中送到店里的狗狗们洗澡。

刚牵起一只哈士奇，她的电话就响了起来。郗娆瞟了一眼在屏幕上闪动的"程牧野"三个字，略一犹豫，按了接听键。

"有个案子想介绍给你，只是怕你不敢接。"男人的声音平静，有隐约的笑意。

郗娆冷冷地顶回去："既然这样，何必打给我？"

"郗娆，对方想裁的是个孕妇。一起吃个饭吧，我和你说一下情况。"

"哐当！"郗娆一分神，手里牵的哈士奇挣脱出去，撞翻了塑料凳子，龇着牙，一口咬住了淋浴头，得意扬扬地回头看她。

"涉及孕妇的裁员案子我不接。"说完这句话，郗娆挂断电话，从口袋里摸出一块狗饼干，对着哈士奇晃了晃，"奥斯卡，坐下。"

哈士奇虽傻，也知道饼干比淋浴头好吃，于是乖乖就范。

郗娆折腾了一身汗加一身水，终于把这只不省心的狗冲洗干净，准备牵出去的时候，外面有人喊："奥斯卡，回家了。"

她还没来得及去想为什么这个声音这么耳熟，得到命令的哈士奇已经撒开四条小毛腿，朝着声音来源冲过去。

毫无准备的郗娆惊呼一声，踉跄了几步，撞在一个人的身上，还踩住了那个人的脚。

"对不起！"两个人异口同声道。

这次，郗娆听出来这个人是谁了。一个钟头前，她还接听了他的电话。

"怎么是你？"程牧野扶住她的肩，很意外地笑了。

这话应该由她来问吧？

还真是人生何处不相逢。

03
HR DIARY

两个人一起坐进了星巴克。

郗娆搅动着手里的拿铁，侧头看着程牧野："我说了，涉及孕妇的裁员案子我不接。"

"下不了手？"程牧野点头，"可以理解，毕竟你也是女人……"

"不存在什么下得了手、下不了手。"郗娆冷冷地打断他，"只不过，无故辞退孕期员工是违法的，就算她有严重过错，可以裁，也可能引来不必要的麻烦，我没有那个耐心。"

"就当帮我一个忙行吗？"程牧野发了一份合同给她，"这家公司是我的客户，给的价格比较合理……"

郗娆再次打断他："我为什么要帮你的忙？在商言商，给个理由。"

程牧野想了想说："除了案子本身的佣金，我个人再加付20%的费用给你，可以了吗？我真的非常需要你的帮助，郗娆。"

男人长得好看是有优势的，尤其是在他放低了姿态，专注地看着你的时候。

垂头抿了一口咖啡，拿铁的醇香在舌尖转了转，郗娆慢慢吐出两个字："成交。"

这次裁员的目标叫韩慧，二十九岁，职位是公司的公关部经理，负责公司的政府关系维护和对外宣传。

能坐到这个位置的人，不会很简单，韩慧并不例外，用程牧野的话说，"这是个八面玲珑的人物"。

这世上，有的人摔跟头是因为笨，而另外一些人，则是因为太聪明了。

一个多月前，韩慧在和其他公司合作的过程中，利用自己公司的政府资源，帮了那家公司一个小忙。这使得那家公司的总经理对她刮目相看，邀请她过去担任公司副总经理，薪资上涨50%。

很快，韩慧提出了离职。

原公司这边不愿意。公司将韩慧从一个小小的公关专员培养到现在，终于能够独当一面了，如果让她走，那不是竹篮打水一场空吗？

于是，从副总经理到总经理，再到董事长，一个接一个找韩慧谈话，除了挽留，还有承诺。

韩慧毫不松口。

不仅仅是这样，自从提出离职，她就把所有工作推得干干净净，只等着拎包走人。就算有再紧急的工作，韩慧也只有一句话："我辞职了，这事儿你找别人吧。"

总经理终于看明白了，人家这是身在曹营心在汉，于是，他找到程牧野，开始物色新人。

程牧野办事效率很高，不到两周，新的公关部经理入职，开始和韩慧进行工作交接。

然而，令所有人都没想到的是，就在这个时候，韩慧突然说她不走了，理由很简单，她怀孕了。

04

星期一，签署代理合同，星期二，郗娆入职客户公司，职位是员工关系经理。

办理完入职手续，郗娆特意去公关部转了一圈。

部门经理的办公室门关着，里面坐着专心养胎的韩慧，而新来的那位公关部经理，和其他同事一起坐在公共办公区。

郗娆低下头，无声地笑了笑。

下班前五分钟，郗娆约见了韩慧。

韩慧没有化妆，穿着一身休闲装，虽然只是刚刚怀孕，但是扶腰站立的姿态已经摆得很足。

"您知道我为什么找您吧？"郗娆说。

"知道。"韩慧倒是干脆，"公司想让我离职，但是现在的情况是我的新工作机会已经没有了，我决定留下来。"

郗娆也不绕弯子："因为怀孕留下来？如果OA系统中的信息没错，您应该是未婚？"

"未婚就不能怀孕？"韩慧随手拉过办公桌前的椅子坐下，脸上露出嘲讽的笑容，"郗经理，我的肚子我做主。更何况，相关法律想必你很熟，上面写的是不能开除孕期女员工，没有哪一条说这个女员工必须已婚。"

果然是做公关工作的，伶牙俐齿，不是个容易被说服的人。

好在郗娆也早有心理准备，韩慧的态度在她的预料之中。

"的确没有这条规定，您说的没问题。可是您的职位是公关部经理，出去办事时是代表企业形象的。和您打交道的人，很多是高校老师和公职人员，咱们换个角度说，您觉得您这样出去办事，别人会怎么看咱们公司？"

"这我就管不着了。公司让我去办事，我就去，不让我去办事，我就坐在办公室里，反正你们已经招了新人，是不是，郗经理？"

韩慧一副无所顾忌的样子。

"何必呢？"郗娆笑容不变，语气更柔和了，"虽然我们刚刚共事，但您看起来是一位独立自强的职业女性。过去，您的工作能力是被广泛认可的。如果因为您提出离职却又出尔反尔这个事情，把您过去好不容易经营起来的形象毁于一旦，我个人觉得是非常可惜的。"

"那也没办法,谁让这孩子来得不是时候呢?"韩慧低下头,抬手抚在自己平坦的小腹上,"我快三十岁了,该做母亲了,你说呢,郗娆经理?"

郗娆点头:"可以理解。所以我建议您拿着离职补偿金回家专心养胎,这样对您、对宝宝都好。"

"离职补偿金?"韩慧笑了,"公司愿意给我离职补偿金?"

"您也知道有劳动合同法,"郗娆拿出早就算好的清单递过去,"这个 N+1 离职补偿金,我可以帮您争取一下。"

"N+1?我说的可不是 N+1。"韩慧看了一眼清单,又看向郗娆,"既然是协商解除劳动合同,那就是你开价、我还价,对吧?如果公司愿意支付我孕期和哺乳期所有的工资,同时帮我缴纳五险一金,或许我可以考虑一下。毕竟,有了这个小家伙,钱对我来说很重要。"

这就是狮子大开口了。

郗娆露出一个职业化的笑容:"好,您的意思我已经明白了。至于公司那边是什么意思,我请示领导后会再找您沟通的。"

看来,不得不用一些非常规手段了。看着韩慧出门的背影,郗娆这么想着,忍不住微微叹了一口气。

很多孕妇在职场中是弱势群体,但不代表所有孕妇都是被欺负的那一方。

05
HR DIARY

第二天早上,郗娆起草了一封出差通知邮件,由分管公关部的副总经理发送到部门工作邮箱。十五分钟后,韩慧敲响了她办公室的门。

"郗经理,你这是什么意思?明知道我怀孕了,还让领导派我出差,去筹备大型展会?"

郗娆两手摊开,神情中带了几分无奈:"您可能搞错了。这次活动很重要,方方面面都需要协调、落实,所以我建议的是您和公关部新来的那位经理一起去现场,以保证活动万无一失。"

"保证活动万无一失?"韩慧冷笑了一声,"明人不说暗话,你不用绕弯子。派我出差,不过是为了逼我自己卷铺盖走人吧?不知道我究竟哪里得罪郗经理了,让你一来公司,就整天盯着我不放。"

"我没有盯着您不放。"郗娆还是公事公办的语气,"这只是正常的工作安排,据我所知,您之前的出差频率也非常高,所以您实在没必要想这么多。"

"好,就算是我想多了,那如果我不去呢?"韩慧微微仰起头,一副挑衅的样子,"难道你们能把我押上飞机?"

"不能。不过您既然在这个岗位上,就应该服从正常的工作安排。"

"工作安排?呵。"韩慧嗤笑,"可我怀孕了。强迫孕妇出差,传出去,名声不太好吧?"

郗娆点头:"这倒是。公司不会强迫您的。"

"那不就行了？早知道这样，何必非要派我去？公关部又不是没人了，何必搞得大家都不愉快？"

说完，韩慧站起身，准备走。

"那么，麻烦您回复邮件时说明一下您的理由，比如因为身体原因，无法出差。要不然其他同事会误以为您不服从工作安排，这样就不太好了，毕竟您现在还在部门经理的位置上。"郗娆说。

"这个不用你教我，我不是第一天出来工作。"

话音一落，门"砰"的一声被她关上。

郗娆转头，目光淡淡地落在远处。

饵已经下了，就看这条鱼咬不咬钩了。

06

下午，分管公关部的副总经理果然收到了韩慧的邮件。

"本人已经怀孕一个半月，本次和以后相当长的时间内不太方便出差，请公司安排其他同事。"

邮件发出两个小时后，公司人力资源总监签发了一条调动通知——原公关部经理韩慧因身体原因不能承担现有工作，公司决定将其调整到客服部，担任电话客服，调动即日起生效，薪资同时进行调整。

这种调整算是一撸到底了，伤钱，更伤自尊，韩慧的反应可想而知。

于是，一天之内，郗娆第二次见到了韩慧。

"欺负人是吗？"韩慧双手按在郗娆的办公桌上，涨红了脸，俯视着她，"凭什么让我做客服？我可不是刚毕业的小姑娘，我是公关部的经理，是公司管理层人员！让我去接电话？挤兑人也没有你们这么挤兑的吧？"

"韩小姐不必这么激动。劳动无贵贱，何况是您自己说的，您不能出差。公关部经理肯定要出差，电话客服不出差，正好适合您，所以公司进行了调整。您如果觉得这样做有问题，可以咨询一下劳动仲裁部门。我有必要提醒您，如果您未按时到新岗位报到，很可能会被认定为严重违反规章制度。到时候，就不是您想不想走的问题了。"

"这就是你的手段？卑鄙！"韩慧抬手指着郗娆，"我问你，你也是女人，你不会怀孕生孩子吗？你今天这么对我，难道就不怕将来这些事情发生在你自己身上吗？"

"将来的事将来再说吧。"郗娆笑容不变，"我想，您应该很清楚，如果不是您在提交离职申请之后表现出了非常不职业的态度，让公司对您彻底失望，今天这所有的一切根本就不会发生。当然，现在说这些已经没有任何意义了。我想和您沟通的是，上次我说可以帮您申请 N+1 的离职补偿金，到今天为止还有效。"

"如果我不接受呢？"韩慧盯着郗娆的脸，"你们还有什么手段？"

郗娆深深地看了她一眼："我建议您接受，以您的收入，N+1 并不少，不是吗？圈子只有这么大，万一您的所作所为真的传了出去……孩子出生后，尿布、奶粉什么的可都是要花钱的，您早晚要重返职场，理智一点比较好。"

韩慧没有说话，她的呼吸声从急促到逐渐平稳。

"给我一点时间想想吧。"说完这句话，办公室的门被她轻轻拉开，又轻轻关上了。

"麻烦把协商解除劳动合同的所有表单准备好，明天可能会用。"郗娆拿起电话，对那边的 HR 经理说。

07

没想到，原本已经动摇的韩慧接连请了两天病假，再来上班时，态度明显强硬了起来。

"郗经理。"她懒懒地靠在郗娆办公室的沙发里，"或许我应该换个称呼，你们裁员顾问一般怎么称呼？"

看来，自己的职业身份暴露了。

郗娆神色不变："您还是叫我郗经理吧，称呼不重要。"

"没错，称呼不重要。"韩慧一拍手，"重要的是你来公司是做什么的？我没想到会有人把裁员作为职业，还真是开眼界了。你毁了别人的生计，就不怕做噩梦吗？"

"不会，只是一份工作而已。"郗娆仍然很平静。

"那我告诉你，我已经见过你的前男友江先生了，也知道你在裁员方面手段很多，但是我不会去做电话客服，也不会接受你所谓的 N+1 补偿。"韩慧说着，低下头去抚摸自己的小腹，"大不了兵来将挡，毕竟我现在这个情况，也不是完全没有反抗之力。你说呢，郗经理？"

"这是您个人的选择，还是有人怂恿您这样做的？"郗娆问她，"您不接受补偿金，可以，但不到新的岗位报到会有什么后果，我想我之前已经和您说清楚了吧？"

"不就是严重违反规章制度吗？想怎么对付我？来吧！做了这么多年公关工作，郗经理，你真的觉得我是一个软柿子？"

说完这句话，韩慧冷笑了一声，起身走了。

之后的一星期，韩慧依旧坐在自己原来的办公室里，没有工作，就每天上上网、浇浇花。不管大家用什么眼神看她，似乎都影响不了她养胎的心情。

郗娆也没有再采取任何行动，该做的，她都已经做了，现在只看韩慧的选择。要么去出差，要么接受岗位调整，否则，就算去仲裁，她也占不到便宜。

直到调令要求的报到日期截止，韩慧都没有再来找过郗娆。

见报到日期已过，韩慧并未到岗，公司发布了一条处分决定——因原公关部经理韩慧不服从公司调动安排，严重违反了公司规章制度，公司决定，即日起单方面与其解除劳动合同，不给任何物质补偿。

同时，郗娆亲自来到韩慧办公室，把一份《解除劳动合同通知书》放在了韩慧面前。

"如果我不签字呢？"韩慧的态度依旧强硬。

"没关系，我们可以邮寄送达，效果是一样的。您本月的工资会在三天内结算给您，您的门禁卡将在今天晚上六点后失效。"

说完这句话，郗娆转身出门，叫保安过来帮韩慧收拾私人物品，并送她离开公司办公区。

韩慧是个好演员。

她趁保安到场前，把办公室布置得像拆迁现场不说，更是给自己画了一个红着眼圈、梨花带雨的妆容，等保安一进来，就开始了自己声泪俱下的表演。

这就是后来帖子中引起不明真相偏偏又"一腔正义"的键盘侠们热情围观的视频。

"弱者"向来会被人同情，对于这些事，郗娆早有准备，或者说，自从她选择从事这一工作，就做好了做坏人的准备。

人在江湖，谁还没有点儿身不由己呢？

她没想到的是，江海炎的一句回复，把她的父母推上了风口浪尖。这就是郗娆不能容忍的了。

08

第二天一早，郗娆直接开车到了城北父母开的那家宠物店门口。

宠物店还没开门，外面已经聚集了不少人，看起来像是网络主播。有人架起了拍摄设备，有人拿出网上那张照片在周围打听起来。

这样下去，自己迟早会被人认出来，父母也会被曝光，她必须马上解决这件事。

不远处，广场上的挂钟已经指向了八点四十分，留给郗娆的时间不多了。

郗娆拿出手机，拨出电话："妈，我想吃你包的饺子了，我半个小时后就到家。"

然而，已经晚了。听筒里传来卖早餐的吆喝声，那边乐呵呵地说道："一大早，吃什么饺子？我和你爸都快到店里了。"

"怎么这么早？"

"客户寄养的一只小泰迪昨天有点不舒服，我们不放心，想早点过去看看。先这样吧，饺子过两天再吃吧！"说着，电话就被挂断了。

真是会赶时间！郗娆深吸了一口气，果断地推开车门，朝着宠物店走过去。

宠物店门口，有人向她这边看过来。

"郗娆。"就在这时，旁边伸过来一只手，握住了她的手腕，程牧野的声音压得很低，近似耳语，"你别往那边走了，交给我来解决。"

"可是我爸妈已经过来了，我得去把他们拦住。"

"那你遮一下脸，不要被人认出来。"

说完，男人从她面前大步走过去，手里竟然还牵着那只叫奥斯卡的哈士奇。

郗娆看了这一人一狗半晌，从车里拿出帽子和太阳镜戴上，往父母过来的方向迎了过去。

09

"哎哟，来早了。"程牧野站在宠物店门口，煞有介事地拍着玻璃门。

"先生，您认识这家宠物店的老板？"一位女主播发现了他，连忙过来搭话。

"认识啊，我家狗儿子一直在这里洗澡。"程牧野说着，拍了拍身边一脸茫然的哈士奇，"老板实在，洗得特别好，是不是，奥斯卡？"

哈士奇配合地叫了两声。

立刻有更多人围过来，七嘴八舌地问起关于宠物店老板家女儿的事情。

当然，所有人得到的回答都是从来没见过夫妻俩有女儿，倒是有一个儿子，经常过来帮忙给狗洗澡。

于是，有人进一步提起网上的帖子，问程牧野有没有听说，或者附近还有没有其他宠物店。

"哦，你们说的是把孕妇赶回家那个事情啊？"程牧野一拍手，"早说啊，我不仅听说了，我还有内幕消息呢。"

这话一出，好几个话筒递了过来。

程牧野理了理白色亚麻衬衫的袖口，慢条斯理地把韩慧从闹离职到出尔反尔，再到接替她的公关部经理被她排挤打压，最后她狮子大开口地要补偿金的前前后后像讲故事一样讲了一遍。

不知道这段话能不能反转剧情，但至少能转移一部分围观群众对郗娆父母的好奇和关注。至于其他问题，只要赢得了时间，他们可以逐一解释。

10

然而，郗娆那边出了状况。

一个男人挡在她面前，脸上带着得意的笑："好久不见，娆娆。"

"你信不信？现在只要我喊一嗓子，那边的人马上就会过来，用不了十分钟，你这张脸就会出现在所有短视频平台上。"江海炎指着宠物店的方向说。

他的身后，远远地，郗娆已经能隐约看见父母从另一条街转过来的身影。

额头上渗出汗珠，郗娆命令自己冷静。现在慌张于事无补，只会把父母扯进这场网络暴力中。

"江海炎，我警告你，做事想清楚后果。"郗娆微仰着头，和江海炎对视，"你这些小人行径，我从来就没怕过。如果你还是个男人，就不要打我父母的主意。"

"如果我打了呢？"江海炎皮笑肉不笑。

那边的父母已经越来越近了，再近一些，纵使眼神不如年轻人好，也会发现宠物店门口的异常。郗娆额头上的汗越来越多。

没有时间犹豫了。

郗娆上前一步，果断伸出手，以迅雷不及掩耳之势抓住江海炎的手腕向后一拧，另一只胳膊肘抵住他的后心。

"啊！"江海炎痛呼出声，"你放开！郗娆，你给我放开！"

"要么你马上走，要么今天就让那些人也拍一拍你这个猥亵前女友的色狼，到时候你说你没有，谁相信？"

郗娆说着，手上又用了点儿力气。

没有人知道，自从入了这一行，散打和长跑就是她的必修课。多少个被噩梦惊醒的夜晚，她都是在练习散打中打发时间的。

"我走，我走！"江海炎低吼。

话音一落，郗娆用力推开了他。

江海炎回头道："看在你爸妈当年对我不错的份上，这次我放过你。但是，郗娆，你自己是干什么的你很清楚，下次你就没这么好运了！"

"下次再说下次吧！"郗娆迈步从他身边走过，迎上了正停下来买早餐的老夫妻，缠着他们回家包饺子。

临走前，郗娆回头，看向被众人围在中间的程牧野。

此时的程牧野正笑着拍哈士奇的头："奥斯卡，凭这位韩慧女士的演技，你说，你是不是欠了人家一个小金人？"

哈士奇傻笑，围观的人大笑，郗娆也忍不住弯起唇角笑了。

程牧野，其实奥斯卡也欠了你一个小金人吧？

11

尽管郗娆仍然是大多数人指责的对象，但他们的视线不再集中于宠物店了。

剩下的事，就是把问题彻底解决，既不能给公司的声誉带来不良影响，也不能让其他员工产生兔死狐悲的感觉。

郗娆必须再往前走一步，不管她是否愿意这样做。

所以，一周后，在韩慧家附近的星巴克里，郗娆再一次见到了韩慧。

"别以为找个男人来诬陷我，我就会怕你。告诉你，郗娆，咱们这件事没完！"一见面，韩慧就先声夺人。

郗娆抬手示意韩慧坐下，用只有两个人听得见的声音说："我知道你肚子里的孩子是谁的。"

韩慧的脸色一变。

"他是公职人员，有家庭，所以你才竭力隐藏，是吗？可以理解，毕竟这件事暴露了，对他的影响很大，你的名声也不太好听。"

"你在胡说什么？"韩慧压低了声音，脸色很难看。

"我有没有胡说,你比谁都清楚。既然你敢用公司的闪送月结账号给他送东西,就不能怪我去查。"

气氛一时凝固,郗娆的视线里,是韩慧紧紧握住的拳头。

"你究竟想怎么样?"隔了好几分钟,韩慧压低了声音问。

郗娆把两张纸推到了韩慧面前:"我给你争取了三个月的工资作为补偿金,只要你把这份协议签了,对媒体说我们双方已经达成一致,这件事就算是过去了。你知道,因为你的违纪行为,我们现在单方面解除合同也是合法的。但你在公司工作这么多年,买卖不成仁义在,这笔钱,就算是公司对你的关怀了。"

"关怀?"韩慧重复着这个词,嗤笑了一声,"不过是在收买人心,显得公司宽容、大度,而我是个小人。郗经理,我说得对吗?"

其实,这话问得有些多余了,有时候,人可以看破,但没必要说破。

"这件事快点解决,其实对你也有好处。"郗娆说着,微微弯腰,贴近韩慧耳边,"那个人的事,既然我能查到,别人未必就发现不了。如果网友把他找出来,可不会像我这样好心地来提醒你。"

韩慧的肩膀猛地一抖,瞪大了眼睛,盯着郗娆。

郗娆淡淡地和她对视。

最后,韩慧说:"给我一支笔。"

白纸黑字,签完协议,第二天网上就出现了关于"怀孕女员工被强制裁员"的后续报道。

结果让围观群众失望了,韩慧展示了自己手签的《协商解除劳动合同协议》,双方握手言和。

12

上好的法国红酒,带着半分甜,郗娆靠在窗边,小口独酌。

手机"叮"的一声,程牧野发来消息:"客户那边很满意,谢谢你,我已经把佣金打到你的卡上了,你记得查收。这次的事,我很抱歉,明晚能不能请你吃个饭?算是赔罪。"

郗娆盯着第二句话看了一会儿,敲了一个"好"字发过去。

贝多芬第五交响曲突然响起,是她妈妈李芬。

"娆娆,"那边的声音带着些焦虑,"他们说的是不是真的?你真的在干裁员的工作?"

郗娆转动杯子的手一顿,隔了几秒钟才漫不经心地应了一声:"嗯。"

"哎呀,你这孩子!"李芬开始跺脚,"那些年,我和你爸双双下岗,到哪找工作人家都不要,你要交学费,咱家有多难,你忘了?你怎么能干这种工作呢?"

"时代不同了,你别管孩子,她自己心里有数。"旁边,她爸爸插了一句话。

李芬急了:"有数?她有什么数?她有数就好好地做她的人事工作了。你想想,谁没有一家老小要吃饭?砸人饭碗,这不是造孽吗?"

"要不是我，那个韩慧一分钱也拿不到。"郄娆似笑非笑地说，"再说了，妈，是公司要裁掉她，不是我要裁掉她。人家想让她走，没有我，她就能保住这份工作？何况，她留下来了，另外一个人就要走，这对人家公平吗？事情是她惹的，她来负这个责任，这有什么问题？"

李芬被她这样一问，倒也说不出个所以然，只是叹气，反复唠叨着让她找个别的工作。

郄娆耐着性子等她说完，才低声说："行了，我还有事，挂了。"

这通电话，让原本刚刚搞定了一个案子的愉悦彻底烟消云散了。

郄娆的目光落在窗外的万家灯火上，很久后，发出了一条消息："你觉不觉得，我做的事情挺缺德的？"

那边很快回复："工作就是工作，合理合法，市场需要，与道德无关，你别想太多了。"

"嗯。"

"那明天见。"微信里跳出一个笑脸。

郄娆退出聊天界面，缓缓呼出了一口气。

程牧野说得对，这只是一份工作，有人需要，她就有价值，仅此而已。

手机邮箱弹出一封新的邮件，下一个案子，已经在等着她了。

时代弃儿

01

"你说什么?姓郗的,你再给老子说一遍!"

一只大手"啪"的一声拍在郗娆面前的桌子上,震得她耳膜生疼。

郗娆顺着这只手看过去,是一条粗壮的花臂,文身图案似龙似虫,线条黑里透蓝,像她小时候用过的蓝黑色墨水。

郗娆清了清嗓子:"屈先生,我刚刚已经说得很清楚了,因为经营原因,公司需要大规模裁减人员,裁员方案已经上报劳动部门……"

"我不管这些。"花臂在郗娆眼前一挥,带起一阵微风,"我告诉你,老子在这个地方干了好几年了,今天你一句话就想赶老子走,做梦!"

"那你要怎么样?"郗娆冷冷地问。

"不怎么样,你裁你的人,我上我的班,咱们井水不犯河水,省得大家都不痛快。"

"如果我偏要裁掉你呢?"郗娆又问。

"姓郗的!"花臂哥一把抓起桌上的马克杯砸在地上,"别以为你是女人,老子就下不了手!"

马克杯落在灰色地砖上,碎成了几片。

郗娆的目光中并无惧意:"我没这样以为过,不过我建议您冷静一下。故意伤害他人身体的,处以三年以下有期徒刑、拘役或者管制。我没说错吧?这条法律,我想您比我熟悉,毕竟十几年前,您就是因为这个罪被判刑的吧?听说被判过刑的人再次犯罪会加重处罚,不知道是不是真的?"

这话一出口,花臂哥的脸色更难看了,几乎是红里透紫:"你查老子?"

郗娆不置可否："别说公司这次裁员并不是针对您个人，就算是针对您个人，您恐怕也不是那个有资格喊冤的人吧？"

说着，郗娆把一沓纸推到花臂哥面前："这是您今年的考勤记录。您这个班上的可真是逍遥自在，想来就来，想不来就不来，公司没有扣过您一分钱。换成我是您，我也舍不得这样一份工作。只可惜，现在公司老板换人了，没您的地方了。所以，您走也得走，不走，也得走。"

她话音未落，花臂哥冷笑一声："你以为老子是吓大的？"他一边说，一边拉过旁边的椅子，抬脚跨坐在上面，"老子今天就不走了，看你能把我怎么样！"

"我能把您怎么样？无非就是取消工号、停发工资，您爱来就来，爱待多久待多久，反正公司的裁员通知书会快递到您家。"

"你给老子玩阴的？"

花臂哥正要爆发，门突然被人推开了一条缝。

"郗经理，您接下来是不是要和李玥谈话？"前台妹子语气焦急，"李玥跑了，我亲眼看见她从门口跑出去。"

跑了？

郗娆的眉头皱了起来。

"哈哈！"花臂哥突然放声大笑，"姓郗的，你要是有本事把这女人赶回家，老子就给你签这个字。"

"一言为定。"

02

郗娆这次接的案子，来自一家跨国公司。公司成立已经十几年了，做的是停车场管理的生意。

几个月前，这家跨国公司陆续收购了本市多家停车场管理公司，就在这些被收购公司的员工期待着跟在有实力的大老板后面发家致富的时候，公司突然购买了一套停车场无人收费系统。

这就意味着，他们再也不需要人工收费了，也意味着，近八十名收费员即将被裁员。

"我知道人工智能替代人类完成一些重复性劳动是大势所趋，只是……师兄，你为什么会找上我？"

被郗娆称作师兄的男人叫许川，比郗娆高几届，和郗娆的关系一向不错。他毕业以后就进入这家跨国公司做HR，目前任职中国区的人力资源总监，裁员的事情，就是由他在总体负责。

听到郗娆的问题，许川笑了："说实话，年轻的、工作时间短的，我们自己已经陆续辞退了。剩下的这二三十个人，要么是签了无固定期限劳动合同的，要么是一家人指望这一个工作赚钱养家的，不管是协商还是劝退，你知道的，公司都不太方便出面处理。"

这倒是实话。郗娆微笑着看向他："这可是个大案子，师兄，我该怎么感谢你呢？"

许川连忙摆手："你千万别这么说。只要你能顺顺利利地把这些人裁了，就是帮了我大忙了。"

"预算是怎么定的？"郗娆问。

"N+1。"

"师兄。"郗娆垂下眼，用杯子盖拨弄着漂在茶水上的嫩叶，"你说的这几类人，都属于法律规定经济裁员的时候不能裁减的，一定要裁他们吗？"

"不然呢？我留下一堆老弱病残养着？"许川摇头，"我们是企业，不是福利机构。其实有的人，我个人也很同情，但是话说回来，没有一技之长的人，早晚会被社会淘汰，这是谁也改变不了的事实。"

郗娆沉默了。

在某种程度上，她认同许川的观点。对于有些人来说，抛弃他们的是时代，不是某一家公司，更不是她这个裁员顾问。

"好，这个案子我接了。"

03
HR DIARY

一哭二闹三上吊，谩骂威胁挥拳头。

实际上，进行裁员谈判的时候，对方的这些反应，郗娆已经司空见惯。你都要让人家卷铺盖走人了，难道还指望人家对你彬彬有礼吗？

以郗娆的经验，大多数人谈到最后，不过就是纠结于补偿金多少的问题。在这个问题上，与那些只听到过"N+1"这个名词，连具体怎么核算都不懂的普通员工相比，郗娆专业得多，往往能给出让公司和被裁员员工都接受的方案。

所以到了第三天，裁员清单上，只剩下最后两个"难啃的骨头"——花臂哥和李玥。

用许川的话说，花臂哥是个出了名的危险分子，犯起混来真的会打人，否则前一家公司也不会一直留他到现在，始终裁不掉。而李玥，许川皱眉想了半天，摇摇头说："你和她沟通以后就明白了。"

郗娆倒是想和她沟通，可这边花臂哥还没搞定，那边李玥竟然跑了。

"她为什么跑？"郗娆问来报信的前台妹子。

前台妹子耸耸肩，表示自己也不知道。

郗娆拿起手机，正准备按照员工信息表上李玥的电话拨过去，前台妹子突然一拍脑袋："我想起来了，李玥跑出去之前接了一个电话。我隐约听见，好像是刚刚被裁掉的一个同事打给她的。"

郗娆问："他们很熟？"

"算不上很熟,最多是认识。"

这个时候,他们之间会说什么,可想而知。

为了避免被裁员员工联合起来和公司对抗,公司把裁员这件事做得非常隐秘。这些员工大多分散在不同的停车场,彼此之间毫无交集,所以消息一直没有扩散出去。

而今天,郗娆猜测很可能是有的人拿了赔偿,担心别人拿得更多,自己吃亏,所以想打听一下。也许这个人恰好认识李玥,就把电话打到了她这里。这通电话使原本对于裁员一无所知的李玥突然意识到发生了什么事,她不想接受,却又不知道该怎么办,于是她逃了。

"要不,我给她打个电话,让她回来和您沟通吧?"听了郗娆的分析,前台妹子拿起手机,准备拨号。

"不用了。"郗娆摆摆手,"我自己去找她。"

李玥跑都跑了,怎么会再接公司这些人的电话呢?

04
HR DIARY

李玥所在的停车场位于一家高端写字楼的负一层。

郗娆开车进去,经过道闸的时候,转头看了一眼旁边的收费亭。

收费亭里坐着一个女人。

女人三十岁出头的样子,微低着头,长发披在肩上,侧影看上去温柔小巧,和员工信息表上的照片很像,只是似乎略老了一些。

郗娆转了一个弯,找到最近的车位把车停好,拿起《协商解除劳动合同协议》,朝收费亭走了过去。

距离收费亭还有四五米远的时候,不知道为什么,李玥突然抬起头,视线不偏不倚地投向郗娆。两个女人在昏暗的灯光里对视了几秒钟,出乎郗娆预料,李玥迅速起身推开收费亭的门,毫不犹豫地朝着相反的方向跑去。

"李玥!"郗娆稍稍提高了声音,"你这样做是没有任何意义的。"

李玥的背影微微顿了顿,脚步反而更快,身影很快消失在转角处。

郗娆抱臂站在原地,目光停留在她离开的方向,半晌,轻轻笑了笑。

自己这只大灰狼把小白兔吓跑了,还得想办法把她给找回来。

毕竟是已经签了无固定期限劳动合同的员工,而且和花臂哥不同,人家在以往的工作中没出过问题,除了协商解除劳动合同,郗娆没有其他选择。

员工信息表上登记的李玥的住址是距离停车场十分钟车程的一个小区。

郗娆在咖啡厅里坐到晚上 7 点,估计着李玥应该到家了,才带着微笑敲开了门。然而,令她没想到的是,开门的年轻男孩只说了一句"什么李玥?不认识",就"哐当"一声把门关上了。

郗娆再次看了一眼工信息表上的李玥家的地址,没错,就是这里。

"李玥，你躲着我是没有用的。"郁娆提高了声音，"就算你躲着我，公司也不可能留下你。与其一直东躲西藏，还不如我们坐下来好好谈谈，为自己争取最大的利益，这样不好吗？"

门里鸦雀无声。

郁娆再接再厉："当然，如果你坚持不肯协商解除劳动合同，也不是没有其他办法。毕竟公司在全国各地有那么多停车场，总有需要你的地方，你说是不是？但我听说你的孩子还小，到时候被调动，你去还是不去？这个问题你要考虑好。"

这一次，话音未落，门开了。

还是刚才的年轻男孩，满脸的不耐烦："我想起来你说的李玥是谁了，这个房子的前房主。两年前，她把房子卖给了我。"

郁娆有些吃惊："您确定？"

"确定啊，三十多岁，挺瘦的一个女人吧？"男孩说。

郁娆点头："那您知道她搬到哪儿去了吗？"

男孩抱着臂打量她："本来看你挺漂亮的，想告诉你来着。可你为什么要做砸人饭碗的事儿呢？还说什么调动，招儿挺损，不就是逼人走吗？现在啊，我忘了，你自己慢慢找吧。"

说完，他转身就要关门。

郁娆伸脚挡住了门。

男孩回头："你什么意思？"

"我找到李玥，她可以拿钱走人；找不到她，公司很快就会进行调动。到时候，如果她不接受调动，就只能自己辞职，一分钱补偿也没有。你觉得你现在不告诉我李玥在哪，是在帮她还是在害她？"郁娆冷冷地说。

男孩再次上下打量她："真的？"

郁娆和他对视："你说呢？"

"康晏路165号。我知道的就这么多，你自己去找吧。"沉默了一会儿，男孩说。

"谢谢！"郁娆扔下这句话，转身下楼。

俗话说，跑得了和尚跑不了庙，这一回她倒要看看，李玥还怎么躲开自己。

05
HR DIARY

同一时间，刚进家门的李玥也在想这个问题，自己该怎么躲开那个看起来很难说话的叫郁娆的女人。

"妈妈。"刚上一年级的女儿欢快地迎上来，抱着她的胳膊撒娇，"今天老师表扬我了，说我的字写得最工整，让全班同学都向我学习呢。"

"那当然，我们家冬雪最棒了。"李玥心里有事，随口夸了女儿一句，转头问，"爸爸呢？"

小姑娘朝着房门努努嘴，有些委屈："在屋里，不开灯，我和他说话也不理。"

看来老公又闹情绪了。李玥本来想把裁员这件事和他商量商量，听到女儿这样说，打消了念头。

和他商量有什么用呢？他早已经不是原来那个能替她挡风遮雨的人了。说出来，也不过是两个人一起发愁。

"明天我轮休，也许等再上班，他们就会改变主意。毕竟我干了快十年，没有功劳也有苦劳，应该不至于就多我这么一个人吧？"李玥尽量安慰自己。

可惜，天不遂人愿，第二天一大早，一家人刚刚在餐桌旁坐下，就有人敲响了门。

"谁呀？"李玥走到门边，手放在门把手上，一边问，一边准备开门。

门外传来一个清冷的女声："我，郗娆。"

她竟然找上门来了！李玥全身一抖，本能地回头看自己的老公。

男人端着粥，面无表情，反而是一旁的女儿放下筷子跑了过来："妈妈，有人找你吗？"

李玥咬了咬牙："嗯，单位里有点儿事，妈妈出去一下。你和爸爸赶紧吃饭，粥冷了就不好吃了。"

她把门拉开一条缝，自己挤了出去。

郗娆站在一米之外，目光冷淡地看着她。

"为什么非要和我过不去，就不能放过我吗？"李玥双手握拳，止不住地颤抖，眼圈慢慢红了，"像赶苍蝇一样想赶我走，我做错了什么？你们要这么对待我？"

"没有人把你当成苍蝇，李玥，公司只是不需要你了。现在不需要，以后也不需要，所以你得另谋出路。"郗娆平静地说。

李玥的脸白了。

"可是，我需要这份工作。"她说着，眼泪落下来，"我真的非常需要，郗经理。我求求你，能不能和领导说说，把我留下来？"

06

倒退几年，李玥怎么也想不到，自己有一天会这样低三下四地求人。

她从小乖巧、安静，听父母的话，不招灾，不惹祸，学习算不上好，也算不上差，属于班级里老师最容易忽视的那一类人，甚至除了玩得好的一两个伙伴，其他同学也常常注意不到她的存在。

顺顺利利读完高中，李玥勉强考上了一所专科院校，学工程造价专业。

上学的时候想得少，开始工作了，李玥才发现，自己这个专业、这个学历，只能从每天跑工地开始。风吹日晒不说，工地上，什么样的人都有，她也是被父母宠着长大的，没跑几天，李玥就受不了了。

"不是我娇气，郗经理。"李玥抹着眼泪说，"大热天戴着安全帽，一天下来，头发会湿好几次，脸上也晒得起了皮。而且那些工人什么荤话都说，我一个小姑娘，真的干不下去……"

"你那些同学呢？"郗娆问。

李玥摇摇头："男生大多还在做这行，女生坚持下来的只有一少半。"

至少，那一少半坚持下来的女生大概都不会有今天。一技之长是安身立命之本，你丢了，就不能怪生活对你残酷。当然，这话郗娆没有说出口，每个人都有自己的选择，她只是来谈裁员的。

之后，李玥遇到了她现在的老公，在一家建筑公司做司机的王勇。

王勇比李玥大六岁，为人开朗、热情，对李玥也很照顾，两个人很快就谈起了恋爱。

结婚后，李玥说自己不想跑工地了，王勇心疼老婆，满口答应。一个往后退，一个在后面接着，自然就没有了坚持的动力，于是，李玥辞了职。

之后，李玥换了几份工作，最后来到一家停车场管理公司，做起了收费员。

"这个工作比较轻松，离家也近。工资虽然不算高，但是看起来很稳定。那时候，我老公开始跑长途，收入挺不错的，我就是找个事儿做，家里并不指望我的工资，谁能想到会有今天啊。"

说到这里，李玥哭得更厉害了。

郗娆抽出一张纸巾递过去，并没有打断她。

李玥把脸埋在纸巾里："郗经理，我也不想赖在公司不走，我要脸的啊。可是我有什么办法，现在，一家人吃饭、孩子上学，全靠我这份收入……"

让李玥的生活发生翻天覆地的变化的，是两年前的一场车祸。

那次，王勇接的活是从东北运送一批货物回来。因为天冷，他出车前喝了几口酒。对自己的开车技术很有信心的王勇怎么也没想到，就是这趟，他把别人的车给撞了，而自己的车为了躲避，也翻了车。两边都受了重伤，保险公司却不肯赔付，原因很简单，王勇酒驾。

为了老公不被判刑，李玥把房子卖了，赔偿对方后，还得支付王勇的住院费。等到王勇在医院里捡回一条命，这个家庭已经一无所有了。

雪上加霜的是，因为伤势严重，王勇的左腿不得不截肢。这样一来，他不但做不成司机，连一份门卫的工作都找不到了。

生活的重担一下子压在了李玥身上。

"我爸妈年纪大了，身体不好，我有事也不敢告诉他们。可家里的顶梁柱倒了，你说我一个女人该怎么办？我该怎么办啊？"李玥扶着楼道里贴满小广告的墙壁，整个人哭得摇摇欲坠，"如果你们不让我上班，我真的就只有死路一条了。郗经理，你一定要逼死我吗？我求求你，我给你跪下行不行？我死不要紧，可我的女儿才七岁呀，她不能没有妈妈。你就放我们家一条生路吧，我求求你了。"

说着，李玥膝盖一软，跪在了郗娆面前。

几米外的楼梯转角处，一个小小的身影飞快地跑了过来，跪在李玥身边，仰起满是泪痕的小脸，抓住郝娆的衣襟小声央求："阿姨，求求你了，别不让我妈妈上班，求求你。"

郝娆握紧了拳头。

这场景太出乎她的预料了，她觉得大脑一片空白。

所有的话都说不出口，她挣脱小女孩的手，转身逃似的奔下了楼。身后，传来那对母女撕心裂肺的哭声。

07

"穗穗，把那瓶酒递给我。"酒吧一角，郝娆抬手指着桌子另一端。

"还喝啊？我看差不多了，回家吧。"王穗穗拿起郝娆指的那瓶酒，放在了自己身后。

郝娆仰头，靠在椅背上，闭上了眼睛："我今天就在这儿了，哪儿也不去。"

"你和自己较什么劲啊？你不是说了吗，是人工智能取代了他们，是公司不要他们，不是你。"王穗穗起身来拉她，"走，趁着你还能迈步，咱们赶紧回家。"

"可今天逼着她走的是我。"郝娆甩开王穗穗的手，指着自己的鼻子，"是我，大清早找上门去，逼着人家离职。是我，让人家为了一份工作跪着求我，连那么小的孩子都跟着跪……"

"那也不是你逼她的，谁让她年轻的时候吃不了苦？这个世界是很现实的，小时候学游泳怕呛水的人，就别怪长大后有被淹死的危险！这不是你说过的话吗？"

郝娆摇着头："可是这次我真的做不到了，穗穗，我做不到了……万一李玥真的出了什么事，我拿什么赔那个孩子一个妈妈？"

话音未落，郝娆放在桌上的手机响起，屏幕上跳动着许川的名字。

郝娆深吸一口气，抓起电话，滑动接听键。

"师兄，有事吗？"她问。

"郝娆，已经一个星期了，你这边进展怎么样？"

"一共三十个人，现在签了二十八个，还剩下最后两个，我正在做工作……"

"怎么还剩两个？"许川打断她，"规模性裁员就要快刀斩乱麻，这个道理你应该懂。现在总部很关注这件事，下周，人力资源副总裁会亲自来视察。郝娆，无论如何，你赶紧把这两个人给我搞定，要不然，不仅是你，就连我也没法交代！"

郝娆再次深吸气："师兄，咱们的合同还有一周到期。如果这两个人签不下来，到时候按照合同，该怎么付违约金就怎么付吧。"

"这是违约金的事吗？"许川提高了音量，"郝娆，为什么这个单子我找你不找别人？还不是因为我相信你能把事情做好！这么多年的交情，你别到最后告诉我不行，那咱们可就没法收场了。"

挂断电话，郝娆伸手拿过最后一瓶酒，倒了一杯，仰头一饮而尽。

"要不找程牧野帮帮忙？"王穗穗试探着问。

郗娆摇头:"找他没用。他做的是猎头,走的是高端路线。李玥呢?劳务市场能有她一个位置就不错了。这两个人的圈子压根搭不上边。"

"他至少认识一些公司老板和HR呀,没准哪儿就需要李玥这样的人。再说,你上回帮了他,他帮你也是应该的。"王穗穗不由分说,抢过郗娆的电话就拨了出去。

郗娆来不及阻止,那边已经传来男人带笑的声音:"怎么了,郗娆?"

08

程牧野手里没有这种需求。

事实上,现在这个社会,不需要任何技能的岗位越来越少,就连一些物流公司的分拣工,都开始逐渐被服务机器人取代。

更何况,李玥在年龄、体力、经验方面都没有优势,想要找到一份收入可以与原来收入持平的工作,谈何容易。

"算了,我自己想办法。"郗娆说着,就要挂断电话。

"等一下,"程牧野叫住她,"你是不是喝酒了?"

"嗯。"

"在哪里,我来接你。"听筒那边传来了脚步声。

"不用,我有朋友在……"

"我跟你不顺路!"郗娆的话还没说完,王穗穗凑过来,大声对着手机报了一个地址,并喊道,"程牧野,你快点来接她。她这人,酒量比不上酒胆儿,万一真醉在这儿,我可弄不动。"

郗娆冷下脸:"我说了不用!是代驾都下班了还是这里打不到出租车?我非需要别人接?"

程牧野的脚步声停下,沉默了一会儿,他说:"你说的这个人,我打听一下哪里有需求,明天给你打电话,你早点回去休息吧。"

"明明人家有意思,这是一个多好的机会呀,你这臭脾气。"挂断了电话,王穗穗开始数落她。

郗娆侧头看她:"王穗穗,我记得你今年二十七岁,不是七十二岁吧?我妈都没你这么爱牵线搭桥。"

王穗穗跳了起来:"我这是为了谁呀?我告诉你,有些人,过了这个村就没这个店了!"

"没有就没有,姐姐不住店。"郗娆说完,起身往总台走。

喝酒这东西最不划算,伤身不说,还伤钱。最后,问题一点都没解决,摆在那里,等着明天继续头疼。

09

程牧野是个说话算话的人。

第二天中午，郗娆接到他的电话，说有一个月嫂中心非常缺人，做得好，待遇能达到李玥现在的两倍，但是必须要有证。

"李玥应该没有证，不过她可以去考，这件事我来和她讲。"

挂断电话，郗娆有些兴奋，拿起车钥匙就往李玥家赶。

也许是因为房屋老旧，不隔音，郗娆敲了半天门，李玥家没有什么反应，却把隔壁一位大妈敲了出来。

大妈脸色不好："大中午的，你拼命敲门，还让不让人睡觉了？"

郗娆指了指面前的门："不是我想敲，您也看见了，没人开门。"

"屋里根本就没人。这家的女人昨天半夜不知道什么时候出去了，一直没回来，手机也没带，男人领着孩子去派出所报案了。"

"什么？"

"你真的想逼死我吗？"昨天李玥说过的这句话在郗娆耳边响起，震得她脑子"嗡"的一声。

郗娆一把抓住大妈的胳膊："你的意思是，李玥离家出走了？"

"我怎么知道？"大妈嫌恶地甩开她，"反正找不着了，也不知道会不会出什么事。"

不会的，她还有孩子，不可能出事的。

郗娆转身就往楼下跑。

不管怎么样，她得把李玥找到。这个人命债她不背，也背不起。

10

李玥没死。

下午五点半，就在郗娆找到快要崩溃的时候，她和李玥在李玥家小区门口碰到了。

李玥手里提着一小把青菜和几块排骨。

"我说大姐！"郗娆盯着她手里那把菜，胸口的怒火烧到头顶，"你要去买菜，用得着半夜出门吗？你的家人都报警了你知道吗？怎么？想自杀又怕死，觉得饿了该回家吃饭了？一把年纪，求求你像个正常人吧！"

"你说得对。"等她说完，李玥开口，"我就是想自杀又怕死。"

郗娆一惊，抬眼看她。

女人双眼红肿，头发也有些乱。

"我在河边站了大半夜，没有勇气跳下去。我知道我很懦弱，可是你没有孩子，你不懂，我自己可以一了百了，我的女儿怎么办？她爸爸没有劳动能力，而且整天自暴自弃，谁来给我女儿一个依靠？我是母亲，我狠不下这个心。"

说着，李玥捂住了眼睛。

郗娆觉得自己的心像被人捏住了一样疼。

十几年前，父母刚开宠物店，有人送来了一只叫得非常凶的博美犬。母亲给狗洗澡，被狗一口咬在了胳膊上。母亲自己用肥皂水洗了洗伤口，谁也没告诉——打狂犬疫苗需要花钱，而家里最缺的，就是钱。

等到晚上，父亲发现了，他坚持要带母亲去打狂犬疫苗。两百多元钱，够家里半个月的饭钱了，母亲死活舍不得。

多年没红过脸的父母发生了激烈的争吵，四十多岁的男人流着泪说，万一你真有什么事，我们这个家就完了呀。

为这个，十几岁的郗娆躲在自己的房间里，哭了一整晚。

如果不是穷过，她觉得自己不会这么执着于赚钱。有时候，钱就是亲人的命。

"买了什么菜？"郗娆深吸一口气，岔开了话题。

"孩子想吃排骨，说了半个月，我想着，给她做点儿吧。"李玥抽泣着。

"你再去多买点儿菜吧，我出钱。我一天没吃饭了，在你家蹭一顿。"郗娆说着，接过了李玥手里的袋子。

李玥诧异地看着她。

郗娆转过头去，不看她："吃完饭，我有重要的事情和你说，你老公最好也听听。你不可能一直瞒着他，他是一个男人，就算残了，也得承担家庭责任。"

"好。"半晌，李玥咬着唇，点了点头。

11

这顿饭，大人们吃得都很沉默，李玥的女儿小心翼翼地打量郗娆。

"排骨的味道不错，小孩子吃饭要专心。"郗娆没抬眼，淡淡地说了一句。

小姑娘赶紧把脸埋进饭碗里。

"有什么话就说吧。"李玥的老公王勇放下筷子，转头看了郗娆一眼，"家里没来过单位的人，你今天过来不是来吃饭的，是有事儿吧？"

"嗯，有事。"郗娆也放下筷子，看了看李玥，又看王勇，"公司裁员，李玥在名单上。"

王勇脸色一变："她犯错误了？"

一旁的李玥抿紧了唇。

"没有，她工作很认真。可是公司购置了无人收费系统，所有收费员，公司全部裁掉了，李玥不会是例外。"

几个人都沉默下来。

"公司里还有没有她能干的活儿？你也说了，她做事很认真。"王勇皱着眉打破了沉默。

李玥也看向郗娆，眼含期待。

"公司里没有，但其他地方有机会，只看李玥愿不愿意付出努力。"郗娆毫不掩饰地说，"我坦白说，她现在年龄大了，体力活干不了，又没有什么技能，从长远看，就算今天不被裁员，以后也会被裁，除非她有一技之长。"

"可是，我三十多岁了……"李玥的眼泪在眼圈里打转，"学什么都晚了。"

王勇却抓住了郗娆话里的关键点："你说其他地方有机会，是什么机会？"

"考证，做月嫂。"郗娆把程牧野告诉她的消息原原本本地说了一遍，问李玥，"这个工作，你愿不愿意做？"

李玥点头，又犹豫："可我不会呀。"

"不会就学，你比谁笨？"王勇沉默了一会儿，一锤定音，"我残了，出去没人要，在家洗个衣服做个饭还行，以后你就只管出去赚钱吧，这个家总要有个出路。"

"没错。"郗娆笑了，"有人说兴趣是最好的老师，我不这样认为。最好的老师其实是生存，你说呢，李玥？"

李玥看了看郗娆，看了看自己的老公，最后又看向郗娆："那我就相信你，你不会骗我吧？"

郗娆挑眉："现在除了相信我，你还有其他选择吗？"

12

见到李玥签字的花臂哥，也痛快地在《协商解除劳动合同协议书》上签了字。后来，郗娆听说花臂哥拿到这笔补偿金后开了一个海鲜大排档，生意挺不错的。

李玥则在收到钱的第一时间去报了一个月嫂培训班。

"学得会吗？"郗娆在微信上问她。

"要学营养搭配，还要学护理，挺难的。"李玥回复，"但我觉得我能行。你说得对，生存是最好的老师。我的大学同学，一个家里特别穷的女生，现在年收入几十万，给父母在老家买了房。还有一个女生，单亲家庭，跑了八年工地，前几年和老公一起开了一家工程公司，现在买房、买车，把妈妈也接过来了。其实人啊，年轻的时候不肯吃的苦，迟早要被生活还回来。我现在明白，还不算晚吧？"

"不晚。你拿了证后联系我，我让朋友给你推荐工作机会。"郗娆说着，忍不住弯起了唇角。

"笑什么呢？"一旁的王穗穗探头过来，"是不是那个程先生又约你了啊？"

"约什么约？我已经说了，我们是合作关系。"郗娆白了她一眼，起身去拿自己的包，"你自己慢慢吃吧，我还要去和客户谈合同。"

王穗穗一把拉住她："哎哎哎，透露一下，这回又要砸谁的饭碗？"

"一个……"郗娆故作神秘地压低了声音，"销售冠军。"

"销售冠军都要裁掉，这老板怕不是疯了吧？"王穗穗百思不得其解。

谁知道呢？反正又是一个难啃的骨头。

叵她没有选择。

因为，她不想成为下一个李玥。

"冠军"陨落

01

市中心的星巴克。

已是下午四点十分,约好的人还没到。

周峰抬手看了看表,又转头往门口看,一旁的秘书小李稍稍压低了声音问:"周总,要不我再给他们打个电话问问?"

"算了。"周峰摇头,"人家是投资人,就是明天来,咱们也得耐心地等着。"

两人相视苦笑。

正在这时,一个有几分熟悉的声音传进周峰的耳朵里。

"张总客气了,咱们这是双赢,双赢。"

周峰侧头往自己斜后方看过去,果然是个熟人——自己公司的销售经理邱泳天。

"邱泳天对面那位是咱们的客户吗?"他随口问。

却见小李皱起了眉头。

小李犹豫着说:"周总,那人我认识……是我之前公司的老板……"

"哦?"周峰有些惊讶,又回头看了一眼,"卖假进口服务器那个?咱们和他有业务往来吗?"

"没有。"小李很肯定地说,"就算客户买产品要求选配服务器,咱们一般也会给配大品牌的服务器。"

"那邱泳天说的双赢是什么意思?"

话音未落,周峰的手机响了起来。

周峰环顾了一下周围,和小李一起起身,走向门外:"您好,王总……"

没想到，周峰刚一开口就被对方打断："我说周总，你怎么搞的？咱们合作这么多年了，我觉得我要重新认识你了。"

这劈头盖脸的一句话，把周峰问蒙了。

"上个月签合同的那个合作，我们有什么地方做得不到位吗？"他试探着问。

"没有，没有，我哪敢说你们做得不到位呀？你们啊，就是太到位了！"对方没好气地说。

周峰赶紧赔笑："您这是哪儿的话，王总。我们都是老熟人了，该批评的，您尽管批评。"

"我说预算不太够，你们那个小邱说他来帮我想办法。结果呢，给我配了一个什么服务器？刚才公司配电箱出了点儿问题，跳闸了，等恢复供电一看，服务器启动不了了，里面的数据全丢了。周总，数据丢失意味着什么你比我清楚吧？你们这是帮我想办法还是想害死我？"

"您说是邱泳天帮您配的服务器？"周峰的脸黑了下来，捂住话筒看向小李，"我印象中王总的合同没有配置服务器，这个服务器是哪来的？"

小李看向星巴克，下巴一抬："恐怕是……那家的。"

"谁让他卖那家的服务器的？"周峰咬牙，"这邱泳天的胃口也太大了，我可从来没有亏待过他……"

"咱先想办法把问题解决了吧，他那边，我马上去调查一下。"小李低声说。

周峰点点头，重新换上笑脸："哎哟，王总，抱歉，都是我的错。我现在就安排数据库工程师过去，保证帮您把数据恢复。您息怒，改天找个好地方，咱们喝两杯，我亲自向您请罪。"

挂了电话，周峰隔着玻璃看了一眼谈笑风生的邱泳天。

自己一手带出来的销售冠军，今天给了自己一个响亮的耳光。

这个人，不能留了。

02

"培养一个销售冠军可不是一件容易的事，您真的打算裁掉他？"郗娆一边翻看笔记本电脑中邱泳天的个人简历，一边问坐在对面的周峰。

周峰用右手转动着签字笔，目光落在笔尖上："邱泳天是有能力，可他是天生的销售冠军吗？不是。他一个没见过什么世面的穷小子能走到今天，个人的努力是无法忽视，但我在他身上投入的精力、机会和资源，也不能说一文不值吧？结果呢，他回过头来咬我一口，让我这个销售副总不知道该怎么去面对客户和老板。你说，我现在不裁掉他，将来得是个什么下场？"

郗娆笑了。

确实，冲着这个人做的这些事，再留下去，就是东郭先生和狼的故事了。现如今的职场，狼好找，东郭先生不好找，至少，周峰不是东郭先生。

其实，要说邱泳天是周峰培养的，一点都不过分。邱泳天的老家在西部山区，全家都是地道的农民，上大学之前，他去过最远的地方就是他们县城。郗娆可以想象，他拎着编织袋，带着家里东拼西凑的学费，来到这个高楼林立的大都市的时候，内心会有多么巨大的波澜。

如果他读的是顶尖名校也就算了，算是山窝窝里飞出的金凤凰。可邱泳天不是，农村教育资源有限，他用尽所有努力，也不过挤进了一所普通本科院校。

"郗小姐，你们的年龄差不多，那几年毕业季工作有多难找，你应该还有印象吧？"周峰说到一半，拍了拍脑门，"对了，我忘了，你是 R 大毕业的，名校生，和邱泳天的情况不一样。他这种学历，想找一份发展前景好的工作，没有那么容易。是我，是我从一百多个应聘大学生中间选择了邱泳天。我带着他跑客户，手把手教他待人接物，还把自己最好的资源介绍给他。"

周峰看向窗外的万里蓝天，似乎陷入了回忆中："你知道这是为什么吗？因为我从他的眼睛里看见了渴望，对赚钱的渴望。"

"您觉得邱泳天能够在销售这条路上坚持下去，却没想到，他想要赚的钱，比您给他的还要多？"

周峰笑了，身体前倾，和郗娆对视："所以我请你来了，郗小姐。我们公司在圈子里确实是有一些影响力，可谁要是觉得反正我台子也搭了，邱泳天想在上面唱什么戏都可以，那他可就错了。我不仅要邱泳天主动辞职，还要他把隐瞒着我的那些客户资源都给我拿出来。这一点，你做得到吗，郗小姐？"

03

"好的，您这边于 4 月 16 日配置了四台我们的服务器，还在保修期内，我已经做了记录。如果您配置的服务器在使用过程中有任何问题，请您随时拨打我们公司的客服电话，谢谢。"

挂断最后一个电话，郗娆看向自己手里的邱泳天过去一年的销售合同清单。

不愧是销售冠军，46 个客户，将近 2000 万的软件销售收入，保守估计有 100 万左右的提成，扣除销售费用，50 万元的年薪是稳稳当当的。

算是同龄人中的佼佼者了。

最让郗娆预想不到的是，这些客户中，超过半数都被邱泳天说服，选择了所谓"性价比最高"的进口服务器，尽管这个服务器品牌在国内毫无名气。

要不是自己以服务器厂家客服的身份去做回访，恐怕谁也不会相信，邱泳天在销售本公司产品的同时，还能把其他公司的产品卖得遍地开花。

抛开职业道德不谈，这个邱泳天还真的是个人才。

"人才？他这是在给我埋雷！"周峰气得头顶冒烟，"这个人，你必须帮我辞退！而且，我一分钱赔偿都不会给他！现在已经有一家客户的服务器出问题了，剩下的二十多家，谁知道什么时候会出问题？一家企业赢得客户的信任需要付出数十年的努力，然而毁掉它，只需要一个没底线的销售经理！"

周峰当然有理由生气。

企业信誉就好像牙刷，你一直把它保存得干干净净、毫无瑕疵，可只要一个不小心，掉进马桶里，哪怕你立刻捞起来洗干净，所有人也都会嫌它脏。

邱泳天就是那个把牙刷扔进马桶的人，无论哪家公司，都不会容他。

"既然这样，我先试探试探他的态度。"郗娆的目光落在刚买的网络电话卡上，"您不是觉得他手里有客户资料没上传到 CRM 系统吗？试探一下就知道了。"

04

郗娆所说的试探，方法很简单——角色扮演。

"是邱泳天吗？"电话拨通，郗娆把手机放在唇边，声音经过变声软件的处理，变成了一个陌生的男声。

"是我，请问您是？"邱泳天的声音里似乎带着笑，友好而舒服，典型的适合做销售的好嗓子。

"抢别人的单子，你很得意吗？"郗娆语气凌厉，声音也高了起来，"大家都是出来打工的，如果你不给别人留活路，那干脆大家一起死好了！"

"您是哪位？"邱泳天压低了声音，"我不明白您的意思。"

"是吗？我也是做服务器销售的，你明白了吗？"郗娆冷笑。

"对不起，您可能找错人了，我不知道您在说什么。"匆匆说完这句话，邱泳天想挂断电话。

"利用自家大牌管理软件的口碑拿客户资源，然后把小厂家的贴牌服务器搭售出去，邱泳天，你以为你做的这些事别人都不知道吗？你聪明，别人也不笨！"郗娆干脆直接挑明。

话筒里静了静。

"你想怎么样？"隔了足足三十秒，邱泳天问。

"你退出服务器销售行业，或者把你们公司的渠道让给我。二选一，做到了，以前的一切就一笔勾销。"

"如果我不选呢？"

"那么，你的老板很快会收到一封举报邮件。自己的销售做着自毁企业信誉的事情，你觉得他会怎么想？邱泳天，'聪明反被聪明误'这句话你应该听过吧？"

"呵呵，是吗？"邱泳天突然笑了，"你认为凭着一封举报邮件，就可以让他把我裁掉？"

"为什么不会？那么大个公司，缺你一个销售经理？"

"倒也不缺。不过，他凭什么相信你？就算相信了，你觉得我会一点筹码也没有？在这个弱肉强食的世界，如果我这么蠢，也拿不到那么多资源。"说完，邱泳天挂断了电话。

郗娆慢慢皱起了眉头。

邱泳天这么有恃无恐，看来是掌握了不少优质资源。要拿到这些资源，常规手段恐怕没什么用，只有另想办法了。

05

"邱经理。"邱泳天刚回到办公室，HR就带着一个年轻女人来到他面前，"这位是郗娆，新来的销售助理，以后就跟着你了。"

邱泳天皱起了眉头："我不需要销售助理。"

"邱哥。"郗娆开口，眉眼弯弯，"我刚离开大学校园，什么都不会，听说您是销售冠军，您带带我好不好？"

这话说完，她差点没咬到自己的舌头。

多少年没这么说过话了？至少有十年了吧？还有这身衣服，带蕾丝的小白衬衫、灰色A字裙，早上她照过镜子，是傻白甜标配没错。

"我说了，我不需要销售助理。"邱泳天拿起手机往外走。

郗娆小跑着跟了上去，脸上挂着甜甜的笑："我知道您厉害，拜托您教教我吧。您放心，我能吃苦。以前家里穷，为了赚学费，我一天打过三份工呢。"

"真的？能吃苦？"邱泳天回头看她，脚步慢了下来。

郗娆赶紧点头。

"那就跟着我去拜访客户吧。不过，咱可先说好，脸难看、话难听，到时候可别觉得委屈。"

这倒是实话。销售这个活儿，确实不是那么好干的。

郗娆跟着邱泳天跑了三天，越来越觉得，邱泳天只做一个销售可惜了。脑子活，会说话，不怕麻烦，又能忍耐，这可不是人人都能做到的。

但周峰说的对，如果一个人失去了职业道德底线，他越有能力，破坏性就越强。

第三天下午，两人一起回到公司后，郗娆登录了CRM系统。

"邱哥，咱们新拜访的客户的信息，我帮你录进去吧。"她一脸天真地说。

"不急。"邱泳天淡淡地回了一句。

"可是入职培训的时候说要及时在CRM系统中录入所有客户拜访信息，我们这都三天没录入了，我怕我忘了……"

"你不是都记在小本子上面了吗？"邱泳天嗤笑，"这些是我开发的客户，你跟着我，记也就记了。至于什么时候录入系统、怎么录入，我后面会教你的。走，先去吃饭。你要学的东西还很多，记住，不该问的别问。"

"好。"郗娆应了一声，跟了出去。

06

没想到，他们在餐厅遇到了程牧野。

当时，郗娆像小学生似的亦步亦趋地跟在邱泳天身边走进餐厅，一抬头，程牧野一身休闲装，和几个男人聊着天从里面走出来。

不等程牧野开口和自己打招呼，郗娆飞快地瞟了一眼邱泳天。

程牧野瞬间了然，视线从她的身上转开，唇角挂上了别有意味的笑容。

郗娆低头看了看自己的打扮。二十八岁了，穿这样的衣服太可笑了。

两人坐下，点完餐，邱泳天起身去了洗手间。郗娆摸出手机，发了一条消息出去："我有那么好笑吗？"

"我可没说你好笑。"

"那你笑什么？"

提示音却在身边响起。

郗娆抬头，视线顺着男人窄而有力的下颌向上移动，看见了他眼角荡起的细微笑纹。

程牧野左右扫了一眼，弯下腰靠近她："我笑是因为你今天的样子，很好看。"

他的气息拂过耳边，郗娆觉得那里有些发热。

郗娆勉强控制住表情："你赶紧消失，别影响我工作。"

"刚刚那个人？"程牧野看向洗手间方向，"什么来头？还需要你深入敌后？"

"主要是甲方想拿到他手里的客户资源。"郗娆压低了声音，"这比只是请他走人要困难多了。"

"明白了。"程牧野点点头，又上下打量她，"真挺好的，你穿成这样像个邻家女孩。"

郗娆嗤笑道："所以并不适合我。"

"对，你是女王。"程牧野笑了笑，在耳边比了个手势，"需要帮忙就给我打电话。"

直到他的背影消失在门口，郗娆才转过头，轻轻勾起了唇角。

这个人有时候好像也不是那么讨厌。

07

"邱哥。"趁着吃饭的时候邱泳天的状态比较放松，郗娆又把话题转到了客户信息上，"我觉得，就算咱们不把客户信息录入 CRM 系统，也得对客户进行一个分析。比如，咱们前天拜访的那个客户，我感觉他就没有多少采购意愿，但是昨天下午拜访的那个客户就不一样了，连操作界面和流程都问得很清楚，说明他对咱们公司的系统感兴趣。这些客户，咱们是不是得列个表、排个优先级？我在学校里学过，不如我来帮你做吧？"

"你来帮我做？"邱泳天放下筷子，挑眉看她。

郗娆露出笑容："是呀，我看你好忙……要不我帮你做个空表也行，你自己有时间再把客户信息填进去……"

"你是从哪个学校毕业的？"邱泳天突然打断她。

"哦……"郗娆做出有些尴尬的样子，"不是什么有名的学校，说出来你也不知道。"

"公司两年没招销售了，你是两年来的第一个。"邱泳天没看她，像什么事也没发生过似的，把盘子往她这边推了推，"小炒肉不错，多吃点儿。做销售的，必须有个好体力。"

"那邱哥你也吃。"郗娆挂上一个心无城府的笑，只好跟着转了话题。

没想到，这是两个人最后一次心平气和的谈话。

第二天一早，郗娆一进销售部，就感觉到气氛不对。

安静，太安静了。

"邱哥。"她走到邱泳天旁边，刚一开口，邱泳天突然站了起来。

"郗娆，你跟我出来。"他的声音平静，可不知道为什么，郗娆在这句话里听出了一丝寒意。

"这是不是你？"楼梯间，邱泳天靠在墙上，把手机递到她面前。

"什么是不是我？"郗娆接过手机。

可不就是她。

是她被网曝那次的照片，有好事的网友把照片中的马赛克去掉了，虽然还是算不上清晰，但已经足够让熟悉的人认出她来了。

郗娆没说话，把手机递了回去。

"我就说怎么看你有点面熟？"邱泳天嗤笑一声，上下打量郗娆，"裁员顾问郗小姐，怎么转行做销售了？"

"你想说什么？"郗娆抬眼看他。

"江海炎，你认识吧？既然你是专门做裁员工作的，那么，这次的目标是谁？我吗？"他说。

08

话都已经说到这个程度了，郗娆觉得没必要再顾左右而言他了。

"没错，目标是你。"

"谁想让我走？周总？"邱泳天的目光盯在郗娆脸上，语气肯定，却又有些不可置信。

郗娆没说话。

"周总，周峰！"邱泳天胸膛起伏，突然抬起手，用力地把手机摔在了地上，"我做什么了？值得他这么处心积虑地赶我走？行，我是他带出来的，他是领导，他有权利看不上我。可直说不行吗？非得这么耍着我玩？看我傻乎乎地带着你跑客户，你们是不是特有成就感？"

邱泳天说着说着，冷笑一声，一把扯下领带："我给他卖了七年命，七年！你现在看，公司发展得不错，可我来的时候，这儿比创业公司好不了多少！是我和我的兄弟打下的这片江山！他周峰现在是副总了？没有我，他怎么可能当上副总！"

男人的声音回响在狭窄的楼梯间内，伴随着他粗重的呼吸声。郗娆蹲下身，捡起邱泳天的手机，塞进了他手里。

"屏幕碎了，回头去换一个吧。"

邱泳天转过头不看她。

"我和你说一组数据吧。"郗娆抬头看他，"58 台服务器，销售额 226 万元，邱泳天，提成多少？"

邱泳天脊背一僵，慢慢对上郗娆的目光："你查我？"

"我承认你很努力，我也承认公司发展到今天，有你的功劳。可是，邱泳天，职场有职场的规则，你触碰了底线，不说周峰，换成任何人，都不会留你。"

郗娆和他对视，一字一顿地说。

"底线？不要道德绑架！我承认我是给客户卖服务器了，那又怎么样？影响公司正常销售了吗？去年，是谁一个人完成了公司 10% 的销售额？又是谁把公司产品拓展到了新的行业市场？"他指着自己的鼻子，"是我，是我邱泳天！现在，姓周的想卸磨杀驴？没那么容易！"

"我们已经掌握了你借助公司的销售渠道销售其他公司的产品获取利润的数据。"郗娆晃了晃自己的手机，"我建议你冷静下来，冲动对我们解决问题毫无帮助。说得明白一点，公司希望你主动辞职。这是对双方最有利的解决方案，否则，一旦这个数据流出去，邱泳天，在这个圈子里，你觉得还有哪一家公司敢用你？"

"那你们为什么不直接用这个数据逼我走？"邱泳天摇了摇头，"你们不是为我着想，你们是想拿到我手里的客户资源！那些客户是我的，想要，除非我留下。你们休想让我拱手相让！"

"什么叫拱手相让？"郗娆不怒反笑，"那是你的客户资源吗？那是公司的客户资源！离开这个平台，谁认识你邱泳天？更何况，如果我的消息准确，你自己有两套房子，在还着贷款，还在老家给你父母买了房子吧？真的和公司撕破脸，那就是两败俱伤。公司无所谓，不就是几个客户资源吗？公司损失得起。你呢？你损失得起吗？"

邱泳天的脸色更加难看。

郗娆叹了一口气，语气缓和下来："邱泳天，你是一个人才，虽然我不认同你的价值观，但我不否认你的能力。我希望你能慎重考虑，做出有利于自己的选择。"

"有利于自己的选择？"邱泳天重复着这句话，半晌，侧过头，自嘲地笑了，"我还有选择吗？"

"当然有。"

"给我一点时间考虑一下吧。"临走时，他说。

09

事实证明，邱泳天不是一个肯轻易让步的人。

三天后是周末，郗娆吃了早饭，准备去父母的宠物店帮忙，还没出门，程牧野的电话就打了进来。

"你手上的案子，是致唯科技的？"他问。

"嗯。"郗娆应了一声，觉得不对，"你怎么知道的？有问题？"

"致唯的老对手泛博是我的客户，他们之前委托我找销售总监，本来我已经有了人选，可昨天晚上，我和他们老总吃饭的时候，他说有个人主动投靠，让我帮他掌掌眼。郗娆，你猜这个人是谁？"

郗娆的脸色冷了下来："邱泳天。"

"没错，就是他。他要投靠泛博，而且是带着客户资源过去。我不知道你那边是什么情况，总之，你小心一点，别被这小子绕进去。"

"嗯。"郗娆应了一声，挂断了电话。

轻松的心情被破坏干净，郗娆踢掉鞋子，转身回到沙发上，抱起了自己的笔记本电脑。

她低估了邱泳天，也或者，是高估了他。

她以为到了这一步，但凡邱泳天爱惜一点自己的名誉，都会选择和公司好聚好散。毕竟，未来的职业生涯还很长，一旦他脚踏多条船这个事情传出去，稍微有些名气的公司都肯定不会接受他。

私心里，郗娆是希望给邱泳天留一条退路的。

她穷过，知道穷的滋味，也了解被人轻视的感觉，所以她能理解邱泳天想要赚钱的心情。那不仅仅关乎钱，更关乎尊严。

虽然这件事他做得不对，但如果他能吸取教训，未来还大有可为。

郗娆没想到，这只是她的想法，不是邱泳天的。

"程牧野，你把泛博那位老总的电话给我一下。放心，不会把你扯进来的。"

她刚发出这条消息，手机就响起来，却是周峰。

"郗小姐，你到底是怎么想的？你和他摊牌之前，是不是应该先问问我？你知道邱泳天做了什么吗？他跑到我们的竞争对手那边去毛遂自荐了！万一这事成了，你不是给我找麻烦吗？到时候，你让我怎么向老板解释？"

"周总。"等他说完，郗娆才淡淡地开口，"很抱歉，我确实对邱泳天了解不够。您先别着急，事情我来解决。泛博，邱泳天是去不成的，这一点您放心。"

"你保证？"

"我保证。下周之内，他一定会主动提出离职，您安排好工作交接吧。"

结束通话后，郗娆点开微信，目光落在程牧野刚发过来的一串数字上，许久，轻轻叹了一口气。

10
HR DIARY

早上的永安江边，只有几个大爷大妈在遛弯。

邱泳天从桥上跑下来，一眼就看见了站在江边的郗娆。

他的脚步慢下来。

郗娆说："我在等你。"

"我不是说我需要时间考虑吗？我还没考虑好。"邱泳天说完，抬脚就走。

"你不是没考虑好。"郄娆的目光一动不动地落在他脸上,"只是泛博还没回复你。"

邱泳天站住了,看向她。

"不问我是怎么知道的?"

"周峰在这个圈子里工作十几年了,有一点人脉,不奇怪。"邱泳天语气平静。

郄娆目光落下,看见邱泳天垂在身侧的手捏住了运动衫的下摆。

原来,邱泳天也会紧张。

"带着客户资源去泛博,不错的打算。"郄娆点头,"可惜你做不到。"

"就凭周峰?"邱泳天笑了,"就算他知道了又怎么样?泛博看重的是我的能力和客户资源,我又没有卖身给致唯,他们凭什么管我要去哪?"

"你签过竞业限制协议。"郄娆说。

邱泳天随意地摊摊手:"好啊,那我不去行了吧?"

"我知道竞业限制协议对你来说没有用。想要做泛博的产品,你有很多办法规避协议限制。"

"那你何必来找我?"

"因为我有话要说。"郄娆举起手机,"这个号码你认识吧?泛博李总的号码,没错吧?如果我现在打电话给他,告诉他你卖贴牌服务器的事,你觉得他会怎么想?就算他现在收留了你,等他把你的客户资源挖空,你想过你的下场是什么吗?"

"郄娆,你别太过分!"邱泳天的脸色终于变了。

"我过分吗?你自己违背职业道德,我只是要求你离职、留下客户资源,哪里过分了?"

"留下客户资源?"邱泳天冷笑,提高了声音,"我是销售,销售没有了客户资源,靠什么吃饭?"

"你以为别人用我,是看重我这个人的能力吗?"邱泳天激动地涨红了脸,"所有公司要的都是资源,客户资源!没有客户资源的销售,一文不值!"

"真是刻在骨子里的自卑。"郄娆忍不住嗤笑。

"你说谁?你再说一遍。"邱泳天伸手,用力抓住了郄娆的胳膊,"你给我再说一遍!"

郄娆反手扣住他的手腕,右手一带,胳膊肘抵住他的后背:"我说,你有刻在骨子里的自卑!"

"你!"

周围很安静,只能听到邱泳天粗重的呼吸声。

"我也穷过,我也看过别人的白眼,那又怎么样?我知道我自己有能力,我看得起我自己。而你呢?别看你是销售冠军,你还是打心底里看不起你自己。"

"你胡说!"邱泳天用力抽回自己的胳膊,转身赤红着眼睛瞪着郄娆,"你知道什么?你凭什么评价我?"

"对,我不应该评价你。可是,邱泳天,我跟着你跑了三天客户,你有没有能力,我知道。"

郗娆和他对视，放缓了语调，"现在摆在你面前的有两条路。第一，你和公司死磕到底。你别以为会鱼死网破，不可能的，只有鱼会死而已。凭你的所做所为，公司可以单方面解除劳动合同，大不了放弃你手里的客户资源，没关系，我早就说过，公司损失得起，但你之后在这个圈子里的处境，你自己评估。第二，你和公司好聚好散，客户资源留下，你去哪里公司都不拦着你。除了致唯和泛博，这个圈子中的其他公司确实规模还小，但在规模小的公司里，以你的背景和经验，更容易获得满意的职位。邱泳天，你我一样，都没有父母的肩膀给我们借力，只能靠我们自己。未来还很长，别把路走窄了。你考虑考虑吧，明天上午，我在公司等你。"

郗娆说完，转身往来时的方向走去。

11

"他交了辞职信？"程牧野一边伸手帮郗娆倒果汁，一边问。

"嗯。"

"客户信息呢，留下了？"

"留下了。"

"可以啊，干得不错。"程牧野笑了，"那我们应该喝两杯，给你庆功。"

"有什么功？不过是又砸了一个人的饭碗。"郗娆自嘲。

"砸得好。尤其是这一次，砸得特别好。"

"你是认真的？"郗娆挑眉看他。

程牧野放下筷子，神情一本正经："我真的这么认为。你觉得，如果连邱泳天这种人，公司都拿他没办法，这个行业还有规则吗？规则都没有了，企业怎么生存、发展？对踏踏实实做事的人来说，还有什么公平可言？所以，砸人饭碗不一定是坏事，有的人，你不砸他的饭碗，他就会砸更多人的饭碗。你砸了他的饭碗，等于帮更多的人保住了饭碗。"

"不愧是'人口贩子'。"郗娆盯着他半晌，突然笑了，"口才真好。"

程牧野苦笑："你能不能不这么说话？小心别人以为我真是拐卖人口的，报警把我抓起来。"

"抓就抓，关我什么事？"

郗娆说着，转头望向窗外。

不知道是谁在看风景，看风景的人又成了谁的风景。

总归是个美好的夜晚。

打假行动

01

"项目终止后,不是不可以裁员,但是这种情况肯定要支付离职补偿金。"郗娆走出电梯,一边从包里摸车钥匙,一边对电话那边的人说,"您说的所谓'劝退',我个人不认同,很抱歉,这个案子我不能接。"

对方有些不满:"郗小姐,你干的是裁员的活,你管我给不给他们钱呢?你的那份佣金,我一分不少地给你不就行了吗?"

"是吗?该给的离职补偿金您都不愿意给,您让我怎么相信我能顺利拿到佣金呢?不好意思,我没有这种自信。"

郗娆挂断了电话。

"你就是那家互联网公司的HR吧?我认识你!"不远处突然传来一个尖锐的女声,"太可恶了,把别人辞退,你就能发财是吗?"

"就是,人家小哥哥找一份工作容易吗?你们说不行就不行?那你们当初别把人家招来啊,这不是欺负人嘛!"另外一个女声说。

"事情不是你们想的那样。"似乎是被指责的一方在解释,"试用期达不到录用标准,公司有权利终止试用……"

"说这些没用的,你们就是欺负人!"尖锐的女声打断她。

另外几个女孩也七嘴八舌地喊了起来,其中不乏人身攻击。

郗娆一贯不爱管闲事,所以没兴趣多加关注,只在准备上车的时候,随意地往那边瞥了一眼。

然而,正是这一眼,让她开车门的手顿住了。

被人围在中间，身穿一身职业装的姑娘，她认识。

"我们打工人也是有人权的！来，你现在对着镜头说说，是不是故意把人家招进来，干完活就不要人家了？"最先说话的女孩拉住职业装姑娘的胳膊。

"你放开我！"职业装姑娘用力挣扎。

"别躲呀！"另一个女孩举着手机，镜头对着她的脸，"欺负人的时候不是挺凶的吗？现在知道怕了？"

郗娆"砰"的一声关上车门，迈开大步朝人群走了过去。

"都住手！我已经报警了！"她一边走，一边大声喊。

"报警就报警，我们又没干什么坏事。"带头的女孩话虽这么说，却不自觉地松开了手。

"就是，算你运气好，今天我们有事，懒得和你纠缠！"几个人扔下这句话，很快走了个干净，只剩下中间那姑娘。

"你没事吧？"郗娆站在职业装姑娘面前，上下打量她。

姑娘拨开挡在眼前的长发，慢慢抬起头。看见是郗娆，她的眼圈红了。

"师姐。"她抿唇，胸口起伏了好一会儿，才勉强说出话，"你帮帮我吧。"

02
HR DIARY

这个姑娘叫隋欣，是郗娆的师妹，也是三年前在她被迫背锅、对自己的职业选择和人品产生了深深的怀疑的时候，为数不多的站出来安慰她的人之一。

郗娆性格冷淡，记仇，但也记恩。

隋欣给她的人情，她一直在等机会还。

"说说吧，到底是怎么回事？"两个人坐进郗娆的车里，郗娆递了一瓶水给隋欣。

"我真是委屈死了，师姐。"隋欣把手机打开，递到郗娆面前。"你看过这个视频吗？关于互联网大厂 HR 强制裁员的。两天时间，一百多万点击量，评论一边倒地骂 HR，多难听的话都有。很不幸，那个 HR 就是我。"

原来，隋欣三个月前换了工作，到一家知名互联网公司做员工关系主管，负责员工入职离职管理。

视频里的男主角是她在这家公司的同事，名字叫胡俊宇，今年 28 岁，是一位驱动开发工程师。胡俊宇五个多月前入职，公司的试用期是六个月，现在距离他的试用期结束还有两个星期，因为他的工作一直达不到公司要求，公司决定以"不符合录用条件"为由终止试用。

于是，隋欣约胡俊宇进行面谈。然而，胡俊宇拒绝了，理由只有两个字，"没空"。

"我把问题想得太简单了，毕竟在我任职过的公司，试用期达不到录用标准，解聘很正常，我从来没有遇到过这种情况。"隋欣解释道。

几次联系无效后，下午快下班时，隋欣拿着打印好的《解除劳动合同通知书》，直接去研发部找到了胡俊宇，要求他在通知书上签字，并立刻离开公司。

没想到碰了个史无前例的大钉子。

"我不同意解除劳动合同。你说我达不到公司的录用标准?那就拿数据说话。公司要求会底层驱动,要求会数据库,我都会,你凭什么说我达不到公司的录用标准?"胡俊宇直接质问。

隋欣被问了一个措手不及。

恰逢研发部经理出差,她连能求助的人都没有,只能苍白无力地解释:"从试用期的交付情况来看,您的底层应用开发能力和公司的招聘要求确实有差距……"

"差距?是九十九分到一百分的差距,还是一分到一百分的差距?这个标准由谁来定义?公司想怎么说就怎么说,我作为劳动者,就是完完全全的弱势群体。我为了来这边上班,已经在附近租了房子,现在你轻飘飘一句话就想让我走,我是不会接受的。"

直到这时,隋欣才注意到,胡俊宇办公桌的侧板位置放了一个手机,刚刚的沟通过程,被从头到尾拍了下来。

她顿时有些无措,一句话都没敢再说。

然而,已经晚了,仅仅过了不到一个小时,隋欣就在网上看到了胡俊宇拍的视频。随后就是铺天盖地的谩骂,甚至还有人直接找上门来攻击她。

"公司明确要求我想办法逆转局面,否则,我不仅无法转正,更会被当成替罪羊扫地出门。"

此时的你,正如彼时的我。

"明天你去向领导申请一下,你要休假两周。剩下的事情,交给我来处理。"郗娆决定管这件"闲事"。

03
HR DIARY

郗娆正式入职是在三天后。

胡俊宇的工位在三楼,郗娆在同楼层找了一间闲置的办公室,隔着一道玻璃,正好能看见胡俊宇的工位。

胡俊宇一出现在工位旁,郗娆就认出了他。

略微苍白的肤色,笔直的眉毛,瘦削的双肩,黑色 T 恤……胡俊宇与三年前并没有什么不同。

如果忽略他眼神中的那种捉摸不定,他甚至可以说是相当英俊的。

胡俊宇曾经是她的同事,那时候,郗娆是公司新来的 HR 经理,要按照高层提供的裁员名单裁掉他。和现在不同的是,因为对薪资不满,胡俊宇当时本来就有离职的打算。

当然,他很好地隐瞒了这种打算,在 N+1 离职补偿金之外,还多争取到了半个月的面试时间。

这是一个小算盘非常多的年轻男人。

郗娆皱起了眉头。

"麻烦把胡俊宇的简历发到我的邮箱。"郗娆一边打电话给招聘专员,一边琢磨要不要找胡俊宇所在的研发部的经理了解一下情况。

没想到研发部经理自己找上了门。

"郗经理是吧?"研发部经理是一个比较胖的男人,神情恳切,"关于胡俊宇,我承认当初面试的时候把关不严,是我的问题。我想拜托您,帮忙把这个问题解决了。"

"为什么会把关不严?"郗娆问。

研发部经理有些尴尬,摸了摸自己所剩不多的头发:"名校毕业生,有点先入为主。"

这倒是可以理解。

"那么,您现在提出胡俊宇达不到公司的录用标准,依据是什么?"

"还需要什么依据?"说到这儿,研发部经理有些气愤,"大家都是做技术的。俗话说,行家一出手,就知有没有。我不说别的,就说驱动开发,他在简历上写的是精通,可是做出来的东西连工作一两年的工程师的作品都不如。我要是他,不等别人说,自己就卷铺盖走人了!"

那就意味着没有定量的标准了。

其实这也可以理解,研发人员的工作,很多时候无法量化。

可是拿这个说法去终止试用,遇到讲道理的还好,遇到胡俊宇这样的,就比较麻烦了。

"这样吧,我先找胡俊宇谈谈。事情已经到了这个地步,要说他现在的目的是想要留下来,反正我是不信的。"

04

"对不起,我很忙。"郗娆通过内部通信软件约胡俊宇进行沟通的时候,他的回答和当时给隋欣的回答如出一辙。

郗娆看着这行字,挑了挑眉。

"我刚刚了解到,你今天下午并没有开发任务。所以,我可以理解为你在上班时间忙着做自己的事情,是吗?"郗娆问。

很快,消息变为已读状态,但胡俊宇没有回复。

"我在对面的办公室等你,想谈条件的话,机会并不是很多。"

敲完这行字,郗娆抱臂靠在了椅子里。

两分钟后,胡俊宇推门而入。

"你到底什么意思?我说过……"话说了一半,他顿住,侧过头上下打量郗娆,"原来是你。"

郗娆伸出手:"你好,又见面了。"

胡俊宇不领情:"和你见面不是什么愉快的事情,就不必假客套了吧?"

"随便你。"郗娆收回手,从抽屉里拿出了一张纸,递到胡俊宇面前,"这是你投简历时,公司发布在网站上的招聘要求，我把它打印下来了，你看看。"

胡俊宇的目光落在纸上一秒钟后，回到郗娆脸上："有什么话你直说吧。"

"好。"郗娆用食指点着纸上的一行字，"精通底层驱动开发，这是我们的要求。"

郗娆顿了一下，继续说："您的简历上有对个人技术能力的描述，写着您精通底层驱动开发，所以在公司筛选简历的时候，您的简历入选了，是这样吧？"

胡俊宇不置可否。

"那么，我们来看看《现代汉语词典》上'精通'一词的定义。精通，指对一种学问、技术或业务有深刻的研究和透彻的了解。也就是说，知其然并知其所以然，能够融会贯通，才是精通。"郗娆加重了语气，"您认为您能做到这一点吗？"

"我能不能做到这一点？"胡俊宇和她对视几秒，突然嗤笑，"郗小姐，我不明白，除了裁员，你没有其他的事情可干了吗？哦，我忘了，你颇为擅长这一点，面对别人声泪俱下的恳求，你连脸色都不会变。我只想问你一句，砸人饭碗、毁人前程，你的良心不会痛吗？"

郗娆垂下眼，想起了不久前被她裁掉的那个破坏企业信誉的销售冠军，说："不会。"

胡俊宇仰头笑了一声，刚要说话，却被郗娆打断："您的问题我已经回答了。现在请您回答我，您认为您符合'精通底层驱动开发'这一录用条件吗？"

"如果我不符合，他们当时为什么把我招进来？"胡俊宇冷笑，"我告诉你，录用我，就说明我符合录用条件。要不然，三轮面试，难道面试官个个都看走了眼？"

"这是两件事。试用期本来就是企业进一步考察员工的机会。"郗娆的目光若有若无地扫过胡俊宇插着手的裤子口袋，"不过，您有异议，可以提出您的想法。我相信事情走到这一步，您想要的不会是长期留在公司发展。那么，您要什么？半个月工资的赔偿金？还是有其他要求？"

"半个月的工资？"胡俊宇摇头，"我的合同期是三年，现在还有两年半没有履行。我要求赔偿两年半的工资，不过分吧？"

"很有想法。"郗娆缓缓笑了，"不过，这个我需要请示领导，您等我的消息吧。"

05
HR DIARY

"你为什么要让他提条件呢？"第二天，研发部经理听说了事情经过，气得脸都绿了，"他有什么资格提条件？"

"他没有。"郗娆晃了晃自己的手机，"不过，他当时在录音，我也是。一旦他再制造舆论，我需要让网友了解他是怎样狮子大开口的。毕竟，他在网友眼里是受害人，而你我是黑心资本家的代言人。"

"你知道公司里在传什么吗？我刚刚在卫生间听见有人说，新来的HR是专门做裁员的，把人家单身妈妈逼得差点跳楼，现在来了我们公司，说不定会掀起什么妖风……"研发部经理说着说着，顿了顿，"反正谣言很多，说得也难听，你不要在意。"

"也不都是谣言，至少有一半不是。"郗娆拿起胡俊宇的简历，对研发部经理复杂的目光视若无睹，"说实话，公司在这件事上也不是全无问题。第一，招聘要求写得不够具体；第二，没有让他在招聘要求上签字。现在，舆论导向如此，关起门来说，真的要仲裁的话，我们并不占优势。"

"那试用期绩效考评不合格呢？不能裁掉他？"研发部经理问。

"不能，只有经过培训或者调整岗位以后仍然不能胜任工作，才能解除劳动合同，而且要给经济补偿金。"

"这不合理吧？"

"但合法。"郗娆说着，用食指弹了弹手里的简历，"现在最好的办法，就是从他的学历和工作经历上入手，这两个方面，哪怕有一点点不真实的地方，我们都可以光明正大地裁掉他。"

"那就这么办。"研发部经理面露喜色，"你去查吧，郗经理，我觉得就凭他那两下子，绝对不是W大毕业的研究生。当年，这个学校我都没考上，就算他考上了，这种技术基础，能毕业？"

"那可不一定。"郗娆凉凉地说，"您听过赵括的故事吗？不管是查学历还是查项目经验，都只是去试一试，至于能不能成，看运气吧。"

06

郗娆的运气不太好。

在学信网上输入毕业证号和姓名，毕业证是真实存在的，毕业证上的照片也没问题。

郗娆仔细看了半晌，看不出有什么漏洞。

虽然说毕业证上的胡俊宇看起来比较土气，发型也和现在不一样，可大部分人的证件照都不那么好看，再说，毕竟过去了五年，有些变化也很正常。

就连她自己，不是也从有点婴儿肥的圆脸，变成了现在的巴掌小脸吗？

既然学历没问题，那就只有查工作经历。

胡俊宇之前任职主程序员的公司是一家互联网创业公司，名字很洋气，曾经因为靠上了区块链概念，引起了很多关注，算是火过一把的公司。

这种公司应该会配合背景调查。然而，郗娆按照胡俊宇写在入职登记表上的电话打过去，只听到一个机械的女声提示，此号码并不存在。

以郗娆的经验，出现这种情况，多数是员工故意填错号码，以回避背景调查。

如果你找他核实，他很有可能会提供一个手机号码，至于这个手机号码是不是属于他前公司的HR，那就很难说了。

所以，郗娆没有去找胡俊宇。她打开了一个查询企业信息的APP，想找到这家公司的地址和联系电话。没想到，她查到的信息是这家公司已经被注销了。

注销的时间，正是胡俊宇提交的离职证明上的签章时间。

事情到了这一步，不管胡俊宇在这家公司的工作经历是真是假，都已经无法考证了。

现在，只剩下一家公司可以进行背景调查。

郗娆放下手机，仰头靠在椅子背上，闭上了眼睛。

如果可以，她永远不想再提起那家公司。

三年前，自己是怎样被那家公司的员工用鄙夷和唾弃的眼神看着，灰溜溜地抱着箱子走出办公楼的，她一次都不愿意回忆。

其实，回头去看，她做错了什么呢？

不过是年少无知，被程牧野推荐到那家公司去做 HR 经理，按照高层的指令和他们提供的名单进行了裁员后，被他们当成替罪羊扔了出去。

谁的职场没有委屈？谁没有被算计过？郗娆无数次这样对自己说。

只是，就算她愿意去联系那些曾经的同事，请他们配合提供一些信息，恐怕人家也未必愿意理她。

毕竟，她在那里的名声，已经跌到了谷底。

07

郗娆发微信给胡俊宇当时的部门经理，果然看到了一行小字："对方开启了朋友验证，你还不是他（她）朋友。请先发送朋友验证请求，对验证通过后，才能聊天。"

郗娆盯着这行字看了几秒钟，发送了朋友验证。

对方一直没有回复，她再申请，结果仍是一样。

拒绝联系的态度已经再明显不过了，事情似乎走到了死胡同。

程牧野的电话恰好在这时打了进来，郗娆按下接听键，冷淡地"喂"了一声。

男人似乎没有察觉到她的态度不佳，自顾自地说："我这里有个职位，一家行业百强企业的项目经理。要求不能只做过研发，还要了解售前、售后，对整个交付流程有实际经验。你有没有合适的人选推荐？"

"给我多少钱？"郗娆面无表情。

"呵。"程牧野笑，"随便你要，别都拿走就行，怎么也得让我对其他合伙人有个交代。"

听着他这个语气，不知道为什么，郗娆觉得堵在胸口的郁气似乎散了些。

可这个人选她好像没有……郗娆刚想回绝，一个人的名字突然出现在脑海里。

"王国斌。"她脱口而出。

"谁？"

"你害得我名誉扫地的那家公司里，有一个合适的人。"

程牧野的声音里有些无奈："郗娆。"

"我没耿耿于怀，我只是在陈述事实。不过，我没有他的联系方式。"

"好，那我去找。找到了还是算你的，这样可以吗？"

这话倒有几分像在哄着她了。

郗娆垂下眼，神情不自觉地软了下来："那倒不用。不过，你找到了的话就约他出来，我和他另外有话要说。"

如果这次他真的能帮上忙，以前的事，就不和他计较了吧？挂断电话的时候，郗娆想。

08

"怎么又是你？"这是见面后，王国斌对郗娆说的第一句话。他的眉头皱得能夹死苍蝇，说完就转过脸去不看郗娆。

"介绍一下。"程牧野示意郗娆坐在自己旁边，"这是我的搭档，郗娆小姐。是她向我推荐了您，她对您的评价很高，认为您是她所认识的人中，最适合这个职位的。"

王国斌看了郗娆一眼，郗娆对他点点头。

"给我推荐工作？你想要什么？"王国斌直截了当地问。

其实有时候，郗娆很喜欢这种性格的人。沟通起来简单、高效，大家都轻松。

于是，她也不绕弯子，把胡俊宇的简历推到王国斌面前，简单说明了情况，问："他的项目经历，您应该还有印象吧？是真的吗？"

王国斌拿起简历扫了两眼："这上面写的是参与过项目，我这么说吧，改个程序漏洞、写个文档、跑个测试……哪怕只是跑腿打杂，你也不能说人家没参与过吧？"

的确是这样。人家又没写自己是项目负责人，只要参与了，你便挑不出毛病。

这样的话，事情就难办了，郗娆微微皱起了眉头。

程牧野侧头看了她一眼，抬手给大家续上热茶，问："这个人是王经理带过的，您对他的评价是什么？"

王国斌连连摆手："您可别说是我带过的。这个人被招来的时候，我还没进公司。等他到了我手下，我觉得他眼高手低，有难度的事儿做不好，没难度的事儿不愿意做，自尊心又特别强，说不得碰不得，所以就没怎么管过他。"

"也是，现在有些名校毕业生，把自己看得太高了，反而不好带。"程牧野附和着。

王国斌笑了："名校毕业生？你说胡俊宇？"

"怎么？他的学历有什么问题吗？"郗娆敏锐地感觉到王国斌话里有话。

"那我就不知道了。反正有一次部门聚餐，大家喝得都有点儿多，我偶然听见胡俊宇对另一个同事吐槽老家的教育水平，说他们高中成绩最好的同学都没考上重点大学。我随口问了一句，说那你呢？W大在国内排名前十，你这不是考得挺好吗？胡俊宇当时脸色就变了，支吾了半天，说自己超常发挥。我琢磨着，他那学历八成有问题，说不定是找哪个做假证的地方做的。"

假证？

郗娆想起自己在学信网上查到的那张毕业证。

也许，此胡俊宇非彼胡俊宇？看来，自己只有直接联系 W 大，才能查个水落石出。

09

然而，星期一上班时，电话打过去，学校并不配合。

这一点，郗娆能理解，学校没有义务向企业提供毕业生的身份信息。

实在不行，自己直接去 W 大看看，郗娆想。

幸运的是，快下班的时候，程牧野打来电话，说他有一个同学读的是 W 大的博士，今年毕业留校当老师，晚上，他们可以一起吃个饭，到时候，他当场给那个同学打个电话，想问什么，她自己来问。

郗娆同意了。下班后，郗娆拿起车钥匙正准备走，办公室的门被推开了。

"盯上我了是吗？"

胡俊宇穿着黑色 T 恤，戴着一顶棒球帽，眼睛隐藏在帽檐的阴影中，郗娆看不清他的表情。

"不存在盯上谁，我的职责是处理好解聘你这件事。"

"所以，你打算查我的学历？"他冷冷地问。

"你听谁说的？"

"研发部经理今天一直在找我的毛病，当着那么多人说我给 W 大丢脸，还说也不知道是不是真的 W 大毕业生，应该让 HR 好好查查。我还不知道你们要干什么吗？当我是傻子？"

猪队友！郗娆在心里骂了一句，嘴上却不让步："就算我们要查你的学历，有什么问题吗？公司有权利去查证所有员工的学习背景。"

"那为什么录用前不查？你就是在针对我！"胡俊宇抬起手，食指几乎碰到郗娆的鼻子尖，"我告诉你，姓郗的。你查别人我不管，查我，不行！"

"你怕查吗？"

"不是怕不怕的问题！"胡俊宇的手握成拳，"这是侮辱，侮辱你懂吗？对了，你是不会懂。你向来只侮辱别人，怎么会懂被别人侮辱的感觉？"

"也未必，我现在不是正在被你侮辱吗？如果你没有别的事，请让让。"

郗娆绕过胡俊宇，拉开门。

"我一辈子都不会放过你的！"胡俊宇突然说。

郗娆回头。

胡俊宇转身和她面对面，一字一顿地重复："如果你坚持去查，我一辈子都不会放过你的。"

"一辈子很长，想好再说。"郗娆径直走了出去。

10

地下停车场有线路故障，大面积停电，只有几个应急电源闪着微光。

郗娆刚走到自己的车前，就听见身后有迅速靠近的脚步声。她本能地回头，却没看见一个人。

难道是被胡俊宇刚刚那个样子吓的？郗娆自嘲地笑了笑，摸出钥匙正准备开车门，眼前突然出现一道黑影。

"谁？"她大喊一声，左脚退后一步，右手抬到胸前，做出防卫的姿势。

"送你点儿东西。"随着这句话，眼前的黑影举起手里的瓶子，向郗娆身上泼了过来。郗娆飞快地又退了一步，捂住脸，转身躲避。

然而，已经晚了，液体带着刺鼻的气味，浸透了她的头发和后背。

衬衫贴在身上，有隐约的刺痛感。

不会是硫酸吧？郗娆忍不住心尖发凉，慌忙去解外套的扣子。

"原来你也有害怕的时候。"身后传来冷冰冰、带着嘲讽的声音。

郗娆分辨出来了，此人正是自己几分钟前才见过的胡俊宇。

"这次只是警告，给你一瓶洁厕剂尝尝。下次可就不这么善待你了。"

胡俊宇话音未落，不远处传来程牧野的声音："郗娆？是你吗？"

郗娆应了一声，回头去抓胡俊宇的胳膊，胡俊宇一把甩开她，大步朝出口跑去。

程牧野拔腿就想追，却被郗娆叫住："算了，我们赶紧走。"

"快把衣服脱了。"程牧野脱下自己的外套，扔到郗娆怀里，"先披上，我们去找个酒店处理一下，那东西有腐蚀性。"

身上的灼热感告诉她，程牧野是对的。郗娆果断钻进车后座："你来开车。出门右拐500米，有一个假日酒店。"

11

洗了整整一个小时，郗娆才觉得自己身上没有洁厕剂的味道了。

她吹干头发后出来，见程牧野衣着整齐地坐在小沙发上，像个绅士一样看着只披了浴袍的她。

这种对比让郗娆觉得尴尬。

或许是察觉到了她的尴尬，程牧野起身，指着衣柜说："给你买的衣服在那里，我想，你今天大概没心情出去吃饭了，就自作主张地点了酒店餐。"

"你先换衣服，我去看看菜做好没有。"说着，他走了出去，随手带上了门。

郗娆的目光落在他的背影上。

自己当年，是有点儿喜欢这个人的吧？所以后来才那么委屈和愤怒？

她不知道，也不想知道。

程牧野为郗娆准备的衣服是一件真丝连衣裙，淡青色，款式大方。只是，她很多年没有穿过连衣裙了。

自从做裁员顾问，郗娆的着装就以裤装为主。不为别的，只为有个什么万一时，抬腿就可以踢中对方的要害，方便。

郗娆抚摸着裙子的领口，看了看紧闭的门，勾起了唇角。

就算过了今天，这条裙子也许只能永远挂在衣柜里，她也喜欢。

12

此胡俊宇还真不是彼胡俊宇。

提交了介绍信，请程牧野的同学帮忙走了审批流程后，郗娆终于拿到了毕业于W大的那位胡俊宇的入学登记表复印件。

两个胡俊宇同名同姓，来自同一个省，长相有五分相似，就连生日都只差了几天。

如果那位胡俊宇知道世上有这么一个"李鬼"，不知道会不会哀叹一声："孽缘啊。"

剩下的事情就简单了，郗娆决定找胡俊宇面谈。

"我是不是没有警告过你？"胡俊宇看完入学登记表复印件，一巴掌拍在郗娆的桌子上，"你没完了是吗？"

"警告我？"郗娆冷笑，"我那天完全可以报警！我已经放你一马了，不会再有第二次。你学历造假，公司单方面解除合同合情合理，你没有资格警告我。"

"我造假？没错，我是造假了。既然你都查出来了，我也懒得再绕弯子。可我为什么造假？我出生在穷乡僻壤，起点就比别人低，别人随便学学就可以考上重点大学，我呢？连教过我的老师，都没有一个是重点大学毕业的！我努力了，我考上了市里的专科院校，我想过要凭自己的能力改变命运。可是结果呢？你们这些HR，嫌弃我的学历低，连个面试机会都不给我，我能有什么办法？只看学历、不看能力的是你们，不是我！我只是想要一个公平的机会，我有什么错？"

郗娆安静地听他说完，点头道："没错，你靠着学历造假获得了机会，结果呢？别人不知道你其实不是W大的，还是觉得你达不到要求，你想过为什么吗？"

"他们欺负人！"胡俊宇涨红了脸。

"全世界的人都欺负你？"郗娆淡淡地笑了笑，"这是被害妄想症，得治。研发部经理说得对，做技术的，一出手别人就能看出你的深浅。我理解你为了迈过招聘门槛进行学历造假，虽然我并不赞同。"

顿了顿，郗娆放慢了语速，注视着胡俊宇的眼睛："可是假的始终是假的，你能编造一份简历，编造不了自己的能力。你没有让能力匹配你的假学历，有今天，我不同情你。半个小时之内，请你拿着《解除劳动合同通知书》，离开公司，否则，网上舆论会怎样反转，你比我更清楚。那时候，这个行业才真的没有了你的容身之地。"

13

夜晚的山径很安静，只偶尔传来夜跑人的脚步声。

郗峣坐在山径旁的长凳上，一边擦着额角的汗，一边给程牧野发消息。

"谢谢你，这次的解聘案子是我帮朋友做的，没有佣金可以分给你，明天，我请你吃饭。"

"还是我请吧。"程牧野很快回了消息，"王国斌下周入职，佣金到账以后我再打到你的卡上。"

"不用了，就算那条裙子的钱吧。"郗峣说。

程牧野发来了微信语音，笑得很爽朗："郗峣，我送你一条裙子，你都要跟我算钱？这是一点机会也不给的意思吗？"

郗峣装糊涂："你还要什么机会？哪个案子有合作的机会，我没联系你？"

"你呀。"对方很无奈，"真是凭本事单身。行了，明天我来接你，我发现了一家好吃的鱼头火锅。"

"好。"

放下手机，郗峣的唇角微微弯起。

一对年轻男女从郗峣面前跑过，郗峣听见女孩子撒娇说："你别出差了，我不想一个人跑步。"

男孩子用下巴微微朝郗峣的方向一点："别人一直一个人跑步，你就是被我宠坏了。"

单身还要受到歧视？

郗峣起身，冷冷地扫了两个人一眼，大步朝着前面跑去。

我单身，我跑得快，哼！

泄密者

01

凌晨，整个写字楼一片漆黑，十九楼的角落却有手机的光亮微微晃动。

拿着手机的是一个二十五六岁的女孩，借助这点光，她摸索着来到走廊尽头商务部办公室门口，拿出钥匙，打开了门。

女孩左右看了看，确定没人后迅速闪身进去，径直走向办公室最里面的一排柜子。柜子里放着一套标书，正是天亮后投标时要用的。

女孩抽出其中一本标书，一边翻，一边打开闪光灯拍照。拍完后，她合上标书，小心翼翼地抚平封面，放回原来的位置。

手机突然一震，进来一条消息："拿到了吗？赶紧发过来。"

女孩唇角翘起，点开微信，选中刚刚拍摄的几张照片，按了发送键。

"老婆，你太棒了！"

"那是！"女孩满脸得意。

"没被人发现吧？"

"当然没有，在她们看来，我早就下班了，谁知道我一直躲在洗手间里？不过她们的动作也太慢了，不就是一份标书吗？做了好久才做完，我的腿都站酸了……"女孩一边抱怨，一边撒着娇。

对方又哄了几句，女孩这才满意，摸索着离开了办公室。

公司里的同事大概做梦都不会想到，他们辛辛苦苦做出来的方案，成了他人的嫁衣。

想到这些，女孩心里涌上一丝愧疚，可只是一闪念间，她就说服了自己。人本来就是自私自利的，她为自己多考虑一些，有什么不对呢？

02

周六下午，郗娆照例回城北父母的宠物店帮忙。

已经入秋，来店里洗澡的猫猫狗狗少了许多，郗娆知道现在宠物店其实用不着她，所谓来店里帮忙，只是父母希望她每周都能回家的说辞而已。

虽然入秋后来洗澡的动物少了，但有一个人依然每周都把自家的狗送过来。

"小程，天凉了，奥斯卡半个月洗一次澡就行了，用不着太勤。"郗娆牵着狗出去的时候，正看见自己的老妈李芬笑容满面地拉着程牧野说话。

程牧野的目光从郗娆妈妈的脸上转移到郗娆脸上，一本正经地说："没关系，奥斯卡爱干净。"

郗娆忍不住转过头，翻了一个白眼。

男人的唇角似乎翘了翘，伸手接过狗绳，低声说："送送它？"

奥斯卡很配合地朝郗娆叫。

郗娆点头，顶着老妈颇有深意的目光，跟着程牧野出了门。

"我有个朋友……"程牧野的话说了一半，郗娆的手机突然响了。

"是郗小姐吗？"电话那边是一个中年男人的声音，有几分耳熟。

"我是，您是哪位？"

"郗小姐，我是张铭，飞达装饰的，昨天联系过您。"似乎怕她不记得自己，张铭连忙解释。

郗娆点头："您好，张总。"

"我们公司这个案子，恐怕还是要麻烦您……"

"昨天我就说了，如果怀疑标书泄露，您应该走法律途径。我只是一个裁员顾问，很抱歉，帮不了您。"郗娆和程牧野对视一眼，准备挂断电话。

"等等，郗小姐。"张铭提高了声音解释道，"我们公司现在正在准备上市，不想节外生枝，能找出涉密的人裁掉就行。真要走法律途径，万一对上市产生什么负面影响，我们不是得不偿失吗？"

"可是术业有专攻，商业调查不是我的专长。"

"您就别谦虚了，郗小姐。"张铭语气恭维，"我都听说了，您的办法很多，我们这点儿事放在您这儿，那就不叫个事儿……"

郗娆打断他："调查可以，费用另算。"

挂断电话，她抬头，程牧野正似笑非笑地看着她。

"笑什么？"郗娆问。

"你这是欲擒故纵。"他说，语气肯定。

郗娆笑了笑："我只是懒得讨价还价，才使了这么点儿小手段，要个令我满意的价格。"

03

飞达装饰是一家大型工程装饰公司，专门从事楼宇装修，在本地颇有名气，甚至算得上是本地这一行的龙头企业。

然而，最近一段时间，飞达装饰公司在多个项目的投标上频频失利。失利的原因并不是他们的设计方案有问题，而是被一家叫环宇装饰的公司抢了标。

商业竞争，被抢标很正常。问题在于，飞达的营销总监张铭找人去了解了一下情况，发现环宇每次中标的价格，都恰好比飞达的投标价低5%。

如果说这都是巧合，张铭是不相信的，商场上没有这么多巧合。那么，就只能是环宇提前知道了飞达的投标价。

张铭把招投标流程在脑子里过了一遍，疑点落在了自己分管的商务部中。

商务部有四个投标专员，专门负责编写、装订标书及进行投标，要说谁最清楚投标方案和报价，一定是这几个人。

这几个人都是来公司很多年的老员工了，张铭真的不希望问题出在他们身上。

"要不咱们报案吧？"吃了哑巴亏的销售经理愤愤不平。

"报案？证据呢？"张铭摇头，"而且现在不适合报案。"

"那不如找一位裁员顾问，来把泄密的人裁掉。至于这个人是谁，就要她自己去搞清楚了。"HR经理建议道。

这个主意不错，张铭眼前一亮。

于是，郗娆成了这件事能否成功解决的关键。

04

星期一上午，商务部的员工开完例会回到办公室，发现办公室里面多了一个女人。

女人梳着齐耳短发，穿了一件雅灰色西装外套，正在翻公司的产品手册。

几个投标专员你看看我，我看看你，都有些莫名其妙。

看见他们进来，女人站起来，唇角弯起一个浅淡的弧度："你们回来了。我是新来的销售经理郗娆，销售部那边没有空工位了，所以我暂时要在这边办公，没问题吧？"

她说着，环视众人。

"当然没问题，我们欢迎。"一位二十几岁的长发女孩率先走过来，对郗娆伸出了手，"我是费佳，旁边那个就是我的工位，以后你有什么不清楚的，可以随时问我。"

"谢谢。"郗娆点头，轻轻握了握她的手，"那就麻烦你了。"

"不麻烦。"费佳一转头，看见郗娆除了电脑什么都没有的桌面，"你没带杯子？我这儿有个前几个月公司周年庆发的杯子，还没开封，你等我找找。"

她说着，拉开了自己的抽屉。

抽屉里面放着费佳的背包，很老旧的款式，起码背了四五年。她身上的衣服也一样，品牌不错，但都不像新款。

"不用了，我请大家喝咖啡，马上就送到了。"郗娆伸手按住费佳的手臂，语气诚恳，"真的非常感谢你。"

费佳爽朗地笑了："小事，都说了，别跟我们客气。"

果然是个很有亲和力的女孩子。

难怪刚才在张铭办公室里，郗娆说要从费佳开始查的时候，张铭不赞成。事实上，如果不是做裁员顾问以来见过太多形形色色的人，郗娆自己都会怀疑自己找错了方向。

然而，飞达这几次疑似泄露的标书，都由不同的投标专员负责，其中竟然没有一份是费佳负责的，这就引起了郗娆的关注。

从心理学上讲，人类会本能地认为距离自己较远的地方发生的事情，自己不容易被牵扯，这就是为什么连环杀人案的凶手，前几次作案通常都不会在自己居所附近。

郗娆不相信这次的泄密者会是一个例外。

05
HR DIARY

"你说，什么情况下，一个曾经消费水准不低的女孩子，会一直用着几年前的包和衣服？"郗娆端着咖啡杯，一边思考，一边问趴在沙发上的王穗穗。

"家庭变故，或者和父母闹掰了，原因太多了。"王穗穗随口说，"也没准儿找了一个家境不好的男朋友，钱都拿去'精准扶贫'了。"

"精准扶贫？"郗娆重复了一遍，慢慢摇摇头，"不管怎么说，她肯定是有需要用钱的地方。否则，就算她月薪六千，也完全可以维持自己以往的消费水平，没有必要这样节约。"

"那就是买房子了呗。"王穗穗坐起来，胸有成竹地说，"她一个年轻女孩子，除了房贷，还有什么能让她忍住不消费？"

郗娆看着王穗穗得意的小脸，弯起了唇角："难得大小姐能体会到民间疾苦了。"

王穗穗拍腿："你就说我说的有没有道理吧？"

道理自然是有。

不管泄密者是谁，一定有动机。这个动机，最可能就是钱。

如果说费佳因为买房，经济压力大，产生了赚快钱的想法，倒也不是没有可能。

然而，第二天早上，当郗娆和公司 HR 沟通的时候，HR 的回复是，费佳从来没有开过收入证明。

对于一个单身女孩来讲，这就意味着她应该没有住房贷款。

"你的意思是她根本就没买房？那她这么节衣缩食是为了什么啊？"王穗穗有些不可置信。

"我只是说她没有房贷，至于她有没有买房、怎么买的，过不了多久就知道了。"

距离公司一公里的地方，有个楼盘即将开盘，郝娆去拿了好几张宣传单和户型图，一边翻着，一边走进了办公室。

"郝娆，你要买房子啊？"一个三十几岁的投标专员问。

"嗯。"郝娆应了一声。

"看哪个盘呢？我最近也打算换个大点的房子。"

于是，两人你一言我一语地讨论开了。

费佳在旁边听了几句，也凑了过来，接过郝娆手上的户型图看了看，说："这个户型确实不错，不过套内面积小了点。"

"你也打算买房子？首套？"郝娆似乎只是随口一问。

"是啊，"费佳点头，"我最近都看花眼了。买房子毕竟不是买白菜，得好好选选。"

"还是你厉害啊。"刚刚那个投标专员说，"这才工作几年就要买房子了？"

"人家费佳的父母条件好，首付肯定都给出了，哪像我们，什么都要靠自己。"旁边有人搭腔。

费佳笑容一顿，转开了话题。

郝娆的目光在她脸上停留了片刻。

这件事恐怕没有这么简单。

06

在郝娆连续三天不是请大家喝星巴克，就是请大家吃比萨小食以后，其他同事也陆续开始请客。

费佳是最后一个请客的，她说自己发现了一家特别好喝的酸奶店，请大家喝了酸奶。

酸奶九元钱一杯，可见费佳现在的确称得上是"节衣缩食"。

一个没有房贷、父母条件不错，却在节衣缩食的姑娘，一定有隐情。

但是，这并不能说明她会为了钱出卖公司的投标信息。为了尽快弄清楚事情真相，郝娆决定"打草惊蛇"。

下午上班时，郝娆接到一个电话。

"什么，标书内容泄露了？"郝娆表现得非常惊讶。

费佳正在敲击键盘的手猛地一抖，迅速转头看了郝娆一眼，又立刻移开目光。

郝娆不动声色，只压低了声音问："你怀疑是招标方出了问题，还是公司内部的问题？"

这下，办公室里其他几个人也看了过来。

"那好，我知道了。"隔了好久，在大家的注视中，郝娆挂断了电话。

她并没有和任何人对视，似乎完全没有感觉到别人对她的关注，直接打开了自己的笔记本电脑，噼里啪啦地忙了起来。

"发生什么事了？"隔了半分钟，费佳探过头来，小声问。

"没什么。"郗娆摇了摇头,听不出语气。

"你刚刚说……"

"哦,你说那个啊?我朋友公司出了点儿问题,有人泄露了投标价格。"郗娆随口说。

"这样啊……"费佳神色一松,笑了笑,"这可涉嫌犯罪了。你朋友打算怎么办?"

"不知道。"郗娆摇头,"只不过晚上的聚餐被取消了,他们要开会。"

后来,其他投标专员纷纷议论起这件事来,费佳没有参与,端着杯子,径直去了茶水间。

郗娆隔着一段距离往茶水间里面偷偷看了两眼,见费佳正在靠着洗手台打电话,虽然听不清楚她说了什么,但她脸上的表情明显有些忧虑。

再狡猾的狐狸也斗不过好猎手,郗娆挑了挑眉。

只是,想到那天向自己伸过来的手,她忍不住微微叹了一口气。

07
HR DIARY

"怎么样?地图标记了吗?有没有收获?"程牧野的声音一如既往,带着笑意。

"嗯。"郗娆应了一声,起身走出办公室,拐进了旁边的楼梯间。

"从地图上看,她关注的楼盘虽然位置分散,但如果连成线,恰好是一个半径为五公里的圆形……"

"圆心是环宇?"程牧野说。

"没错。"郗娆沿着楼梯往下走,"你怎么知道?"

"你不是让我查环宇的销售经理彭浩伟的信息吗?恰好一个兄弟公司的人才库里有他的简历,我翻了一下,发现了一件有意思的事……"

"他认识费佳?"郗娆打断他,虽然是疑问句,语气却是肯定的。

"是的。两年前,他们在同一家公司共事。费佳先离职去了飞达,至于离职的原因嘛……"程牧野故作神秘,"听说是彭浩伟的女朋友找上门,声称费佳抢了她的男朋友。"

原来如此。

"环宇从飞达手里抢去的项目,后来都是由彭浩伟负责的。"程牧野继续说。

看来两个人确实在一起了,而且费佳显然在利用职务之便,帮男朋友拿单冲业绩。

"真傻。"郗娆摇着头说,略带讽刺。

身后突然传来"砰砰"的脚步声,似乎有人从楼梯上一路跑下来。郗娆正要躲闪,腰部就被人用力一撞。

"啊!"郗娆失去平衡,脚下一滑,跌下了台阶。

膝盖上传来一阵锐痛,她顾不上理会,抬头去看罪魁祸首。只见一个七八岁的男孩对她扮了个鬼脸,又"砰砰砰"地往楼下跑去。

真是无妄之灾,谁能想到会在写字楼里遇到这种熊孩子?

"郗娆,你怎么了?"掉在地上的手机里传出程牧野急切的声音。

"没事。"郗娆拾起手机,稳了稳呼吸,低声说。

"没事是怎么回事?"

这人还真够固执的,郗娆无奈地笑笑:"就是不小心从台阶上摔下来了。"

挂断电话,楼梯上又传来脚步声。

郗娆抬头,这次是费佳。

08

"哎呀,郗娆,你没事吧?"费佳惊呼,三步并作两步,跑到她面前来扶她。

"擦破一点儿皮,小问题。"郗娆扶着她的手,若无其事地站了起来。可刚一动,她就吸了一口凉气。

丝袜黏在伤口上,确实挺疼的。

"还小问题呢,都流血了。"费佳跺脚,拉住郗娆,"走,我送你去旁边的社区医院。"

说是旁边,实际上要穿过两条小路。

费佳把郗娆的胳膊搭在自己肩上,半扶半搀着她,仿佛她不是擦破了皮,而是摔断了腿,引得周围不少人好奇地看过来。

真是令人哭笑不得。

"你以为我没摔过啊?我告诉你,膝盖受伤后,一用力气可疼了,你还是别动的好。"费佳说得煞有介事。

郗娆侧头看她,心情有些复杂。

如果不是……也许自己会和这个姑娘成为朋友吧。

十五分钟后,程牧野赶到时,郗娆正好处理完伤口。费佳笑着打量程牧野,回头对郗娆挤眼睛:"你朋友?"

郗娆点头。

"那我就把她交给你了,我今天还有一大堆标书要做。"费佳说完,一边风风火火地往外走,一边还不忘叮嘱程牧野,"记得带她到楼上打破伤风的针。"

郗娆看着她的背影消失后,看向程牧野。

程牧野的目光落在她的腿上。

"疼不疼?"他有点紧张地问。

郗娆突然就笑了。

"笑什么?"程牧野皱眉,有些无奈,"到底疼不疼啊?"

"我又不是小孩子。"郗娆摇头,用下巴指了指门口,"就是她。"

"什么是她?"问到一半,程牧野反应过来,"费佳?"

郗娆点头:"你看她,像是会泄露公司商业机密的人吗?"

"像不像不重要,关键是,到底是不是她。"程牧野顺着郗娆的目光看过去,"你们相处得不错？"

郗娆看着自己的膝盖，没有否认。

"那你打算怎么办？"

"该怎么办就怎么办。"许久，郗娆说。

09
HR DIARY

有时候，人是口是心非的。

虽然已经想好了要怎么做，事到临头，郗娆还是难免犹豫。

一个多星期，她和费佳像普通同事一样一起上班，一起吃午饭。费佳和每个人的关系都很好，虽然郗娆是后来者，但也被她们敞开怀抱接纳了。

"如果这一切是真的，我要不要替费佳隐瞒……"这个念头冒出来的时候，郗娆突然警觉起来，告诉自己要理智。

做她这份工作的，如果有了妇人之仁，那么她谁的饭碗也砸不掉，除了自己的。

"郗小姐，我在和你说话。"坐在她对面的张铭突然提高了声音。

郗娆垂下眼："我听见了。您说公司迎来了一个年度大标，如果这个标丢了，可能会造成巨大亏损。虽然您这边会加强防范，但是为了以防万一，您希望我尽快确定泄密者是谁，并且解聘她。"

"没错！"张铭一拍桌子，"你不是猜测费佳和环宇那个销售经理是男女朋友的关系吗？那还等什么？让她走！"

"让她走？"郗娆笑笑，"证据呢？没有证据就解除费佳的劳动合同，先不说离职补偿金的事情，万一她去劳动仲裁，在这个时间点，恐怕对贵公司影响不好吧？"

张铭有些急了："那怎么办？要不先给费佳调整岗位？"说着，他自己又觉得窝火，"不行，这不行，这是纵容。"

"再给我三天时间，我来解决。"郗娆说完，起身走出了张铭的办公室。

关门的一瞬，她仰起头，闭上眼睛，慢慢呼出了一口气。

10
HR DIARY

午夜，写字楼里一如既往，黑暗且寂静。

一个长发女孩摸摸索索从洗手间里面出来，借着手机微弱的光，走到商务部办公室门口。她左右看看，确定没有人后才从背包里拿出钥匙，打开了门。

"拿到了吗？"手机屏幕上出现了一条消息。

"浩伟，这次能不能算了？"女孩犹豫了一下，回复道。

"我的姑奶奶啊，都这个时候了，你说算了？"对方显然急了，消息一条接着一条，"那我们的房子怎么办？没有房子，我们什么时候能结婚？"

"要不，我再和我爸妈谈谈，如果他们同意了，这些问题不就都解决了吗？"

"呵，他们看不上我也不是一天两天了，不就是觉得我家穷，我配不上你吗？现在好歹你妈说只要我能买房子，她就不干涉我们的事了，你怎么能打退堂鼓呢？"

女孩咬唇："前几天，我听说有个公司查出来内部有人泄露投标信息，我心里有点慌，万一我们公司查起来，我可怎么办啊？"

"怕什么？没中标很正常，他们怎么知道是我们做的？"那边的人安慰她，"再说了，你们这么大一家公司，一两个单子算什么？可是对我们两个来说就不一样了。宝贝你想想，如果这次我们真的中标了，咱们买房首付的钱就解决了。"

"乖，快点拍照发给我。我保证这是最后一次了。"

"那好吧。"女孩终于还是打开柜门，抽出了里面的标书，一页页拍下来发了过去。

做完后，她小心地把一切恢复原样，蹑手蹑脚地走出了门。

让她怎么也没想到的是，走廊里的灯亮着。

一个女人抱臂靠在墙上，冷冷地看着她。

"郗娆？你怎么在这里？"女孩惊呼出声。

"这也正是我想问你的问题，费佳。"郗娆淡淡地说，"你怎么在这里？"

11

费佳手忙脚乱地去锁门："我……我有东西忘在办公室了，我回来拿。"

不知道是不是因为太慌张，话音未落，她手里的钥匙掉在了地上，发出清脆的响声。

郗娆上前一步，捡起钥匙，居高临下地看着面前的女孩："是吗？有件事我好像忘了告诉你。今天下午，我在办公室里放了两个无线摄像头。"

费佳猛地抬起头："你说什么？"

"我说办公室里有摄像头，你刚刚做了什么，都没逃过它们的眼睛。"郗娆和她对视，一字一顿地说。

"你为什么要这么做？"费佳拔高了声音，然后意识到了什么，又努力压低，"郗娆，我没有得罪过你吧？这件事，你能不能不要告诉别人？"

"晚了。"郗娆微微摇了摇头，"事实上，从你走进办公室的那一刻开始，就已经来不及了。"

费佳倒退了一步，靠在门上："你这是什么意思？"

"意思就是，公司早就知道有人泄露标书。你刚刚拍照的文件都是假的，这叫引君入瓮。"

"引君入瓮？"费佳的嘴半张开，"不，不可能，我不相信……"

突然，她反应过来，急切地摸出手机，打开通讯录。

"你最好不要通知彭浩伟。"郗娆冷声说，"这是你最后的机会了。"

费佳的手一顿，看向她。

"如果你通知他，公司会立刻报警。泄露商业机密是违法的，一旦报警，后果如何，不用我来告诉你吧?"

"你为什么这么做?我当你是朋友……"

"对不起,费佳。"郗娆的视线落在费佳脸上,"重新认识一下吧,我叫郗娆,是一名裁员顾问。我不是来交朋友的,我来飞达的唯一目的,就是找出泄密者,然后裁掉她。碰巧,那个泄密者是你。"

"原来是这样,"费佳无力地闭上眼睛,"那你的目的达到了。"

12

有人说,恋爱的时候,人的智商为零,这句话在费佳身上得到了证实。

两年前,家境还算殷实的费佳在工作中结识了从附近县城走出来的男人彭浩伟。彭浩伟虽然没有富裕的家境、过硬的学历,但他勤奋、努力,人又长得高大、英俊,费佳很快对他产生了好感。

那时候,她并不知道彭浩伟已经有女朋友了。

直到彭浩伟在老家的女朋友找上门来。

"我下决心和他分手,我真的下决心了……"费佳哽咽着说。

天台上的风吹乱了她的长发,也遮住了她的表情,可郗娆还是看见了她眼角隐约的泪光。

费佳选择离职。

可有时候,世界就是这么小。半年前,在一次投标会上,费佳再次遇到了彭浩伟,也再次落入彭浩伟编织的情网中。

"我爸妈不同意,我知道,他们看不上彭浩伟的家境,"费佳摇头,"可我喜欢的是他这个人,和他家有没有钱没有关系……"

"你确定你父母是因为彭浩伟家里穷才不同意你们在一起的?"郗娆突然出声打断她。

"为什么这么问?"费佳问完,不等郗娆回答,接着说,"我当然确定。我妈亲口说的,除非他能在今年内买房,否则不可能让我们结婚。"

"呵。"郗娆笑了,"想听实话吗,费佳?这段时间,你确实对我很好,所以我送你一句话。你父母看不上的,恐怕不是这个男人的家境,而是他的品行。"

"不会的。"费佳大声打断她,"你根本不了解浩伟!"

"我不需要了解。"郗娆冷哼,"一个男人,能让自己的女朋友用这种上不了台面的方法帮自己拿单子,还有什么事做不出来呢?不过,如何评判他是你的事,与我无关。"

郗娆转身走到电梯口,回头看了费佳一眼:"明天早上到人力资源部办理离职手续吧,趁公司暂时没有打算走法律途径。"

13

"腿好了没有？"第二天，郗娆走出公司大门，程牧野将一个小盒子递给她，"伤口结痂脱落以后，每天涂两次。"

郗娆接过小盒子，抿了抿唇："我又没说我要祛疤。"

"女人不是都很在意这些吗？"程牧野有些不解。

"你很了解女人？"郗娆挑眉，似笑非笑，"也是，毕竟三十多岁的人了，经历丰富。"

"经历丰富？"程牧野抬手扶额，一副哭笑不得的样子，"这听起来不像是表扬。对了，那个费佳，离职手续办完了？"想起她的工作，他转移了话题。

郗娆脸上的笑淡了下去："刚离开公司。"

程牧野仔细打量她："很不开心？"

"算不上。"郗娆轻轻叹了一口气，"她做的事，她应该承担责任，这个结果已经是最好的结果了。如果费佳能借此机会看清彭浩伟是个什么样的人，我觉得挺值的。"

"的确，"程牧野拉开副驾车门，"今天你的车不是限行吗？走，跟我去个地方。"

郗娆问："去哪儿？"

程牧野笑了："你还怕我把你卖了？"顿了顿，他正色道，"我上次就想介绍一个案子给你，可惜你先接了飞达的案子，这个案子就暂时搁置了。现在，飞达的案子结束了，该轮到这个了。这次要裁掉的是一个资深HR总监，算是你的同行，怎么样，敢不敢挑战一下？"

资深HR总监？

两军交锋，最痛快的就是棋逢对手，如果价码合适，这个人，她倒是想会会。

似乎笃定郗娆会感兴趣，程牧野继续说："走，和老板谈价格去，不用给我面子，该怎么报价就怎么报。"

"你怎么确定我能做到？"郗娆问。

"有什么不能？你不是还有后援吗？"

"好。"

郗娆和程牧野对视，慢慢弯起了唇角。

王牌对王牌

01

"刘先生,您好。"郗娆看着对面因发际线后移而显得有些老态的中年男人,露出了一个职业化的微笑,"我是裁员顾问郗娆,希望占用您一点时间,和您谈谈,您不介意吧?"

"呵。"男人笑了笑,"我介意有用吗?我说我不想谈,郗小姐您能抬脚就走?"

不等郗娆说话,他就摆了摆手:"我这个人喜欢开玩笑,您不要放在心上。虽说今天和您的这个会面挺突然,大概也不是什么让人愉快的事,但男人嘛,兵来将挡,我刘继勇也不是个逃避问题的人。"

他果然早就知道公司想做什么。

郗娆笑了笑:"那就感谢刘先生的配合了。我们开门见山吧,公司经过综合评估,认为您已经不适合担任人力资源总监,希望和您协商解除劳动合同。"

"不适合担任人力资源总监。"刘继勇低声重复了一遍,几不可见地点点头,"依据呢?"

他的双手放在桌子上,指尖抵在一起,抬头看向郗娆,语气里甚至带了三分成年人对孩子的语重心长:"我做人力资源总监做了将近十年,你们想赶我走,是不是得先说说我哪件事情做得达不到公司的岗位要求?"

郗娆把手边的文件推到他面前:"这是公司提供的一份对于您工作表现的评价,您可以看一下。"

"评价?"刘继勇无所谓地笑了笑,拿起那几张纸随手翻了翻,"真是欲加之罪,何患无辞啊,郗小姐,您说呢?"

郗娆没有说话。

事实上，管理职位，尤其是高级管理职位，更像是一个"良心活儿"，很难一条条对照岗位职责，去评价一个人是否胜任。

比如这位刘继勇，你明知道他在混日子、不作为，但能拿出什么有力的证据呢？你说他没有持续完善制度体系？人家完全可以说自己觉得现在的制度就很好，没有进行修订的必要；你说他没为公司发展配置合适的人才？他反口就可以说公司提供的薪酬没有竞争力。

要不然，公司也不至于无从下手。

"您开个条件吧。"郗娆和刘继勇对视了一会儿，声音不高不低地说，"事已至此，就算勉强留下，对您有什么好处？"

"那也未必。"刘继勇意味不明地哼笑了一声，"让我想想吧。"

02
HR DIARY

裁掉一名HR，尤其是一名比自己资深的HR，换成是别人来委托，郗娆早就拒绝了。

可以轻松一点赚到钱的时候，她并不喜欢所谓的"挑战自我"。

然而，开口的人是闺密王穗穗。

"你回你们家的公司，不就是准备逐步接手人力资源吗？"郗娆有些不解。

王穗穗把手上抱着的奶茶塞给她一杯，又接过她提着的购物袋，话语中带了点儿拍马屁的味道："这不是接不过来吗？所以找你出手啊。"

这件事，郗娆通过王穗穗零零散散的吐槽，大致了解了。

王穗穗家里的企业主营环保设备生产，现在董事长还是她爸，不过实际管事儿的权力已经交到了她哥手里。

王穗穗天生是个闲散性格，大学毕业以后，她以各种理由晃荡在外面，一直到他哥说公司的人力资源管理跟不上，勒令王穗穗必须回家效力，她才不情不愿地回去。

然而，原来的人力资源总监刘继勇一边防王穗穗防得滴水不漏，一边在工作上照旧多一事不如少一事，甚至成了公司管理变革的阻力。

提到刘继勇，王穗穗的气就不打一处来："我哥请了一个咨询公司做流程再造，你知道他背地里和其他人怎么说吗？"她摸着下巴，学着刘继勇的语气，"你说小王总，有这钱，给大家发点儿奖金不好吗？想一出是一出，净整些没用的，瞎折腾。"

郗娆挑眉："你哥那个臭脾气，听到这话还不得拍桌子？"

结果，王穗穗她哥忍了。

别说因为刘继勇从中作梗，王穗穗暂时还接不下来人力资源部，就算她能接下来，想让刘继勇走，也需要从长计议。

他在公司工作十九年，知道不少公司的商业机密，所以要么好聚好散，要么抓住他的把柄，让他不敢在外乱说。

没有其他的办法。

"那怎么现在想让他立刻走人,改主意了?"郗娆问。

03

不改不行。

两个月前,公司准备招聘一名高级工业设计师。

这年头,踏踏实实地做工业设计的人不多,出类拔萃的更少。设计部门把需求提上去以后,一直见不到人力资源部发简历过来,于是,设计部经理急了,自己注册了某直聘网站的账号,开始上网找人。

你别说,功夫不负有心人,还真让他找着一个候选人。

虽然这位候选人没有闪闪发光的背景,但他发给设计部经理的作品,把设计部经理的眼睛都看亮了。于是,在网上聊了几个来回后,设计部经理将候选人约到公司来面谈。从作品到设计理念,交流完,设计部经理一拍桌子,这就是他要找的人。

只等着 HR 那边复试通过,部门就可以注入新鲜血液了。

但在这最后一个环节,出了问题。

负责复试的是刘继勇。下午三点,上班时间,他不在。候选人坐在连窗子都没有的小会议室里一直等到四点半,刘继勇还是没有出现。

设计部经理急得头顶冒烟。

电话不知道打了多少个,终于接通,结果人家慢悠悠地扔下一句"另外约时间吧,我在外面",就挂断了电话。不仅没有解释,连个稍微抱歉点儿的态度都没有。

候选人起身就走了。

至于所谓的另外约时间,人家客客气气地回绝了。

HR 是公司的门面,凭刘继勇今天这个态度,但凡有选择余地的候选人,都不可能考虑入职。

抱了很高期望的事儿就这么泡汤了,设计部经理一咬牙,转身进了总经理办公室。

总经理,也就是王穗穗的哥哥王茁,本想找刘继勇问清楚,结果刘继勇直到下班也没回来。一查之下才发现,他今天压根就没来上班,连考勤打卡都是让他部门的员工代劳的。

破坏规则、弄虚作假,是可忍孰不可忍。

于是,王茁拍板,刘继勇必须尽快裁掉。至于怎么裁?他对着自己的妹妹眨了眨那双桃花眼:"你告诉娆娆,我相信她的能力。"

04

然而,第一次交锋,郗娆并没有取得实质性的进展。

刘继勇说要考虑,这在郗娆的预料之中。本来就是投石问路,既然他没有一口回绝,那至少说明，他会权衡利弊，自己只需要等他先提出条件。

只是没想到，第二天，刘继勇就休年假了，而且一休就是十天。

"你说，他这是唱的哪一出啊？"王穗穗咬着吸管，一边小心地吸出奶茶里面的小芋圆，一边盯着郗娆问。

唱的哪一出？郗娆有些无奈地笑了，反正不是打算举白旗。

不得不说，刘继勇这一步棋走得挺高明。

首先，他突然休假，工作衔接肯定会受到一定影响，这算是敲打王穗穗，强调自己的重要性；其次，他给了自己缓冲的时间，不管是出去找新的工作机会，还是在家里想主意，都比仓促做决定对他更有好处。

反正想尽快处理好这件事的是公司，不是他，他急什么？

"那你不赶紧打电话给程牧野问问？"听她这么一分析，王穗穗来了劲头，"要是刘继勇真的在找工作，立刻给他推荐一个，至于产生了多少费用，我们来承担！"

这个办法，郗娆不是没想过。

如果好好设计一下，让刘继勇两边踏空也不是完全没有可能。

可问题是……

"我们之间，可能有点误会……"

她含糊地说了一句，准备转移话题，却被王穗穗一把抓住，追问道："怎么了怎么了？发生什么事了？他向你表白了？"

王穗穗这姑娘哪都好，就是从小到大，对八卦热情不减。

"我再说一遍，我和程牧野只是合作关系。"

"难道是因为我哥？"王穗穗像没听见她的否认似的，一拍脑门，"不会是前两天帮我哥相亲，被他遇到了吧？那你可真够倒霉的！"

确实倒霉。

更倒霉的是，当时，王茁正搂着她的肩膀走出包间的门，一脸歉意地对相亲的姑娘说："现在你明白了，我确实有女朋友，也是奔着结婚去的，只不过暂时还不方便公开……"

郗娆一回头，就看见了站在隔壁包间门口的程牧野。

他转身走了，一句话也没说。

05

晚上，郗娆到底还是给程牧野打了电话。至于真的是为了刘继勇这个案子，还是为了别的，郗娆自己也说不清。

"好，我打听一下，你等我的消息。"

程牧野语气如常，郗娆却总觉得有什么地方和以前不太一样。

莫名的疏离。

有一瞬间，她本能地想解释，可最后，郗娆还是沉默着挂断了电话。

只不过是合作伙伴，那么熟络干什么？更何况，太熟了不方便谈钱。

她要的，只是程牧野配合自己把事情做好。

这一点，程牧野倒是没有让郗娆失望。仅仅半天时间，郗娆就收到了消息，刘继勇的确把简历给了好几家猎头公司，寻找新的工作机会。

他要求的薪资不低，甚至还略高于他现在的收入水平，到目前为止，还没有一家公司安排他参加面试。

其实，这很容易理解。

刘继勇自觉经验丰富，却从来没有意识到，一个已经四十五岁，而且多年来都在"浑水摸鱼"、没有太多成长和提升的人力资源总监，远没有他自己想象中那么受欢迎。

可是，这就不好办了。

从那天沟通的情况看，郗娆几乎可以确定，找不到合适的下家，刘继勇是不可能离职的。

"程牧野。"犹豫了几秒钟，郗娆开口道，"麻烦你尽快给刘继勇安排一个offer，成了以后，这单的佣金全给你，我一分不留。"

电话那边静了静，似乎有人缓缓叹了一口气。

"我试试吧。"程牧野低声说，听不出情绪，"不占你的便宜，老规矩，五五开。"

然后，不等郗娆再说什么，他就挂断了电话。

这还是他第一次主动挂她的电话，郗娆的一句"谢谢你"，就这样被堵在了嗓子眼里。

06
HR DIARY

然而，鱼饵下了，鱼没上钩。

收到offer的第三天，刘继勇拒绝了。同时，他出现在公司里，没事儿人一样地上起班来。

郗娆观察了整整两天，摸不清刘继勇的打算。

早会，他正常开；工作，他正常布置，甚至在公司走廊里碰到郗娆的时候，他还笑呵呵地和她打了一个招呼。

就是不来找郗娆谈裁员的事情。

山不来就我，我就去就山。郗娆决定再找刘继勇谈一谈。

办公室里，他的工位上没有人。旁边面试等候室的门虚掩着，有说话声传来。

是刘继勇在打电话。

"我知道了。"他背对着郗娆，微低着头，脚尖在地面上无意识地画圈，"只要医生说能治，多少钱咱都得治……这些问题你不用考虑，不是还有我吗？"

郗娆怔了怔。

刘继勇挂断电话，双手插在裤子口袋里，长长地叹了一口气，回头便对上了郗娆的目光。

"郗小姐。"他顿了顿，露出苦笑，"让您见笑了。"

郗娆推门进去："家里有人生病了？"

"不算什么大病。"刘继勇有点故作轻松的意思，"我家二宝，医生说有自闭症。"

"孩子几岁了？"郗娆问。

"四岁。"

"治疗费用很高？"

"大概一个月一万多吧。"刘继勇扯扯嘴角，却没什么笑意，"不是一天两天能治好的，得持续治疗。"

两个人都沉默了。

很显然，如果这个时候，刘继勇失去工作，他的家庭很可能就难以负担这笔治疗费用了。

那这个四岁的孩子怎么办？

一时之间，郗娆有些犹豫。

倒是刘继勇先转开了话题，主动问："您找我，是想谈解除劳动合同的事儿吧？"

见郗娆没有否认，他苦笑："其实，谁没有自尊心呢？尤其是到了我这个年纪。我知道公司嫌弃我，我也知道留下来可能会被针对。可是您看现在这个情况，我有资格拂袖而去吗？"说完，刘继勇缓慢地摇了摇头，"郗小姐，人到中年，有些事，你不懂。"

07

郗娆原本以为，刘继勇要么继续和她周旋，要么狮子大开口，要个天价离职补偿金，没想到他会在自己面前示弱，她准备好的那些话，眼看着都不能用了。

"公司会支付离职补偿金的。"想了想，她说，"您也知道，留下来，可能不见得会被重用了。既然这样，为什么不考虑拿着钱另谋出路呢？"

"另谋出路？早几年当然可以。可到了我这个年龄，谈何容易？再说，补偿金能有多少？N+1？乍一看是不少，但是以后呢？一家老小等着用钱，你让我怎么办？"

"外面也不见得没有新的工作机会，不管怎么说，您做了这么多年人力资源总监。"说到这儿，郗娆仔细打量刘继勇的神色，"说不定能找到更合适的公司和职位。"

"是吗？"刘继勇抬眼看她，原本挂在唇角的淡淡笑容慢慢地收了起来，"郗小姐这样认为？"

这一瞬，郗娆突然有种强烈的感觉——刘继勇发现，或者至少怀疑，那份 offer 有问题。

郗娆轻咳了一声，脸上的神色却没有什么变化："难道您自己对此没有信心？"

"我有没有信心不重要，关键是……"刘继勇微微停顿了一下，"我也是 HR，郗小姐。不管你们怎么评价我这个人，你能想到的，我未必想不到；你有朋友，我不见得没有。"

看来这个鱼饵，果真没有下好。

或者说，是她小看了刘继勇。

他在工作上得过且过，不代表他不精明，更不代表他在行业内没有人脉。

郝娆不想和他在这件事上纠缠，抬手做了一个请的手势："那您现在的想法是什么？不妨开门见山。能给您争取的利益，我会尽量给您争取。"

刘继勇却深深地叹了一口气："这是何必呢？郝小姐，我在公司工作了十九年，人这一辈子，有几个十九年？公司不至于就多我这么一个人吧？"

08

进入公司那一年，刘继勇二十六岁。

那时候，人力资源在国内还属于新兴领域，很多公司都把人事部改名为人力资源部，听起来似乎挺贴近现代化管理，但因为没有什么科班出身的专业人士，不管怎么改名，其实都是新瓶装旧酒，做的还是原来那些事。

刘继勇不是人力资源专业出身，他学的是机械制造，一开始在生产车间做现场管理，顺便负责一部分招工和考勤工作。

在这些工作中，刘继勇发现了新的职业发展机会，于是去读了一个人力资源专业的在职研究生，很快调入了人力资源部。

"你以为公司现有的制度体系是谁搭建的？"房间里，光线渐渐暗了下来，刘继勇没有开灯，转头看向窗外，"我说我得过优秀员工和优秀管理者的荣誉，你信吗？"

郝娆点头。

如果一直是现在这种工作状态，刘继勇当然不可能成为人力资源总监。

"我听说你以前做 HR 的时候，也裁掉了不少人。"刘继勇继续说，"那时候裁员，和现在专门做裁员顾问裁员，心情不一样吧？"

郝娆点头："确实不太一样。"

"是啊。"刘继勇笑笑，"我们公司以前也裁过人。上新的生产线，裁了一百多个一线工人，都是我裁的。当时有人想打我，也有人指着我的鼻子骂，说早晚轮到我。现在，真的轮到我了，不知道他们听到这个消息，会不会高兴得多吃两碗饭。"

刘继勇脸上还是挂着笑，郝娆的话却哽在喉咙里。

这个情景，她也面对过，而且情况更糟糕。当年，完成裁员以后，她立刻被卸磨杀驴，走的时候，背了好大一口黑锅。

"你看，我为公司做了这么多事。"刘继勇放轻了声音，听起来有些飘忽和伤感，"他们今天这样对我，不让人寒心吗？"

"可是，您现在的工作状态的确不好，而且不是一天两天了。"郝娆终于找回了自己的声音，"这实在不像是珍惜一份工作的态度，这一点，您不否认吧？"

"呵。"刘继勇用一种前辈看新人的目光看了郝娆一眼，"等你做一份工作十几年、二十几年，也许就会明白我的感受了。"

09

"刘继勇不同意协商解除劳动合同?"王穗穗仰天长叹,"他这是打算在我们公司养老吗?"

郗娆也觉得有些棘手。

刘继勇没有做过严重损害公司利益的事,只是有时候在工作中偷个懒,你不能用严重违反规章制度的理由裁掉他。

而且,说心里话,上次和刘继勇谈过以后,郗娆不太愿意用一些上不了台面的手段对付他了。除了同情,更主要的是,刘继勇给了她一种莫名的兔死狐悲的感觉。

也许是因为她和他毕竟曾经算是同行,感受过一样的因为这个职业身份产生的不可避免的心理压力。郗娆甚至在网上看到过,有人说不要试图和 HR 做朋友,因为他们随时会翻脸不认人。

她想说,不是的,这只是我的职业责任。可这话,不知道该说给谁听。

"留下他是不可能的,公司正在高速发展,不需要一个在这里养老的人力资源总监。"王穗穗似乎下定了决心,"你再和他沟通一下,大不了我们多付一些离职补偿金。"

这似乎是唯一的解决办法了。

刘继勇却仍然不肯开价。

郗娆试图说服他:"您应该明白,大不了,公司可以与您打持久战。既然您无法胜任岗位,那就培训或者调整岗位,之后仍然不胜任岗位的,公司可以单方面与您解除劳动合同……"

"公司准备撕破脸了?"刘继勇神情无奈,"郗小姐,如果调我去做个 HR 专员,或者其他基础职位,你让我怎么和老婆孩子说?说我人到中年,越活越回去了,连工作都要保不住了?作为丈夫和父亲,我说不出口。"

早知如此,何必当初?

郗娆正想说话,办公室的门被人推开,一个二十岁出头的年轻男生走了进来。

男生径直走到刘继勇面前,把一张纸摔在他的桌子上:"凭什么做事的是我,留下的却是王美琪?我知道她是女生,长得也漂亮,可是欺负人也没有这样欺负的吧?"

10

这话似乎话里有话,郗娆挑眉看向刘继勇。

刘继勇抬手揉了揉眉心,看向男生,脸上挂着笑:"张辉,你进来实习的时候咱们就说过,最后,只能留下一名实习生。实习期有考评,谁留谁走,是看考评结果的,不是哪个人拍脑袋决定的。实习三个月,王美琪的考评成绩最好,公司自然会把她留下。至于你说做事的都是你,这不能凭你一面之词,别人的努力和工作表现,也是有目共睹的。"

"有目共睹?"叫张辉的男生冷笑一声,"出差是我去,加班是我加,脏活累活都是我干,你说的有目共睹是指谁？该不会只有你刘总一个人吧？"

"张辉。"刘继勇沉下了脸，"年轻人不要这样偏激。王美琪是女生，你作为男孩子，多干点儿，值得这样计较吗？"

"对，我计较，您说什么就是什么吧。"张辉说着，转身就走，"我也是可笑，和你这种人讲道理，纯属浪费时间。反正她是怎么留下来的，你心里明白！这种公司，就算请我，我也不稀罕！"

他离开时"砰"的一声摔上了门。

刘继勇转头，见郗娆看着自己，于是满脸无奈地摊开手："你也看见了，郗小姐。现在的小孩一个个都这么桀骜不驯，你说我这个人力资源总监有多难干？"

郗娆笑笑："是不太好干。"

"对了。"郗娆随即起身，"刚才和您说的提高补偿金标准的事，您好好考虑一下吧。我今天还有事，明天再和您沟通。"

11

走廊那一头，张辉正站在电梯口。年轻的男孩仰头看着电梯显示屏上跳动的数字，眼眶发红，胸口起伏。

"介不介意一起喝杯咖啡？"身后传来低低的女声，声线偏冷，语调很稳。

他回头，留着栗色短发的女人和他对视，琥珀一样的眼睛里没什么情绪："我叫郗娆，是一名……裁员顾问。"

直到两个人一起坐在了楼下星巴克的一角，张辉还是有些茫然，他不明白这个女人为什么会找上自己。

"你说的女实习生，叫什么来着？"郗娆先开了口，"对了，王美琪。你觉得她是通过不正当手段留下的？"

"谁知道呢？"提到这事，张辉立刻有些愤愤不平，"只不过，前两天，我听见了她和别人讲电话。我不是有意偷听的，就是碰巧。当时，王美琪可能没发现周围有人，说话声音挺大的。她说她一定能留下，都做到这一步了，那个老男人不至于不讲信用。我当时不明白是什么意思，今天拿到考评结果，回想起来，说这里面没有权色交易，我是不信的！"

"权色交易？"郗娆皱眉，"你怎么确定那个人就是刘继勇？"

"不是他是谁？"张辉冷笑，"有一次，王美琪拿文件给他签字，穿的裙子领口挺低的，我也在旁边，他那眼睛都黏在人家身上了，当我没看见吗？"

原来刘继勇还做这种事。如果是真的，那他前两天给自己打造的负责任的丈夫和父亲的人设，搞不好就要崩了。

只是，张辉毕竟没有证据，事情的关键在那个王美琪身上。怎么让这个女孩子开口，需要好好琢磨一下。

12

郗娆找了王美琪两次，碰巧她都没在座位上。郗娆便打算下班的时候在公司大门外等她，与她约一个面谈时间。

只是没想到，她等到的是刘继勇。

"你在等谁呢，郗小姐？"他靠在郗娆的车外面，面无表情地问。

郗娆把车窗完全降下，侧头看他："刘先生这是什么意思？"

"应该我问你才对吧？"刘继勇左右看看，似笑非笑，"昨天，你和张辉在星巴克里聊什么了？可以分享一下吗？"

"你跟踪我？"

"别说得那么难听，巧合而已。"刘继勇把手机递到郗娆面前，"这个手机号码，郗小姐，你熟悉吗？"

郗娆随意瞥了一眼。尾号0128，竟然是江海炎的手机号码。

"要不是他和我分享了郗小姐过去使用过的那些手段，我也不会这么小心。毕竟，谁能想到郗小姐会这么执着呢？不把我赶回家誓不罢休。"

郗娆抬手看了看时间，王穗穗已经在一家新发现的网红餐厅里等着她了，她索性直截了当地问："你究竟想说什么？"

"我只想让郗小姐明白，有些事情，适可而止比较好。"刘继勇深深地看着她，声音不高不低，却有一种无形的压迫感，"要知道，工作是男人的尊严，践踏男人的尊严，容易激起他的仇恨。郗小姐，我刘继勇是个老实人，你们别逼我。"

说完，刘继勇向街道那边走去，背影渐渐消失在倒车镜中。他这句话的意思，直到两个小时后，郗娆和王穗穗从餐厅里走出来时，才真正明白。

一个直径足有二十厘米的花盆突然从高空坠落，在郗娆面前摔得四分五裂。花盆中的泥土和花盆碎裂后的碎瓷片飞溅到郗娆的脚背上，伴随着王穗穗的惊叫声，一瞬间几乎让郗娆忘记了呼吸。

郗娆抬头向上看去，夜色中，高楼窗户紧闭，没有灯光，空无一人。

后怕袭来，只要再走快一步……郗娆的后背冒出冷汗。

"怎么回事？这么大的花盆是从哪儿掉下来的？"王穗穗缓过神来，"这是什么小区，我要找物业！"

"应该是还没交付的新楼盘。"郗娆勉强稳住声音，"这个位置，对着的是楼梯间。有人从楼梯间的窗子把花盆扔了下来。"

"什么？"王穗穗突然哑了火。

这是一条通向停车场的小路，周围没有其他人，就算不想承认，郗娆也明白，这个花盆很可能是针对自己的赤裸裸的威胁。

大概是因为之前他说那番话的时候，自己没有妥协的意思吧？

"娆娆。"王穗穗沉默了好一会儿，似乎想明白了问题所在，她一把抓住郗娆的胳膊，"虽然我不相信刘继勇真的敢把咱们怎么样，但还是算了吧，你先别管他的事儿了，我另外想办法。"

心跳得厉害，手心里也黏黏湿湿的，郗娆抿着唇，握紧了拳头。

她知道自己害怕了，她没有想象中那么无所畏惧。

如果退一步呢？

郗娆问自己。

也许，紧跟着的是退无数步吧，直到退无可退。

"你放心。"不知道过了多久，郗娆低声说，"我是裁员顾问，我知道该怎么做。"

13
HR DIARY

之后的一个星期，郗娆都没有出现，公司里风平浪静。

刘继勇暗想，不过是个二十几岁的女孩子，吓一吓就差不多了。于是，他放松下来，开会的时候碰到王穗穗，甚至还开起了玩笑。

王穗穗咬牙切齿地把这件事说给郗娆听，她却只是一笑置之。

刘继勇不知道的是，人力资源部的几个人，都和郗娆一起喝过了咖啡。

喜欢卡布奇诺的妹子表态说她一向只认公司，并不忠于某个人；偏爱拿铁的新手妈妈则委婉地暗示道，女性上司会更容易与她们互相理解。

花盆的事情传到王茁耳朵里，他给郗娆配了两个帅哥保镖。

王穗穗很羡慕，但她哥拒绝给她配，因为韩国某集团的大小姐就栽在了保镖手里。

又过了几天，刘继勇一上班就收到了一封邮件。

邮件内的附件是音频，他戴上耳机，听见了他自己的声音，不堪入耳。

原来王美琪一直防着他，怕他翻脸不认人。

刘继勇没想到一个二十岁出头的女孩子会有这种心机，更没想到这个录音会落到郗娆手里。

下意识地，他起身想去找王美琪，但王美琪早已向自己的部门领导请了两周假，说出国旅游去了。

她是故意的。

刘继勇重重地跌坐在椅子上。

手机收到消息，只有一行字："如果今天下午五点半之前办理离职手续，我还可以给你争取六个月的离职补偿金。"

刘继勇想说"你忘了那个掉下来的花盆了吗？"但这条消息还没发出去，下一条消息就进来了："替你的两个孩子想想吧。"同时发过来的还有一个招聘广告，是一家咨询公司招聘人力资源咨询顾问，需要加班和出差，但对年龄没有要求。

她这是替自己找了一条后路吗？赚辛苦钱的后路。

刘继勇看了许久，唇角露出苦笑。那个女人明白，鱼死网破，他拼不起。

胜负已分，再纠缠只是难堪，不到两个小时，刘继勇黯然退场。

王穗穗站在落地玻璃窗前看着刘继勇的背影，举起了手中的咖啡杯："干得漂亮，娆娆！来，咱们喝一个！"

随后，王穗穗发了一个朋友圈："替闺密招聘保镖。"

晚上，郗娆洗完澡，看到手机里躺着一条消息，来自程牧野。

"保镖这工作，你男朋友不兼任一下吗？"

"我没有男朋友。"

消息发出不到两秒，程牧野发来一份简历："散打七段，求保镖职位。"

夜雨打在窗玻璃上，衬得室内越发静谧。

郗娆放下手机，清冷的琥珀色眸子里，一点点染上了笑意。

4S店的"无间道"

01

下午四点,某4S店。

因为是工作日,且外面下着雨,看车的人寥寥无几,连店里的销售人员都聚在办公室里,玩手机的玩手机,聊天的聊天。

"看公司OA,快看公司OA!"一个二十岁出头的男生从外面跑进来,一边跑,一边兴奋地喊,"公司发布任命了,咱们维哥当经理了!"

"真的?"有人一蹦而起,弯腰去抓鼠标,"什么时候发布的?我们怎么不知道?"

大家不约而同地聚到他背后,盯着电脑屏幕。

网页打开,漂亮的女销售员指着最上面一条通知读了出来:"因公司经营需要,经总经理办公会讨论,决定任命原销售主管李维为长兴店经理,全面负责长兴店销售管理工作,特此通知。"

"这么说,咱们维哥真的当经理了?"

"当然了!不是维哥,还能有谁啊?"

"维哥呢?晚上他必须请客!"

一群人七嘴八舌地说着,热热闹闹,喜气洋洋。

几米之外,办公室的另一端,几个同样穿着销售工装的销售员却你看看我,我看看你,脸上都有几分难以遮掩的失望。

然后,有人偷偷看向了杨哲文。

大家都知道,原来的经理突然辞职后,现有的两个主管,杨哲文和李维,成了仅有的新经理候选人。

两个人比起来，杨哲文应该更有优势——他来得早，人长得精神，而且能说会道，见了谁都是笑眯眯的。

李维就不同了，才来三年不说，平时也不太会开玩笑，看上去憨厚有余，精明不足。上任店长说过，同样是卖一台车，杨哲文能以高于底价近万元的价格卖出去，李维则肯定会实实在在地把底价告知客户。

虽然有些同事也挺喜欢李维的，但作为杨哲文这一组的销售员，从自身利益出发，他们更希望杨哲文升任经理。

只是，结果已经摆在眼前了。

要不要去恭喜一下李维？这是个问题。

年轻的销售员们正在为难，杨哲文却率先站了起来。

"就是，咱们李经理呢？这种喜事，不请客我们可不答应，是不是，小伙伴们？"他笑着接了话。

大家赶紧附和，场面重新融洽起来。

没有人看到，走出办公室的杨哲文，一张脸上阴云密布。

"欺负我没靠山？"他冷笑，"笑到最后才是真正的赢家，咱们走着瞧吧。"

02

"魏总，这位就是我和你提过的那位郗娆小姐，"客户老张指着郗娆，向自己身边西装革履的中年男人介绍，"她可是裁员方面的专家。"

郗娆的眼角扫了一眼男人腰带上巨大的 H 字母 Logo，率先伸出手，脸上挂着职业化的笑容："您好，魏总。"

魏力笑起来："老张说，没有郗小姐裁不掉的人，那我这次的事，可要拜托郗小姐了。"

几个人寒暄一阵后，各自点了咖啡落座。

魏力环顾了一下周围，见包间门已经关好，这才压低了声音，把事情的前因后果讲了一遍。

这事说简单也简单，说不简单也不简单。

魏力任职于本市某名车品牌经销公司，是公司的二把手，负责所有销售门店的经营管理。前段时间，他手下有个门店的经理离职回家创业去了，于是，由谁来接任这个职位，成了摆在魏力面前的首要问题。

门店位置好，两个主管业绩都不错，人品、才干也不相上下。综合考虑，他选择了其中一个叫李维的主管来担任经理。

结果，任命发布第二天，总经理就找魏力谈了话。

总经理直言不讳地告诉他，有人举报他以权谋私，在经理的人选上任人唯亲，因为李维不是别人，正是他老婆的外甥。

"我承认我和李维确实有这样一层关系，但古人说，举贤不避亲，他工作得好，我任用他有错吗？"魏力当时是这么和总经理说的。

"那您觉得这个举报人是谁呢？"郗娆问。

"杨哲文。"魏力的语气十分肯定。"虽然是匿名邮件，而且从表述上看，处处在强调公司利益，但是我好歹在这个位置上坐了这么多年，一件事是谁做的，只需要看这件事与谁的利益相关就知道了。"

李维升职这件事损害了谁的利益，显而易见。

"所以，您现在希望我帮您裁掉这位杨先生？"

魏力点点头，又很快摇了摇头："我确实想让他走，但不是因为他举报了我。只是因为这件事让我明白，杨哲文和李维不大可能进行良性合作了。一个店，如果主管和经理不合，会让员工为难，影响工作的开展。我想过把他调去别的店，但先不说人家是不是需要一个空降的主管，就单冲着他做的这些事，哪个经理会要他？与其这样，我还不如直接放弃杨哲文。只是，为了避免造成什么不必要的影响，我希望让他自己主动离开。能做到吗，郗小姐？"

郗娆端起咖啡抿了一口，笑了笑说："我尽力吧。"

魏力和老张对视一眼，露出了满意的笑容。

03

几个人买单出来，正准备道别，魏力的电话突然响了起来。

打电话来的是那个4S店的行政人员，她告诉魏力，店里出事了。

原来，就在刚刚，有一位客户到店看车，和李维组的销售方小姐相谈甚欢，当即决定下单。买车毕竟不是买白菜，很少碰到这么爽快的客户，方小姐非常兴奋，又是端茶倒水，又是一路小跑地去给他准备资料。

哪知道就在这时候，杨哲文组的销售小王路过，恰好碰到这位客户，认出对方是自己跟了两个月的客户，一问才知道，人家确实把车看好了，可合同却是跟别人签的。

于是，小王不干了，把方小姐扯回办公室，指责她撬自己的单。方小姐很委屈，客户自己说没有负责接待他的销售，前台安排她接待，最终把单子签下来了，难道她做错了？

两个人你一言我一语地吵了起来。

办公室里的其他销售围过来，问明原因后，有的人说既然现在搞清楚了是小王的客户，就应该把单子还给小王；有的人说凭什么还，客户提都没提小王，肯定是小王跟进不到位，人家今天决定买，那是满意方小姐的服务，单子当然算方小姐的。

位置决定脑袋，不管怎么说，每个人都维护自己同组的人。李维陪着大客户出去试驾了，杨哲文临时请假不在，没有人主持大局。行政妹子劝了这个劝不住那个，看到已经有人互相推搡了，不敢再等下去，赶紧给魏力打电话。

"我过去处理一下。"挂断电话，魏力转身就要走。

"魏总稍等。"郗娆叫住了他，"不知道我方不方便和您一起去？危机，有时候恰恰孕育着机会。"

04

跟着魏力赶到 4S 店时,两人在门口碰见了一个二十八九岁的男人。

魏力率先开口:"李维,怎么回事?"

"我刚回来,还不了解情况。"李维拧着眉,鼻尖上有细密的汗珠,"您稍等一下,我进去看看。"

说着,他一边抬手解开衬衫最上面的纽扣,一边大步往店里走。

郗娆跟在后面,隔着玻璃隔断,往店内一侧的办公室里看。

办公室里,左右各站着一群人,壁垒鲜明,呈现明显的对峙状态。

李维挤进他们中间,似乎说了什么,可人声嘈杂,没有人听他的。

"请大家马上回到自己的岗位上。"李维提高了声音,"现在是营业时间,其他事,等结束营业后我们再来沟通。"

这次,有人转头看向了他。

"维哥。"不知是谁叫了一声,更多人看向李维。

左侧的人群慢慢散开,有的回到工位前坐下,有的走出办公室去了营业大厅。

右侧的人群却迟迟没有动。

"行了,都回去工作吧。"李维向他们摆摆手,"免得等一下客户进来,营业厅里都没人接待。"

销售员小王梗着脖子问:"李经理,那方小姐抢我的单子这个事儿,就这么过去了?"

"什么你的单子?那是我的单子!"方小姐不服气。

"你以为买车是买白菜吗?客户下决心来买,是因为我跟了两个月,从介绍车子到嘘寒问暖,我付出了多少努力?结果你和我说这是你的单子?"

"如果这样说,那只能说明你的努力太失败了。客户来的时候没有找你买车,而是通过我的介绍决定购买的。"

眼看着两个人又要吵起来,李维抬手,捏了捏眉心:"其余人回去工作,你们两个跟我来。"

小王和周围的几个人对视一眼,抬起下巴,用大家都能听到的声音说:"我倒要看看,经理是公平处理,还是偏袒他们那边。"

"维哥向来是公平的,只不过有些人的心长歪了。"方小姐也不甘示弱。

郗娆和魏力对视一眼。

不管之前李维在另一组人那里有多少威信,这件事处理不好,两组人都会受到很大影响。

郗娆不知道 4S 店以前出现过这类情况没有,如果说是巧合,这发生的时间未免太巧了一点。

05

就在郗娆这样想着的时候，魏力的下巴往门口的方向一抬，示意她和自己到茶吧后面躲一下，同时低声说了一句："杨哲文回来了。"

郗娆隔着一排高高的发财树，打量着从面前经过的男人。

杨哲文三十岁上下，又高又瘦，穿着和其他人一样的藏蓝色工装西服，肤色偏白，嘴唇很薄，唇角微微上翘，带着恰到好处的职业化笑容。

只是，他的眼白稍稍多了一点，显得黑眼珠太过灵活，给人一种心思很多的感觉。

"你们呀你们！"他走到自己的组员面前，开口的语气像是在和自己家的弟弟妹妹说话，"我这刚出去一会儿，你们就惹出事儿了，这不是给我找麻烦吗？"

"文哥，这怎么能怪我们呢？"一个女孩子委委屈屈地说。

"就是，人家摆明了有依仗，欺负我们。"另一个女孩子往李维办公室瞟了一眼，插嘴道。

杨哲文轻咳两声："公司已经任命了经理，你们这样做对自己没有任何好处。都把精力放在工作上吧，不利于团结的话少说。好在这会儿客户不多，要是客户多，听见你们这些话，不是会对咱们店产生不良印象吗？"

"算他识大体。"魏力冷哼一声，压低了声音嘀咕。

识大体？看起来确实是。

只是，郗娆感觉不太对。刚刚她找机会问过那个行政妹子，行政妹子说，杨哲文是在事情发生前几分钟突然请假出去的，当时，那个引起争议的客户已经在和方小姐签合同了。

那么，会不会有一种可能，是杨哲文看到了这个客户，知道这个客户是小王跟进的，于是他设法让小王与这个客户遇见，同时，为了让争吵能够顺利爆发，他自己躲了出去？

如果事实真的是这样，杨哲文这个人，可就太有心机了。

06

郗娆换了一身高调的名牌服装，顶着一张"钱多人傻"的脸，逛街一样转进了4S店。

"您好，请问您是第一次到店吗？有熟悉的销售吗？"门口的接待小姐笑容可掬地问。

郗娆略微低头，从太阳镜上面看了她一眼，想了一下才说："我想换一部最新款的顶配跑车，好像是去年，有个叫杨什么文的销售联系过我。"

于是，她在沙发上坐了没几分钟，杨哲文就站在了她面前。

两人在营业大厅转了半个小时，把百万左右的车看了一个遍，最后来到了杨哲文的办公室。

"你帮我算一下吧，全款、贷款都可以，算得清楚一点，我好拿回家去向老爷子申请资金。"郗娆往办公桌前一坐，一副典型的富二代口气，"你也知道，老人家都很抠门。"

杨哲文笑了笑，语气温和："我会帮您算明白的。"

郗娆看着杨哲文在电脑上噼里啪啦地打字，脚尖点地，把自己的椅子挪到了杨哲文旁边："不介意我看看吧？"

介意。

这话，就算杨哲文想说，在大客户面前，也不好说出口。

于是，两个人隔着很近的距离，一起看着在电脑屏幕上跳动的数字。

"如果首付三成，利率是这样的，那么，贷款三年的话，总的利息就是这么多……"杨哲文解释着。

"杨先生，你的业务好熟练，在这里工作了很久吗？"郗娆把话题引到了工作上。

杨哲文点头："快五年了。"

"那你的销售业绩很好吧？感觉你很厉害的样子。"郗娆不经意地问。

杨哲文的手明显一顿："大家都差不多。"

"你真谦虚。你是主管吧？肯定比别人业绩好，要不怎么能当上主管呢？"然后，不等杨哲文回答，郗娆一拍手，"哦，对了，还有经理。经理的业绩才是最好的，对不对？"

"那也不一定。"过了一会儿，杨哲文才低声说，"业绩好的都是干活的命。只负责给公司出业绩，别的事都轮不到。"

果然是有不满的。

可不满归不满，不能说明那些事是他做的，更不能以那些事为由要求他走。

郗娆随口聊了几句，准备另外想办法。

正在这时，杨哲文的电话响了起来。

"我这里有几个车辆评测视频，您先看着，我去帮您倒一杯咖啡。"杨哲文一边说，一边接起电话，走出了办公室。

"不用……"郗娆本来就没想买车，对评测视频当然没有兴趣。

话音未落，电脑上登录着的微信跳出来一条消息。

"哥，那几条语音我帮你降噪处理了，你看看行不行？"

随后，对方发来一个压缩包。

郗娆当然不会偷看别人的东西，如果那个压缩包的名称不是"LW"的话。

LW，李维？语音？

杨哲文为什么会有命名为 LW 的语音记录？难道他偷偷对李维的通话进行了录音？

郗娆犹豫了一下，点开了压缩包。

压缩包里有十几个音频文件，从几个星期前到昨天，按照时间顺序排列着。音频里的确是李维的声音，只是因为音量很小，郗娆还没来得及听清楚说话的内容，就看见杨哲文端着咖啡走了过来。

郗娆迅速关掉音频，专心致志地看起了杨哲文给她打开的评测视频。

07

"你说他的电脑里有我的通话音频?这不可能。我和杨哲文根本就没怎么通过电话,而且,就算通电话,也没说什么特别的,他没必要录下来吧?"说到这儿,李维还开起了玩笑,"难道杨哲文暗恋我?哈哈。"

郗娆看着他笑出的一口白牙,觉得这人还真像魏力说的一样,挺单纯。

魏力的脸色却渐渐凝重起来。

"这事儿不对,很不对。"他缓缓摇头,"李维,你记不记得,前段时间总部征集营销方案,你打电话来问我应该重点关注什么,我就把自己的经验告诉你了。后来,我收到杨哲文报上来的方案,当时觉得很满意,现在一回想,怎么看都像是按照我和你说的思路写的,你不觉得很可疑吗?"

"您的意思是……"

魏力指了指李维放在茶几上的手机:"这个,恐怕被人监听了。"

"监听?"李维先是一脸茫然,然后黑脸突然涨红,"这是工作手机,要求二十四小时开机,所以我睡觉时都放在枕头边,那不是什么都被听见了……"

郗娆这才明白他为什么脸红。李维大概以为那个手机成了窃听器,就连夫妻间的隐私也被人家窃听了。

"如果是使用了监听软件,应该只是监听你的通话内容。比如,魏总在电话里和你说的事情,就很有可能成了杨哲文电脑里的一个音频文件。"她淡淡地解释道。

李维似乎放下心来,却又有些难以置信。

"杨哲文不至于这样吧?我们是竞争关系,可监听我的手机起不到什么作用啊。"

"当然能起作用。"魏力沉下了脸。

"我们的关系,公司里原本没人知道。如果杨哲文监听了你的电话,他就是知情的人。一旦成为经理的是你,他就可以利用这一点,告我一状。"

"那……我们现在该怎么办?"

"您把卡取出去,把手机交给我吧。"郗娆伸出手,"我找人看看。"

程牧野交友面极广,她记得他曾提起,有个朋友做过"白帽子",现在转行开了一个手机店,这个手机交到他手里,有没有问题一目了然。

08

李维的手机里的确有监听软件。

据手机店店主说,这种软件的工作方式是一端在被监听人的手机上,另一端在监听人的手机上,被监听人这边接打电话,监听人那边就会全程听到通话内容。因为手机存储空间有限,这类软件配有将监听文件同步到电脑的功能,这就是为什么杨哲文的电脑上会有那样一个文件夹。

"那么，我要确定监听软件的另一端在哪里，只有拿到监听人的手机一种办法？"郗娆问。

店主点头。

郗娆皱起了眉。

杨哲文做了这种事，怎么会轻易让手机离身呢？

带她过来的程牧野却笑了笑："这个好办，先去吃饭，回头我给你讲讲。"

第二天晚上，魏力就在公司总部组织了一场"涉密培训"。

公司通知，所有经理和主管都要参加，而且不准携带手机入场，手机只能放在会议室门口的大型手机柜里面。当然，手机柜的每个存放格都有门锁和钥匙，参会人员自己把手机放进去，锁好门，把钥匙带走，开完会再取出来就行了。

既然是针对所有人的要求，杨哲文自然得遵守。

于是，郗娆在监控中看到，杨哲文小心地找了一个边角位置，把自己的手机放了进去，锁好门以后又再三确认，才把钥匙握在手心里进了会场。

一般，手机柜都有备用钥匙。

会议开始十分钟后，郗娆拿着备用钥匙打开了手机柜，取出手机，交给了身边与他同来的手机店店主。小伙子拿了一个不知道是充电宝还是什么的小东西插在手机上，点击了几下手机屏幕，杨哲文的手机很快就被解锁。然后，几乎没怎么费事，他就找到了那个监听软件的接收端。

"不是什么高级玩意儿，被监听的手机接打电话的时候，应该有回音或者电流声，只不过可能你们平时不注意这些。"店主解释。

这就算是有确凿的证据了。

虽然杨哲文没有利用这些录音去敲诈、勒索，但如果李维告他侵权，杨哲文就可能会涉及民事赔偿。

郗娆点了点头。

该做的，她已经做了，下一步，轮到李维出场了。

09

会议结束，杨哲文走出会场，一抬头就看见李维站在门口，冷着脸盯着他。

他没有理睬，转身想去取回自己的手机。李维把手从裤子口袋里抽出来，在他眼前晃了晃："找这个？"

李维手里，拿着的正是杨哲文刚刚亲手锁在柜子里的手机。

"怎么在你这里？"杨哲文皱起眉，伸手去拿，被李维侧身避开。

"杨哲文。"李维压低了声音，"你的手机里面有什么，你比我清楚。找个地方，我想听听你的解释。"

"我不明白你的意思。"杨哲文唇角抿紧。

"你确定想让我在这里说吗？"李维环顾四周。

杨哲文顺着他的目光看过去。各店的经理和主管都在，这里，确实不合适。

李维转身，穿过走廊，推开门，进了一间空着的小会议室，回头看他。杨哲文咬了咬牙，抬脚跟了过去。

"为什么在我的手机里安装监听软件？"一关上门，李维就问，"我回想了一下，前段时间，你推荐给我一个小游戏，说一起玩一盘。我不好意思驳你的面子，毕竟你难得主动给我发消息，所以，我虽然不喜欢那种幼稚的游戏，还是下载并打开了。原来，那个小游戏竟然是监听软件？"

杨哲文和他对视了片刻，慢慢露出了平时一贯挂在脸上的笑容："什么监听软件？我不知道你在说什么。"

"监听软件的接收端就在你的手机里，你说你不知道？"李维不再客气，直接把手机放入自己的口袋，"那等到了公安局，你肯定就知道了。"

"你威胁我？"杨哲文还是笑着，"记不记得你刚来的时候，连车的基本信息都介绍不清楚，客户一问三不知，是谁帮你卖出第一辆车的？"

李维点头："是你。我请你吃饭了，去了我能请得起的最好的地方。"

"你说那时候，谁会想到有今天呢？"杨哲文叹了一口气，"我承认，监听软件是我安装的。我没办法，我在公司这么多年了，错过了这个机会，不知道又要等多久。我等不起，也不想等了。而且，这个职位本来就是属于我的。"

"什么叫本来就是属于你的？"李维轻哼了一声，"如果你真的这么有把握，为什么不公平竞争？"

他话音一落，杨哲文笑出了声："你和我说公平竞争？这话，你说合适吗？"

李维涨红了脸，重重地喘了几口气，神情才算恢复平静："可监听是违法的。"

"我是监听了，但我没有用那些录音做过任何事。对，可能侵犯你的隐私权了，那我停止侵权，向你道歉，或者给予经济赔偿，也就这样吧？"

李维看着他，过了好一会儿才说："如果我不要这些，只要求你离开公司呢？"

"凭什么？"杨哲文终于收起了笑容，"我来得比你早，销售业绩比你好，最后却是你晋升。你敢说这个结果和魏总是你姨父没有关系？你已经用不正当手段抢走了属于我的东西，竟然还想赶我走，你不觉得过分了吗？"

"他果然知道。问一问是不是他举报的我？"监控室里，魏力通过耳机指示李维。

李维似乎犹豫了一下，才压低了声音问道："那也不能说魏总就是任人唯亲吧？你举报他得有证据，否则就是诬告。"

"他任人唯亲是事实。"杨哲文说了一半，突然顿住，"你说什么？什么举报？"

"你主动离职，或者我们法庭上见，你选一个。不过，如果闹上法庭，你觉得这个行业还有你的容身之地吗?"李维突然转了话题,"同事一场,我不想这么做。毕竟以你的经验和能力,离开了这里,在其他地方,一样有机会。"

"你也承认我有能力?"杨哲文笑了笑。

"嗯,就是不太实在,我觉得不合适。销售员当然希望卖价高、提成丰厚。不过我觉得,做生意要有长远眼光,你多为客户着想,客户会明白的。所以,虽然你的销售业绩更高,但我的老客户经常会给我推荐新客户,这是你比不了的。"李维说。

杨哲文看着他,很久没说话。

"您告诉过李维举报信的具体内容吗?"郗娆问魏力,目光还落在监控屏上。

她隐约觉得,刚刚杨哲文和李维的对话,有些地方不太对。

"没有啊,我和他说这个做什么?"魏力随口回答。

"那李维是怎么知道的?"郗娆转头看他,"我记得,任人唯亲,是举报信中的原话。"

魏力一怔。

他曾说,杨哲文是公司里唯一知道他和李维的关系的人,其实不是这样的,知道他们关系的还有两个人,就是他自己,和李维。

魏力想到了这一点。

他闭着眼睛思考起来,神色慢慢变得有些复杂。

10

两天后,杨哲文主动提出了离职。

他组里的销售员私下里议论,说他受到了排挤,被杨哲文听见,杨哲文笑着解释,说自己是准备去其他地方发展了。

交接完工作,4S店给杨哲文举行了一个送别会。席间,宾主尽欢,杨哲文和李维像最好的兄弟一样,推杯换盏,勾肩搭背。

杨哲文是个会审时度势的人。行业就这么大,山不转水转,不说李维,起码魏力不是他能得罪得起的。

没过几天,郗娆刚拿到佣金,就听说李维也走了。

他走得很突然,没人知道原因,只知道公司从其他店调过来一个副经理主持工作。

那天晚上,郗娆请程牧野和手机店店主吃饭表示感谢。酒足饭饱,她准备回城北父母家,便搭了程牧野的车。

趁着红灯,郗娆犹豫着问:"你觉得,那封举报信是杨哲文写的吗?"

"不是。"程牧野说得很肯定。

郗娆转头看他,两人对视,程牧野笑了笑:"我判断,十有八九是李维自己写的。你想,这个时候魏力被举报,绝大部分人会怀疑是杨哲文干的。但凡杨哲文还想在这个店工作,他就不可能去得罪魏力。除非总经理和魏力本身就有矛盾,可以借着这个由头,给魏力找麻烦,否则，这么做的意义在哪里？"

然而，总经理和魏力之间的关系非常好。可以说，魏力本身就是总经理的人。

这一点，杨哲文可能不知道，李维一定是知道的。所以，只有他能够确定，这封举报信不会对魏力有任何影响，但能引起他的注意。

李维资历浅，威信有限。只要杨哲文还在，他那一组的人，就很难变成李维的"自己人"。而让杨哲文为自己所用？估计李维是没有这个把握的。

所以，他希望杨哲文走。

这件事，他自己做不到，能做到的只有魏力。

"这么说，他早就知道电话被监听了？也对，你那个朋友说了，被监听后，手机接打电话时会有回音，甚至有电流声，他完全有可能找人看过，然后将计就计。李维看起来那么老实，我确实没想到。"

程牧野笑了："人不可貌相哦！"

郗娆忍不住看了他一眼。

路灯暖黄的光落在男人的眼角眉梢，使程牧野的笑容显得过分温柔。

温柔得，让人的心跳无端漏掉一拍。

郗娆转过头。

太快了，不能这么快……她心里这样想着，只听见身后程牧野声音带笑："说起来，我那朋友可能有点误会，以为你是我的女朋友。"

"哦。"郗娆握紧手，故作不经意地应了一声。

"我没解释，"程牧野继续说，"免得以后解释来解释去，麻烦。"

这人，这是什么意思……

郗娆想问他，却发现这种行为太矫情。

毕竟他这话里的意思再明显不过，而自己，似乎已经翘起了唇角。

慈不掌兵

01

星期一上午，周辉开完会，沉着脸回到自己的工位上。

手机响起，提示他有新的邮件。

周辉随意扫了一眼，目光顿了顿，打开仔细看了两遍，唇角慢慢向上翘起，只是笑容还没形成就消失了，快得让人看不出来是高兴还是不高兴。

其实，他自己也不知道。

周辉起身离开工位，片刻后，他敲响了总经理张焱办公室的门。

"您好，张总。我准备提出离职。为了避免影响公司的工作安排，觉得应该提前向您汇报一下。"他说。

"离职？"张焱很吃惊，"你不是去年才开始担任运维部经理吗？是不是最近工作上遇到什么不顺心的事情了？"

"您误会了。"周辉摇头，"公司挺好的，之所以要离开，主要是个人原因。"

"什么样的个人原因，让你非离职不可？"张焱继续问。

周辉随便说了一个理由："出差比较多，家里有点意见。毕竟，我有小孩了，想多陪陪孩子。"

张焱没说话，拿起桌上的电话拨了出去："我是张焱，给我查一下运维部周辉最近一年的出差情况。"

那边很快回复，张焱挂断电话后，审视着周辉说："以前做区域主管的时候，你全年出差180天，什么话都没说过。现在做管理了，全年出差总共60多天，你说家里有意见？"

周辉讪笑："这不是情况不一样了吗？"

"什么情况不一样了？我看你就是翅膀硬了，想另觅高枝了。"张焱"哼"了一声，"你在公司七八年了，从毛头小子到今天，你自己说，公司有没有亏待过你？我张焱有没有哪里对不起你？"

这话一出口，周辉有些惶恐，赶紧弯了弯腰："张总，我不是这个意思。我承认，我确实拿到了其他公司的offer，可真的不是另觅高枝。这么多年了，但凡还能干下去，我也不想走。"

"怎么就干不下去了？"张焱问。

周辉抿着唇，沉默了几秒钟，把心一横，说："我无法认同许总的工作风格和一些做法。"

"许国利？"

周辉点头，又赶紧解释："我先声明，许总带过我，我做主管的时候他是我的经理，对我一直很好，我和许总之间没有个人矛盾。只是，许总处理问题过于感情用事，不管是客户还是员工，只要诉苦，他就会给予照顾。不知道您有没有注意到，发完年终奖以后，我们部门走了三个员工，都是比较核心的干将。我担心这样下去，慢慢地，我们部门只有需要被照顾的'老弱病残'了。到那时，我就算不想走也得走了。"

周辉说完，忍不住叹了一口气。

"你能不能给我个面子，先留下来？至于你说的问题，交给我来解决。"张焱沉吟了半晌，说道。

02
HR DIARY

下午六点，郗娆总算给最后一只狗洗完了澡。

父母趁着周末去参加同学会，她自然就成了宠物店的免费劳动力。好在这活儿郗娆干了十来年，算是熟练选手了。

把狗主人送出门，她转身回来，看向在沙发上坐了一下午的一人一狗："有事？"

"周五晚上，我们公司举办客户答谢酒会，要求带女伴。"程牧野笑着说，"所以，我来请郗小姐江湖救急。"

郗娆瞥了他一眼："你会缺女伴？"

"当然。"程牧野点头，拍了拍旁边的奥斯卡，"它可以作证，是不是，奥斯卡？"

奥斯卡仰起脑袋叫了一声，很是配合。

"那和我有什么关系？"郗娆扯下手上的橡胶手套，抬脚就往屋里走。

程牧野起身，长腿一跨，拦住了她："别这样，我们是搭档。"

"你们公司给我分股份了？给我发工资了？"郗娆本来是个冷淡的性格，可在这个人面前，她总是忍不住伶牙俐齿。

程牧野笑了："都可以给你，你要吗？"

郗娆看着男人的笑容，莫名有点耳朵发热。

"其实是有一些人，我想介绍给你认识。"程牧野转移了话题，"这次酒会的投入比较多，所以档次不低。我们合作过的很多老板或者人力资源总监都会参加。我想，你也有必要积累一些客户资源,所以不妨去和他们打个招呼。"

优质的客户资源没有谁不想要,这倒是一件好事。

郗娆不是矫情的人,既然已经说明白,她就点了头。

"那周五晚上我去接你。"程牧野说完,抬脚往门口走,走到一半又绕回来,"礼服穿得保守一点就可以。"

等他出去了好一会儿,郗娆才反应过来,程牧野这是怕自己被别人看了去呢。

轮得到他操这份心吗?她想。

却还是忍不住低头笑了。

03

客户答谢会在五星级酒店的宴会厅内举办。

郗娆原本只是打算收一圈名片,并没有指望马上就有案子。

没想到机会自己找上了门。

"张总,您考虑好了,真的准备放弃这个人?"程牧野一边问坐在对面的男人,一边不动声色地看了郗娆一眼。

"长痛不如短痛。"张焱语气无奈,"现在放弃他,对我和他都有好处。我总不能等到运维部真的成了公司的短板,再来下这个决心吧?"

张焱口中的这个"他"叫许国利,是张焱公司的运维总监。

"他是一个好人,却是一个糟糕的管理者。"张焱这样评价许国利。

一个多月前,临近春节,客户那边突然要搬迁机房,张焱公司销售给这位客户的设备也要同时搬迁。

按理说,设备已经过了维保期,客户没有购买延保服务,公司没有义务出人出力去帮客户做这件事。更何况,那个时间点,不少工程师已经买好车票,准备回家了。

所以,运维部经理周辉拒绝了客户的请求,提出如果要他们来负责搬迁,需要单独按照项目进行收费。

于是,客户找到了许国利。

客户方现在经营情况不太好,不愿意出钱;至于出人,他自己没有这方面的人手。所以,他们会对许国利说什么也就可想而知了——无非就是论交情,讲感情,诉衷情,争取凭人情把事儿办了。

许国利同意了。

因为这事,他和周辉发生了争执。但毕竟是上下级关系,就算周辉不认同许国利的处理方法,也还是亲自带着几个工程师去现场忙了三天。

人在职场,付出了就要有回报,尤其是物质上的。

可是,紧接着,发年终奖的事让周辉的心凉了半截。

"今年的年终奖总额就这么多，有的同事家里困难，不照顾一下，好像说不过去。"许国利这样对他说。

在周辉看来，年终奖是要奖励业绩好的同事，和谁家里什么情况没关系。这个观点，后来得到了总经理张焱的认可。

然而，许国利自己带头放弃了年终奖，他再坚持，只会显得他不近人情。于是，周辉只好按照许国利的方案，在金额上向经济负担比较重的同事倾斜了一下。

世上没有不透风的墙，年后，核心骨干陆续离职，而那些业绩普通，能力普通，但一贯得到照顾的同事，都成了许国利的死忠党。

周辉终于忍无可忍了。

04

"我和许国利沟通过很多次，他嘴上答应着，可是一遇到事儿，就又是他自己那一套。"张焱满脸无奈，"我们两个共事快十年了，要是他能听进去我的劝，我也不至于赶他走啊。"

"江山易改，本性难移。"程牧野又看了郗娆一眼，"您也是不得已而为之。"

张焱点头，踌躇道："我今天和你说这个事儿，就是想问问，你能不能替我去和许国利谈谈。天天低头不见抬头见，让他走，我确实有点说不出口。"

"我去？"程牧野笑了，"这种事，我不专业。不过您运气好，这儿有个现成的人选。"

于是，他把郗娆介绍给了张焱，第二天，郗娆就和张焱签了约。

星期一下午，郗娆在星巴克约见了许国利。

"您在电话里说您是做什么的？"许国利刚在她对面坐下，就满脸困惑地问。

"职业生涯转换顾问。"郗娆露出一个职业化的微笑，"在国内，这个职位通常被称为裁员顾问。"

"裁员顾问？"许国利有些不解，"你是说，张总请你和我谈一下？"

"是的。"

委婉有时候是一件好事，有时候却会让人反感，比如眼下。所以，郗娆索性把事情摊在桌面上。

"现在，您应该已经理解我的工作内容了，没错，我是做裁员的，我要和您谈的也是这件事。"她说。

"您指的是……"许国利脸色涨红，随后慢慢变得有些苍白，"公司想裁掉我？"

虽然这样问了，可他显然并不相信这一点，所以他下意识地摇了摇头："不会的。"

郗娆看着许国利，没有说话。

"不可能！怎么可能呢？这里面一定有什么误会，我给张总打个电话。"

"没有这个必要。"郗娆淡淡地说，"我们已经签了约，贵公司全权委托我和您沟通关于双方解除劳动关系的事情。"

许国利握着手机的手一僵。

"为什么？"半晌，他抬起头问。

05

为什么？

这个问题太常见了。

情侣分手，被分手的那个会问，为什么？我对你这么好！

夫妻离婚，遭到背叛的人会问，为什么？我做错了什么？

这位被裁员的许先生，他也会问为什么。为什么我真诚地做人、做事，力争让所有人满意，你们却要赶我走？

郗娆微微摇了摇头。

尽管到了这个时候，解答这个问题已经没有意义了，她还是把一份文件推到了许国利面前："您看看这个吧。自从您分管运维部，部门离职率虽然没有明显上升，但仔细分析后不难发现，离职人员绝大多数是在公司工作三年以上、绩效考评良好的核心员工。与此相反的是，那些业绩普通，甚至无法被分派重要项目的员工，一个都没有被淘汰。"

郗娆身体微微前倾，注视着许国利，一字一顿地说："许先生，您觉得这说明了什么？"

"我不知道。"许国利沉默了几秒钟，摇头，"员工离职的原因有很多，难道这都算是我的错？总不能说这些员工离职，都是因为我许国利苛待了他们吧？"

"难道不是这样？"郗娆反问。

许国利再一次涨红了脸，这次是因为气愤："我会苛待员工？你问问他们，哪次加班我没陪到最后？谁得罪了难缠的客户，不是我去赔着笑脸说好话？我苛待他们？"

"那么，面对客户的无理要求，您替他们拒绝了吗？该给他们的年终奖，您又分给了谁？"郗娆摇头，"人在职场，需要的不是您陪着他们加班，也不是您替他们赔礼道歉。需要的是您让他们用有限的精力去做最有价值的事，然后给予他们公平的物质回报。许先生，您告诉我，这一点，您做到了吗？"

"我……"许国利抿紧唇角，许久之后，声音低了下来，"我是为了大家好。"

"那只是你以为的好。"

06

郗娆的话还没说完，许国利的电话响了起来。

"许总！"电话那边是一个女人的声音，"我是小江，我家孩子发烧了，医生说得输液，我想请一个星期的假。"

"请假？你向周经理请就可以了。"

许国利说完,想挂断电话,女人急了:"许总,我请了,周经理不批。周经理说我这几个月请假太多,影响了工作进度。可是孩子生病,我婆婆一个人带不过来,我老公请假扣钱多,我没有办法啊。"

许国利叹了一口气。

郝娆端起咖啡,轻轻搅了搅,听见许国利说:"那你先回家照顾孩子吧,周经理那边,我去和他说一声。"

他去说?郝娆挑眉看向许国利。这个人,他不知道自己现在的处境吗?

随后,许国利果然给周辉打了电话:"小江不容易,家里家外都要照顾。你看看她手上的工作谁能兼顾一下……"

"兼顾?"周辉大声打断他,"许总,您自己看看部门现在的情况,全部门有一个闲人吗?小江那些事,都是她的私事,她能兼顾就继续工作,不能兼顾可以辞职。像现在这样,工作一多她就请假,不是拖整个部门的后腿吗?"

许国利又叹气:"你现在也有小孩了,应该更能体谅……"

"许总,这跟我能不能体谅没关系。"周辉加重了语气,"我是在说工作,您应该知道咱们这是公司不是福利院吧?"

许国利有些尴尬。

郝娆放下杯子看着他。

"那你自己决定吧,就当我没说。"在郝娆的注视下,他仓促地挂断了电话。

"您考虑好什么时候辞职了吗?"郝娆问,"离职补偿金不会少付一分的,这样走,既不影响您找下一份工作,面子上也好看些。"

许国利却慢慢摇了摇头:"我不会辞职的。我这个人念旧,在一家公司工作久了,有感情了。如果公司觉得我不胜任这个职位,那就将我调到其他岗位吧。"

07

"据说这家店的厨师祖上是御厨,来,自己看看想吃什么。"程牧野把一本古色古香的菜谱塞进了郝娆手里。

郝娆的目光落在菜谱上,心思却飘向了别的地方。

抛开彼此的身份不说,她得承认,许国利是一个难得的好人。他年过三十,正是上有老下有小的时候,所以更会换位思考,理解和包容别人在生活上的难处,不管是对客户,还是对自己的下属。

可他不适合带团队。

中国有一句古话,叫慈不掌兵,作为管理者,有原则比重感情更重要。

随意选了两道菜,郝娆把菜谱推回去:"程牧野,依你看,张总是不是已经下定决心要让许国利走了?我的意思是,有没有可能找到别的解决方案?"

"比如呢？调整岗位？降薪？或者两者都有？"

郗娆点头。

"理由呢？"

"他对公司有感情。"郗娆解释道，"我做过 HR，所以我知道这点非常难得。如果公司里有其他岗位适合许国利，我个人认为，这是一个不错的解决方案。"

程牧野轻笑："那你的佣金尾款可就拿不到了。"

郗娆不置可否，半晌后突然冒出一句："就算我日行一善好了。"

和程牧野进一步讨论以后，第二天，郗娆找到了张焱，把自己的想法提了出来。

"这个解决方案我也不是没想过。"张焱微微摇头，"可是确实没有合适的岗位。"

"我们公司没有您说的那种专门负责产品运维的岗位，因为产品运维的技术复杂度相对较低，我们公司的相关需求并不像有些公司那么高。他要留下，只能做工程师，最多给他一个高级工程师的岗位，工资标准不变，年终奖按照岗位标准确定。"说到这儿，张焱笑了笑，"不过，那就意味着许国利成了周辉的下属。人都是要脸面的，郗小姐，换成是您，您能接受这种调整吗？"

确实不容易接受。

不过，人在职场，总要有个取舍。面子这东西，真舍去了，其实也没什么可惜的。

于是，郗娆把这个情况反馈给了许国利。

许国利的脸色微微变了变，说："给我点儿时间，让我考虑一下吧。"

08

其实，抛开面子，许国利是愿意做工程师的。

和设备打交道，对他来说很轻松，比和人打交道轻松多了。

但做工程师就意味着要频繁出差，一年至少有半年在外面。孩子下半年就要上幼儿园了，没有父母能帮忙带，这件事，他得和妻子商量。

让许国利没想到的是，妻子的反对异常激烈。

"以前谈恋爱时，咱们同城和异地没有区别，你总是出差，回来还没来得及见面就又走了。结婚时，我一个人筹备婚礼，一个人装修房子，结婚后更是一个人挺着肚子开车上下班，有老公等于没有，有时候，我都怀疑我为什么要结婚。好不容易熬到你提了经理，出差少了些，又提了总监，出差更少了，结果你现在告诉我，你要做工程师？许国利，我图你人好，不在乎你是什么职位，但是你不能把这个家和儿子扔给我一个人吧？"

话没说完，妻子就哭了起来。儿子看见妈妈哭，也跟着哭个没完。

许国利劝了这个又去哄那个，一时间面红耳赤，无地自容。

他这时候才意识到，长久以来，他自以为是地替别人着想，让周围的人都满意，其实是一件特别可笑的事情。

"我等会儿去看看招聘网站。"许国利垂着头，小声说，"如果有合适的岗位，能少出差的，我去试试。"

感情到底不能当饭吃，尤其是一头热的感情。

这样想着，许国利的眼圈慢慢红了。

09

转天，许国利去参加同学会。

他发展得不错，人又热心，一向很受同学们欢迎。所以，尽管他心情不好，这个活动却是不能拒绝的。

觥筹交错间聊起现状，有的同学升了职，有的同学加了薪，有的同学做大项目赚了钱，有的同学喜得双胞胎……

每个人似乎都很得意，曾经也包括许国利。

"对了，国利，我听说你们公司要上市了？"一个男生端着酒杯走过来，"恭喜你。"

许国利心里苦涩，强撑着笑："还早呢，还在准备报材料。"

"慢慢来呗，正好你再往上升一升。升任副总经理，股份也能多点儿吧？"旁边一个女生也凑过来说。

"对，找机会和你们老总谈谈，看能不能赶在上市前多分点儿股份。上市后一变现，你就成了咱们班第一个实现财务自由的了。"

大家七嘴八舌，围绕着许国利说开了。

许国利觉得自己的脸要烧起来了。

"我去个洗手间。"他落荒而逃。

包间右侧，转了两个弯，是一个安全通道。

许国利推门进去，靠在一旁的墙上。黑暗使人放松，也使人更容易面对自己的内心，他仰着头，眼泪流了下来。

从小到大，许国利都是劳动委员，班干部中最苦最累的那一个。他每天早上六点出门，帮值日生做扫除，如果值日生没来，他就一个人全部做完。

老师和同学都很喜欢他，因为他任劳任怨。

现在回想起来，其实傻得可以——每学期刚开学时，值日生到校大多很准时，过了几周，就变成经常是他在独自打扫卫生了。

他竟然从未察觉这一点，也从未改变自己。

许国利捂住了脸。

手机突然响起。

"你好，哪位？"他哑着嗓子问。

"我是郗娆。许先生，我前天说的事情，您考虑清楚了吗？"

"我怎么考虑清楚？由得了我吗？"也许是喝了酒的缘故，许国利突然委屈起来。"兢兢业业地干了这么多年，现在说我不行，说我做错了。行，我做错了，可是连改的机会都不给。调岗要出差，老婆哭，我怎么办啊？我是男人，是丈夫，是父亲，我怎么办啊？"

"许先生……"郗娆正要安抚他，那边突然传来"啪"的一声碎裂声，随后，"咚咚"两声闷响，就再也没有声音了。

"糟了，他不会出什么事吧？"

郗娆匆忙拨通了张焱的电话。

10

张焱也联系不上许国利。

等郗娆得到确切的消息，已经是第二天中午。

许国利从楼梯上摔了下去，右腿踝骨骨折，住进了医院。

郗娆想着他那句带着哭腔的"我怎么办啊"，心里有些不是滋味。这话，多年前她听到过，隔着门板，带着哭腔，说话的是她的爸爸。

工作对于男人，不仅仅是工作，更是尊严。

如果可以，她宁愿自己没接这个单子。

郗娆想了想，提着礼物去了医院。

在医院楼下转了两圈，她依然没想好要不要道个歉，正犹豫着，她接到了程牧野的电话。他在一个客户那里找到了适合许国利的岗位。

"头衔是项目总工，但是只管技术不管人。大部分时间给予远程支持即可，偶尔会去客户现场。"程牧野说。

果真是为许国利量身定做的岗位，郗娆眼前一亮，瞬间有点云开雾散的感觉。

"你真是一个宝藏老男孩。"她罕见地开起了玩笑，"现在，我终于有勇气去见许国利了。"

程牧野笑了起来："为什么我总是在给你机会去见别的男人？我觉得我要反思一下了。"

别的男人？这话说的。

郗娆挂断电话，找到了许国利的病房。

病房的门半开着，里面有抽泣声，是个女人的声音。

"你这人的心思就是重。早知道会这样，我还不如同意你去做工程师。"女人说。

"我都说了，和这个没关系，是意外，他们酒店的楼梯灯坏了，还没修好。"许国利劝她。

郗娆轻咳一声，敲响了门。

"我可以进来吗？"看到许国利的脸色瞬间变得难看，郗娆遮掩似的说，"我现在是猎头顾问郗娆，有一家外企在招聘项目总工，不知道许先生有没有兴趣谈谈？"

"经常出差吗？"许国利的妻子站起身，抢先问。

郗娆摇头："只是偶尔出差，待遇不错，不会比许先生之前的工作差。"

女人的眼睛亮了起来:"有兴趣,当然有兴趣。"

"可我这个样子……"许国利看着自己的脚,"要不,我去借一副拐杖吧?否则可能没办法去面试。"

"我会去沟通,争取让他们同意远程面试。"郄娆笑了,"不过,您这头发、胡子确实需要打理一下。"

许国利的妻子看向他,跟着笑了,许国利一脸尴尬地摸了摸下巴。

11
HR DIARY

许国利是技术出身,而且因为经常帮下属干活,一直没有脱离一线工作,所以专业面试很快就通过了。

复试是和分管副总经理沟通。对方自然问了他的离职原因,许国利不是一个会说谎的人,一五一十地全告诉了对方。

这就等于自曝其短。

而且,无论是买房子还是选候选人,掌握主动权的人,多半都喜欢和别人争。开盘没卖完的房子、手里没攥着几个 offer 的候选人,总让人感觉哪里有问题,更别说是被前一家公司扫地出门的应聘者。

果然,之后一个星期,那家公司一点消息也没有。

别说许国利,就连郄娆都有些着急了。

这样合适的职位要是成不了,想帮许国利另外找一个,可就没有那么容易了。

虽然许国利感激郄娆,主动提出不管那家公司是什么态度,自己出院后都会立刻提出离职,但郄娆于心不忍。

好人不是拿来欺负的,应该是被尊重的。

就在郄娆等得失去耐性,准备让程牧野去问一下的时候,许国利意外地收到了三面通知。

原来,那位副总经理对许国利很满意。他在商海沉浮多年,见惯了尔虞我诈,最讨厌的就是在面试时粉饰自己经历的应聘者。许国利坦白说了,至少证明他人品可靠。

中层看能力,高层看人品,只凭这一点,他就愿意给许国利一个机会。

只是不巧,这位副总面试许国利后临时有事去了国外总部,没有及时推进面试流程,让许国利提心吊胆了几天。

后面的进展就比较顺利了。月底,许国利如约收到了这家公司的 offer,等他的伤好了,就可以去上班。

郄娆总算松了一口气。

而且,她隐约感觉,许国利这个案子对她来说,和别的案子已经有些不一样了——裁掉一个不合适的人很容易,但她也许能做得更好。

12

"每次一起吃饭,不是我感谢你,就是你感谢我。"程牧野一边翻菜单,一边摇头,"目的性太强了,没意思。"

"那你还来?"郄娆凉凉地看他一眼。

程牧野反问:"难道你说请客的时候,原本是希望我不来的?"

"那当然,可以省点钱。"

郄娆话音未落,程牧野就笑出声来。

郄娆也忍不住跟着笑了。

"和你说一件事。"程牧野话题一转,"上次,我带奥斯卡去洗澡,你妈问我你现在是不是还在做那种工作。"

"那种工作?"

郄娆有些哭笑不得。

看来,她的工作,在自己父母眼里,是真的不怎么能见人。

不过,郄娆现在想问的,是另外一件事:"我妈妈问你?她为什么问你?"

"你说呢?"程牧野一脸理所当然。

郄娆咬咬牙:"她还问你什么了?"

"这次没问别的了。"还没等郄娆松口气,程牧野继续说,"不过,以前陆陆续续问过我是哪里人,父母是做什么的,以及生肖、年龄、星座这些。"

这……

郄娆觉得自己耳尖有些发烧。

真是同一个世界,同一个妈。前几天,她去王穗穗家,被王妈妈揪着打听了半天王穗穗有没有男朋友,没想到,自己的妈已经直接出手了。

郄娆轻咳一声,觉得还是刚才的话题好一些。

"我妈下次再问你我在做什么工作,你就告诉她,我现在的工作是职业生涯转换顾问。"

程牧野点头:"换个名字,估计阿姨好接受多了。不过,我觉得你确实可以考虑往这个方向发展。被一家企业裁掉,并不能说明他不适合其他企业。"

"我知道。"郄娆抬眼看了他一眼,"毕竟我也被裁过。"

程牧野一噎,无奈地说:"不是说好那一页翻过去了吗?"

郄娆笑了:"我也没说什么呀。"

"我的意思是,本来被裁掉就不能说明这个人完全不行,很可能是他选错了努力的方向,我完全可以帮助这个人换一个方向。"顿了顿,郄娆正色道,"现在的问题是,国外企业裁员时,大多会由企业付费,赠送一年的职业生涯辅导给被裁掉的员工,而在国内,大多数企业只关心想要裁掉的人肯不肯走,对于他的职业生涯该怎么办,并不关心。所以,就算我想帮助这些人，这个工作由谁来买单也是一个问题。"

这正是程牧野之前虽然觉得郗娆适合做职业生涯转换顾问，却并没有建议她进行尝试的原因。

他不禁叹了一口气。

职场是现实的，有价值但没有人付费的工作，对大多数人来说，等于没有价值。这一现状何时能有所改变，取决于整个社会经济发展的程度，以及企业的成熟度，并不是他或者郗娆能够决定的。

服务小姐端来一盆热汤放在两人中间。

程牧野拿起汤勺，正准备给郗娆盛汤，突然听见她用很轻的声音说："尽管如此，我也想试一试。"

程牧野抬头。

隔着氤氲雾气，年轻女人清冷的脸上带着淡淡的笑意。

程牧野捏紧了手中的汤勺。

有时候，你一直感觉这个人是你喜欢的，但不明白这种喜欢从哪里来。

直到某一秒，怦然心动。

他终于找到了答案。

正道沧桑

01

"什么叫回款没有达到要求,提成暂时不能发放?"陆喆的食指敲在办公桌上,皱眉看着站在自己对面的刘佩玲,"刘经理,请你立刻给我一个解释。"

"陆总,我已经向销售经理解释过了。公司有规定,虽然提成是按照销售收入来核算,但必须在回款达到70%以后才能发放。"刘佩玲面色不变,语调也是一贯的一板一眼。

陆喆冷笑:"那我就想问了,咱们公司现在是谁分管销售?我作为分管销售的副总经理,连提成发放的事都做不了主,拿什么去鼓舞士气?靠谈理想、谈人生吗?笑话!"

刘佩玲还没说话,坐在办公桌后面的徐建宇不易察觉地皱了皱眉。

"陆总。"徐建宇的脸上挂起了笑,"其实这不能怪刘经理,公司确实有这样的规定。不过,规定是人定的。现在集团收购了我们恒创,派您来分管销售,您觉得不合适的规定,自然是可以改的……"

"我反对,徐总。"他话音未落,就被刘佩玲打断,"公司之所以设置回款70%这个条件,是因为之前有很多已经确认收入的合同最后无法回款。如果把这个规定改了,再出现这种情况……"

"刘经理的意思是说,我们的销售经理拿完提成就不管回款了?你把大家当成什么人了?你自己坐在办公室里,风吹不着,雨淋不着,别人呢?别人整天在外面跑,赔笑脸、谈业务,辛苦了一年,眼看过年了,你扣着销售提成不给。这事儿你做得出来,我陆喆做不出来!"陆喆说着,一手掐腰,一手指着刘佩玲,"我告诉你,今天这提成,你发也得发,不发也得发,我说了算!"

刘佩玲的面孔瞬间涨红:"我是在维护公司的利益……"

"行了。"徐建宇摆手打断刘佩玲的话,"刘经理,你先出去。这件事我和陆总讨论后,给你一个结果,你执行就可以了。"

陆喆看着刘佩玲的身影消失在门口,撇了撇嘴。

"做财务工作的都这样吗?眼里只有规定!公司有一分钱是她们赚回来的吗?不能帮忙就算了,还耽误事儿!我告诉你,徐总,凡是集团收购的公司,财务都是总部委派的。现在虽然暂时没有合适的人派过来,但这种僵化的、跟不上业务发展的财务经理,绝对不能再留下了。"

不管陆喆说什么,徐建宇都跟着点头,还是那副笑呵呵的样子。只是,他脸上的笑像是画上去的一样。

等陆喆走了,旁边一直安静地当背景墙的秘书才上前一步,贴着徐建宇的耳朵说:"徐总,他这是在收买销售部的人心呢,您真的打算让刘佩玲走?"

"我不知道他是在收买人心?"徐建宇越说脸色越难看,"可是,陆喆在集团那边的关系你不是不知道。今时今日,我只是一个职业经理人,就算我不同意让刘佩玲走,有用吗?"

"可刘佩玲在公司工作十几年了,公司刚成立的时候,那些事儿……"

"哪个公司在初创时期没有一点不合规的地方?"徐建宇叹了一口气,"事情要办,但不能是咱们去办,不能让刘佩玲对咱们有意见。唉,难啊。"

02

荷叶包着的烤鸡色泽金黄,让人一看就忍不住食指大动。

"我已经说了,这事儿,我不干。"郗娆戴着塑料手套,一边慢条斯理地撕下鸡翅膀,一边淡淡地说。

"不干?"王穗穗坏笑着,从沙发一边扑过来,作势要把手上的油往她脸上蹭,"不干,我就用这个烤鸡身上的油,给你做一个皮肤护理。"

"做吧。"郗娆连眼皮都没抬,"有钱赚,谁不愿意赚?但这明显是排除异己,你说的那个财务经理就是一个牺牲品。"

"我知道。要不是这么难办,我也不来找你啊。"王穗穗呼出一口气,撕下一个鸡腿,泄愤一样狠咬一口,"我哥以前欠了那位徐总一个人情,这次人家找上门来,我们不得不帮这个忙。"

"那你帮啊,跟我有什么关系?"

"哎呀!"王穗穗凑上来,"咱俩不是亲闺密吗?我的事就是你的事。"

郗娆笑了:"然后你的钱还是你的钱。"

"你的,都是你的,我整个人都是你的还不行吗?"

王穗穗最擅长撒泼耍赖,要不然,以郗娆清冷的性格,也不会整个中学和大学期间,身边都黏着这么一个挂件。

两人"博弈"的结果可想而知。

"既然他们已经决定让那个叫刘佩玲的财务经理走,为什么不自己去说?以刘佩玲的刚直性格,我相信他们说了,她未必不肯走。"

这才是郗娆没想明白的地方。

"谁知道呢?"王穗穗耸耸肩,"可能是开不了口吧?毕竟人家在这个公司工作十几年了,算是创业元老。"

郗娆盯着王穗穗看了一会儿,慢慢摇了摇头。

"不是。"她说,眼神里有些厌恶的情绪浮上来,"你太高看这些人的道德水准了。如果不是刘佩玲知道什么有关公司的上不了台面的事,我想,他们对付她的办法,不会比我用过的少。"

03

郗娆见到刘佩玲,是在三天以后。

她坐在写字楼下面的星巴克里,直到一杯热气氤氲的咖啡冷透,才看见一个穿着藏蓝色羊毛大衣的女人从门口走进来。

女人四十岁上下,五官清秀,只是两颊的骨骼有些方正,显得面容有些刻板。她一头乌黑的长发一丝不乱地盘在脑后,大衣款式保守,着装从上到下整整齐齐,就连走路都是端端正正的,肩膀、腰肢不见一丝晃动。

郗娆慢慢露出微笑。

"刘经理。"她站起来,"这边请。"

"您认识我?"刘佩玲在她对面坐下的同时,问了第一句话。

"虽然档案上的照片和您现在的样子差异挺大的,可我一猜就是您。"

"为什么?"

"气质,您看起来就非常严谨。"

刘佩玲唇角动了动,算是笑了:"您是想说古板吧?"

郗娆不置可否:"您坐,我去帮您点一杯咖啡。"

"我喝白开水就行。"

对于直率固执的人,不必太客套,于是,郗娆起身去要了一杯白开水。

"您说您是一位职业生涯转换顾问?"刘佩玲端起杯子,略微顿了顿,"我原本以为是猎头,所以才答应和您见面。"

"那现在呢?"郗娆挑眉看她,有些兴味盎然。

刘佩玲抿起唇:"我也会用搜索引擎。"

"好,既然这样,我就开门见山了。我有两个消息要告诉您,第一,公司不希望您继续留任;第二,他们愿意按照法定标准支付您的离职补偿金,今年的年终奖也会发放给您。现在,您的意见是什么？"

"是谁请您来和我谈的？"刘佩玲不答反问。

"这有区别吗？"郗娆端起自己那杯已冷的咖啡抿了一小口，"谁希望您走，您自己应该很清楚。"

"可是，徐总呢？我想知道徐总的态度。"

刘佩玲这话问得很艰难。显然，她不是真的不知道徐建宇的态度，希望有个人来告诉她，事情并不是她想的那样。

于是，郗娆说："徐总现在的处境，不用我多说吧？他是什么态度，对结果有影响吗？"

"我明白了。"刘佩玲低垂着头想了很久，一字一顿地说，"我不走。我没做错任何事，不会不明不白地被他赶出公司。"

果然是个一板一眼的人啊。但世界上的事，哪有那么多明明白白？

"如果您不愿意接受这一方案，而公司又比较坚持，也许最后的结果还不如现在。这个，您想过吗？"郗娆收起笑容，压低声音问。

刘佩玲的目光一动不动地落在她脸上，片刻后扭过头去，淡淡地说了四个字："悉听尊便。"

04
HR DIARY

"她很关心我的态度？"徐建宇听郗娆说到一半就忍不住打断她，"那你是怎么说的？"郗娆把自己当时的回答复述了一遍。

徐建宇沉默片刻，叹了口气："共事了这么多年，我还是希望给彼此留个好印象的。"

"现在的问题是，刘经理并不愿意离职。换句话说，她不愿意以这种方式离职。"郗娆的话音未落，办公室的门被人推开，陆喆大步走了进来。

"不好意思，忘敲门了。"他随意地对徐建宇摆了摆手，眼角的目光扫向郗娆，"既然刘佩玲不愿意以这种方式离开，那就换个方式好了。徐总，我这个人说话直，你不要介意，要是我来操作这个事儿，都不用麻烦这位郗小姐，直接给刘佩玲调岗，她愿意干就干，不愿意干就自己走人。"

"她是财务经理，能调去什么岗？"徐建宇问。

"去西南大区公司做财务啊，就说是工作需要，级别待遇保留。平级调动，刘佩玲有什么话好说？"

徐建宇皱了皱眉。

他想起郗娆说的，刘佩玲什么都没问，只关心自己的态度，这让徐建宇心里有一瞬间的不舒服，于是，他说："这是不是不太好？刘经理家的情况，陆总你是知道的。她老公去世十几年了，她一个人带着儿子，本来就不容易。我们把她调到西南大区去，她一两个月也回不来一次，谁来照顾她儿子呢？"

"没人照顾是吗？那不是正好？"陆喆打断徐建宇，"要是她家里方便，我为什么要调她过去？去不了她可以离职啊，没有人拦着她！"

原来如此！

郗娆想起自己和刘佩玲一起走出星巴克的时候，刘佩玲接了一个电话，似乎是她儿子的老师打来的，说她儿子的成绩很好，唯一的不足就是英语口语比较差，建议她给孩子报名参加去美国的冬令营，两个星期，费用四万。

刘佩玲当时的表情，郗娆是记得的。她抿着唇，呼吸加快，足足静了好几秒钟，然后让老师给她一点时间考虑。

现在看来，刘佩玲并不是不想让儿子参加冬令营，只是这个费用，对于她来说，可能不是一个小数目。

"能不能再给我一点时间？"想到这儿，郗娆挂上职业化的笑容，"陆总，您说的办法不是不行，但是我们也要考虑其他员工对这种操作会怎么看。"

"这我就不管了。"陆喆摊摊手，"反正财务是由徐总分管，我不过是举个例子，算是给徐总抛砖引玉，您说是吧？"

等陆喆晃晃悠悠地出了门，郗娆看向徐建宇："您觉得陆总的办法怎么样？"

徐建宇把问题抛了回来："这方面，郗小姐你是专家，你的建议呢？"

"呵。"郗娆轻笑，"如果只是为了让刘经理走，使用这种手段倒是没有问题。但如果她心里有了怨恨，陆总自然是无所谓，对您来说，未必是件好事。"

"我？"徐建宇转着签字笔的手一顿，"我怕什么？"

郗娆笑容不变："我的意思是，您不是顾念彼此的感情吗？"

"哦，那当然，那当然。"徐建宇绷紧的下巴放松了下来，"所以还是得拜托你。"

"给我一个月时间，我保证她和公司好聚好散，这样可以吗？"郗娆说。

05

合作伙伴是什么？就是要能帮忙解决对方解决不了的问题。

离开徐建宇的办公室后，郗娆第一时间打电话给程牧野。

"普通本科学历，44岁，没有知名企业工作背景，还要财务经理及以上职位？"程牧野说完，沉默了几秒钟，"说实话，郗娆，这种机会并不好找，我只能试试。"

"那就试试吧。"郗娆说完，补充道，"简历，我马上发给你，薪资不能低于现在的水平。"

"这个……"

程牧野想说，这难度就更大了，却被郗娆一句话打断："就算职位达不到，薪资也不能低。要不，她挣的钱不够养儿子。"

难度果然大，程牧野那边一周以后才传回消息——有一家做触摸显示屏业务的公司，同意让刘佩玲参加面试。

"只有一家吗？"郗娆皱眉。

"先试一试吧。"程牧野没有说为此自己问过多少客户和朋友，也没有说就这唯一的一家，还是转了几道弯，好不容易才得到的面试机会，"如果彼此合适，一家就够了。"

挂断电话，郗娆看着窗外发了一会儿呆。

也许是因为同为女人，更容易对坚强的母亲形象产生认同感，不爱管闲事的郗娆，这一次无论如何也做不到置之不理。

既然机会少，就想办法提高命中率，总不能任由刘佩玲被陆喆用不入流的手段排挤出局吧？

所以，郗娆约刘佩玲下午见面。

刘佩玲起先还在犹豫要不要请假与她见面，工作多年，不到万不得已，她都没有请过假。只是，郗娆说得对，到了此时此刻，她剩余的年假还是该用就用吧。

06

从指导刘佩玲应对不同类型的面试问题，到模拟面试，再到亲自动手教刘佩玲化妆，让她的面部线条柔和一些，从而提升面试时的亲和度，郗娆用了整整一个下午。

"是不是机会不多？"第二天，送刘佩玲去面试的路上，刘佩玲沉默许久，问道。

郗娆没有说话。

"我会尽量争取的。"刘佩玲转头看着郗娆，神情认真，"郗小姐，不管您的目的是真的帮助我还是让我离职，我都非常感谢。只要不违背我的原则，就算其他方面差一些，我也愿意试试。毕竟现在的情况，道不同不相为谋。"

郗娆点头，声音很轻："您说得对，不值得。"

只是没想到，刘佩玲到底还是没有把握住这次机会。

她的面试持续了一个小时，郗娆坐在车里等了她一个小时。刘佩玲回来的时候，面无表情，只是脸色发红，看起来刚刚经历过很激烈的情绪起伏。

"怎么了？"郗娆问。

话音未落，程牧野的电话就打了进来。

"刘佩玲和你在一起吗？"他问。

"嗯。"

"那我长话短说，"程牧野的声音中有几分无奈，"那家公司的老板很生气，说他们公司配不上刘女士这样刚正不阿的人，让我以后不要再推荐这种人给他了。"

郗娆侧头看了刘佩玲一眼："好的，给你添麻烦了。"

挂断电话，她再次看向刘佩玲。

"对不起，我把事情搞砸了。"刘佩玲说完，叹了一口气，"也许有一天，我这样的人会彻底被职场淘汰吧？但是没办法，我就这个脾气，改不了。"

原来，对方公司希望刘佩玲擅长灵活处理账务，换句话说，他们想要的是做假账的行家。虽然他们表达得很委婉，但做了二十年财务工作，刘佩玲不可能听不出来。

于是，结果可想而知，她不仅坚决拒绝了，而且没有斟酌任何用词。对方瞬间被激怒，双方不欢而散。

"您没有做错。"郗娆拍了拍她的手臂，"不成就不成，咱们另外找机会。道不同不相为谋，这不是您说的吗？"

刘佩玲点了点头，又摇了摇头："我只是觉得对不起您。"

"没什么对不起的。我是裁员顾问，我做的一切都只是为了把您卖了，还让您帮忙数钱。"郗娆淡淡地说。

"没事，我正好会数钱。"

没想到，刘佩玲也有幽默细胞，话音一落，两个人都忍不住笑了，车里原本有些低落的气氛一扫而空。

"慢慢来吧，我们还有时间。"郗娆说完，干脆利落地挂挡，车辆迎着正午的阳光，呼啸而去。

07

虽然徐建宇不想把事情做绝，但有的人已经没了耐性。

刘佩玲刚回到公司，就接到一个销售助理的电话，说销售经理们回公司开会，想请她做一个培训，讲讲关于开票和回款的财务规定。

就算猜到这是陆喆挖的一个坑，职责所在，刘佩玲也不能推辞。

会议室里坐着二十多位销售经理。也许是因为隔几周才能见一次面，总有新鲜的话题可以聊，所以他们的交流热度很高，就算刘佩玲进来了，也似乎并没有引起谁的注意。

"请大家静一下。"刘佩玲把笔记本电脑连接好，打开了投影仪，"我们的培训马上就要开始了。"

室内嘈杂如故。

刘佩玲等了两分钟，看了一眼手机上的时间。

还有两份报表没做完，今晚要报给集团，自己可以加班，可两个会计都是年轻女孩，下班晚了，回家路上不安全。

于是，刘佩玲轻咳一声，提高了声音："今天我要讲的财务规定，与在座的每位同事都有关系，请大家把注意力集中一下。"

这次，有人向她看了过来，却只是挑了挑眉。

刘佩玲握着鼠标的手紧了紧。

"哎哎哎！"会议室大门被推开，陆喆拍着手走了进来，"都静静。今天我请刘经理来做这个培训，实打实是为了大家好。毕竟现在财务是刘经理说了算，咱们不把规定研究透，到时候辛辛苦苦一年,拿不到钱,回家怎么跟老婆孩子交代?所以,谁都别漫不经心的,都好好听,听明白了,就算克服万难,也得按照刘经理的要求办,别跟自己的钱包过不去。行了,时间有限,刘经理,开始吧。"

刘佩玲的手又紧了紧。

这话,看似是在让大家重视这次培训,可实际上想说的是什么,大家都听得明白。

销售经理们看向她的眼神也说明了这一点。

他们中间,有的人和自己共事了十年有余,前几天还在一口一个"刘姐"地叫她。

要说心里不难受,那是假的。可刘佩玲的表情一贯不多,别人不太看得出来,培训还是顺利地做完了。

等人散了,刘佩玲抱着电脑刚想走,陆喆拦住了她的去路。

"怎么样,好玩吗?"他皮笑肉不笑,"别急,这只是一个开始,更好玩的还在后面呢。不要以为有徐总护着,我就拿你没办法了。"

"不就是孤立我,让所有人都讨厌我吗?"刘佩玲抬头看着陆喆,"陆总,您是老总,这样做,不觉得龌龊吗?"

"龌龊?"陆喆嗤笑,"一把年纪了,你不会真的这么幼稚吧?成年人只讲利益,至于是坦荡还是龌龊,有关系吗?"

他说完,转身率先往外走,一边走,一边扔下一句话:"我要是你,现在就拿着离职补偿金走人。省得脸皮碎一地,不好看。"

08

没过几天,刘佩玲就知道陆喆所谓的"更好玩的"是什么了——集团派了一位新的财务经理过来,这个人,恰恰是陆喆推荐的。

她不知道徐建宇事前是否知情,当着她的面,徐建宇表现得满脸无奈。

"集团推荐了,你说咱不接着,还能怎么办?"他语气低落。"我现在虽然还在总经理的位置上,可充其量只是一个小股东,人家才是大老板。一家公司不可能有两个财务经理,这一点,我相信你也明白。"

刘佩玲点头:"那您的意思呢?"

徐建宇叹气:"依我看,你就调整为副经理吧,我想想办法,争取待遇不变。毕竟你家里的情况,我知道。"

走出徐建宇的办公室,刘佩玲说不清心里是什么滋味。

她在职场上最有价值的阶段,应该是在六七年前。虽然没有名校背景,但是凭借注册会计师的资质,和多年企业财务管理的经验,主动找她的猎头并不少。

那时,虽然公司的经营状况尚可,但毕竟是创业公司,成败还真不好说。

所以,刘佩玲不是没有动过要走的念头,只是当时徐建宇对她很信任,待遇给得也算良心,辞职这种话，刘佩玲没有说出口。

后来，公司被并购，有了集团做靠山，刘佩玲再也不用因为担心资金链断裂而整夜睡不着了。

她以为从此可以忠心耿耿、安安稳稳地干到老，没想到没过多久，公司里已经物是人非，自己沦落成了别人的眼中钉。

真是十年河东，十年河西，让人心凉。

还有更让人心凉的。

公司工会要求各部门每季度要搞一次团建活动，财务部一直以来都是出去聚餐，之后爬爬山或者唱唱歌。这天，临下班时，刘佩玲偶然想起似乎到了该活动的时间，就随口问了问大家的意见。

办公室里的几个人互相看了一眼，负责组织活动的小会计犹犹豫豫地说："刘姐，我听说马经理下周一就要来报到了，要不咱们等等？"

刘佩玲一愣。

也许是见她脸色不好，另一个会计打起了圆场："也是，人家来了，咱们应该尽尽地主之谊。两件事一起办了比较好，省得费用超标。"

其余人也附和起来，理由无非是最近刚好没时间，或者人多更热闹。

刘佩玲环视了一圈，没有再说话。

这里的每个人都是她手把手带出来的，原本以为是兄弟姐妹，实际上不过如此。

09

周一报到的马经理是个三十多岁的女人，微胖，笑起来眼睛弯弯的，一副好脾气的样子。

别人都以为她很好相处，只有刘佩玲知道，压根不是那么回事。

要不然，她不会刚来公司就找到自己，客客气气又简单直白地问："今天下午任命就会发布，您方便尽快从经理室搬出去吗？"

"方便。"刘佩玲抱起自己早就收拾好的纸箱，从工作了多年的办公室里走了出去。

刚出门，她就听见跟了出来的马经理问大家："综合部不是说要给我换一套家具吗？到底什么时候能安装，谁去帮我问问？"

小会计欢快地应了声，跑了出去。

刘佩玲没有指使过下属去替自己做跑腿打杂的事儿，她从来不知道，他们原来是愿意做这些事的。

其实，她不知道的事还有很多，比如，最内向的小会计也会敬酒，说的话恭敬又好听；做财务分析的胖子会打麻将，只是因为自己不爱玩，他也一直不参与……

又坚持了一周，刘佩玲打了电话给郗娆。

"我愿意接受公司的条件，郗小姐，您帮我办离职手续吧。"

"您找到合适的工作了？"郝娆有些吃惊。

"没有。"

脑子里转了一个弯，郝娆明白了："陆喆耍手段了？什么手段？调职、调岗，还是孤立、排挤？"

刘佩玲没有说话。

"能不能再等两天？我的搭档程先生还在做最后的努力……"

"郝小姐，"刘佩玲似乎是笑了，"您是代表公司来裁掉我的，您还记得吗？我早一天办完离职手续，您的佣金就早一天拿到。"

郝娆也笑了："不好意思，我一时见义忘利了。"

刘佩玲沉默了一会儿，说："我知道徐总在担心什么。说实话，当初我接手公司财务的时候，确实发现了一些问题，也想过去举报。可那时，公司刚刚熬过初创期，好不容易遇到一点发展契机，我确实舍不得看着它垮掉。这些年，我一步步把财务做得合法合规，公司也发展到了这个程度，每年贡献上千万利税，几百人靠着它安身立命，不管徐总相不相信，我不可能再拿那么多年前的事做文章了。"

"我知道，"郝娆说，"您真的想好了要离职吗？"

"嗯，想好了。"刘佩玲苦笑，"早点走，也许还能给自己在这里的一切留一个不那么难堪的回忆。就算真的找不到合适的工作，送外卖也能养家糊口，您说是吗，郝小姐？"

10

和刘佩玲通完电话，郝娆开始翻通讯录。

刘佩玲说自己送外卖也能养家糊口，可郝娆觉得让这个人做财务工作比送外卖合适，无论如何，自己得给她找到一个好的出路。

可确实不容易，真的不是程牧野不努力。

市场上，民企老板喜欢任用自己人做财务工作，亲戚、朋友、亲戚的亲戚，或者朋友的朋友，似乎总比对外招聘要可靠；国企以校招为主，就算刘佩玲去了，也没什么合适的发展机会；外企则更喜欢熟悉国际会计准则、有外企经验的候选人，刘佩玲十年都在这家创业公司工作，工作经历显然不是那么吸引人。

郝娆一想到刘佩玲自己带着孩子一路走到今天，莫名遭遇事业危机，一时还找不到解决方案，心头就有些烦躁。

就在她打算实在不行就让刘佩玲先跟着自己干的时候，程牧野那边有了消息。

"是什么样的公司？"郝娆问。

"一家大数据创业公司。她现在的待遇肯定是给不到的，毕竟公司刚成立。"

"那……"郝娆担心又是个希望刘佩玲会做假账的公司，这样的机会，怕是就算饿死，刘佩玲也不会接受。

程牧野笑了："我知道你在担心什么。上次,对方的要求我事先真的不知道,这次这家公司,肯定是没有那些歪门邪道的。"

"这么肯定?"

程牧野解释道:"这家公司的老板娘苏小姐是一位HR,和我的关系不错。他们其实是想找个30岁出头的财务经理,我把刘佩玲的情况和她说了,她对刘佩玲的人品很认可,表示如果刘佩玲愿意,可以和她老公见个面。"

刘佩玲当然愿意。

于是,三天后,她穿着那件中规中矩的深蓝色羊毛大衣,走进了软件园内一间挂着"云纵科技"牌子的、不足100平方米的办公室。

"郜小姐,我希望能加入他们。"一个小时后,刘佩玲打电话给郜娆。

同样的话,过了几分钟,程牧野也转达了过来:"郜娆,云纵科技的薛总觉得刘佩玲为人正直,和他们的价值观一致,希望她能加入云纵。"

终于一拍即合了。

直到挂断电话,郜娆都是笑着的。原来,能够帮助一个人找到真正适合她的位置,是这样令人开心的一件事。

甚至比手机银行提示佣金到账还让人觉得愉悦。

11

因为工作已经交接给了马经理,刘佩玲的离职手续办得很快。她抱着纸箱走出公司大楼的时候,迎面遇到了陆喆。

"恭喜你啊,刘经理。"陆喆还是那副皮笑肉不笑的样子,"听说你在一家有二十来个人的小公司谋了一份'好工作'?"

刘佩玲侧头看着他,慢慢露出两人共事以来的第一个笑容。

"是的。多谢陆总不择手段,让我遇到一位与我三观一致的老板。公司小没关系,我们努力把它做大就好了。"

说完,她大步向停车场走去。

午后的阳光照在刘佩玲的脸上,她迎着光,闭上了眼睛。

郜娆说得对,甲之蜜糖,乙之砒霜。职场上,很多时候,要看你遇到的老板是什么样的人,只有遇到对的人,遇到懂得你的价值的人,你的所有努力才有意义。

明天就要去上班了,想到这里,刘佩玲挺直了脊背:"加油吧!"

如果这时候有熟人遇到刘佩玲,他们大概会惊奇地发现,原来这个看起来古板、普通的女人,也会有那么一刻,熠熠生辉。

落架凤凰

01

"冯先生,我刚刚说的话,相信您已经听清楚了。"郝娆看着对面眼袋明显,但仍不失端正俊朗的男人,"如果听清楚了,这是离职补偿金的计算方式,您仔细看一下,没有问题的话就在《协商解除劳动合同协议》上签字。我会让人帮您收拾个人物品,您今天就可以离开。"

冯勋的目光从郝娆脸上移到纸面上,有些怔忡。

"你刚才说,协商解除劳动合同?"他迟疑着问。

郝娆点头。

冯勋突然激动起来:"没有人和我协商过!当初公司把我招来的时候,是李副总亲自面试的,现在你随便说几句话就想让我走,世界上有这个道理吗?这么大一家公司,就是这样对待老员工的?我在公司工作六年了,没有功劳也有苦劳,结果呢?打算卸磨杀驴吗?"

他的声音有些高,引得隔壁桌两个女孩子皱眉侧目。

"咳。"郝娆清了清嗓子,"公共场合,您冷静一点。可能是我刚才没有表达清楚,公司的意思是,因为经营需要,您现在负责的这条产品线以后不会再做研发了,老产品的维护工作量不大,并不需要一个专门的开发经理来负责,所以公司准备把产品线进行合并。领导层已经决定让其他产品线的开发经理来兼管这条产品线,只是考虑到可能会对您产生的影响,公司并没有马上宣布这个决定。"

这话的意思很明显,即使冯勋留下来,也没有他的岗位了。如果消息先传出来,他会更没有面子——在其他人看来,公司二选一,他是那个出局的人。

冯勋环顾四周,在其他喝咖啡的客人的打量下,自嘲地笑了笑:"公司这是为我好?等我走了再公布任命,好让别人以为不是公司把我扫地出门,而是我冯勋另觅高枝?"

郗娆没有说话。

"呵呵，那我真的是要感谢公司了。"他垂下眼，把郗娆递给他的结算单对折了两下，塞进衬衫口袋，"行，既然公司看不起我，我留在这里也没有意义。不过，这个补偿金金额我得找一个明白人帮我看看。别到最后，'分手费'还让人算计了，那就亏大了。"

冯勋说着，站起身，拍了拍裤子上的褶皱，头也不回地转身出了门。

郗娆搅了搅已经冷了的咖啡，许久后，把那份空白的《协商解除劳动合同协议》重新放进了文件袋中。

02

这个案子的甲方是伟讯科技，一家中等规模的民营通信软件公司。他们要裁掉的是公司传统业务的开发经理，也就是冯勋。

冯勋毕业于一所在省内非常有名的电子科技院校，今年刚满 34 周岁。九年前，为了提高个人收入，当然，也为了能获得比较快速的职位提升、实现"弯道超车"，他从某国有企业跳槽出来，加入了当时正处于蓬勃发展期的伟讯科技。

不知道算是运气好还是不好，在冯勋做了三年开发工程师，伸长了脖子希望有个职位晋升机会的时候，伟讯科技的研发总监跳槽了，还带走了不少核心员工，其中包括两名开发经理。

冯勋也收到了来自这位研发总监的邀请。

这个时候，他做了一个让自己一度非常得意，多年后却后悔不已的决定——趁着公司正是用人之际，留下来争取一个开发经理的职位。

"感谢你对公司的信任，我和公司都不会辜负你的。"了解了事情的前因后果后，伟讯科技分管研发的李总是这样对冯勋说的。

不久后，公司进行人员调整，28 岁的高级开发工程师冯勋被提拔为自己所在产品线的开发经理。当时，这是最受公司重视的产品线，产品覆盖全国市场，冯勋怎么也没想到，自己真的能得到这个机会。

多年后，他还记得，任命发布那天，自己喝醉了，抱着老婆又唱又跳，高兴得像是中了大奖。为了证明领导们没有看错人，冯勋一连加了两个月的班，一边稳定团队，一边招兵买马，在临阵换帅的情况下，竟然保证了产品按计划上线交付。

表扬、奖励、加薪纷至沓来，对冯勋来说，那是一段春风得意的岁月。

可是，俗话说，花无百日红，随着市场的变化，公司先后成立了四五条新的产品线。冯勋负责的产品线所占的营收份额逐渐降低，人员也从高峰时期的五六十个人减少到现在的十几个人。

"勋哥，你说会不会有一天，公司把咱们产品线关了啊？"一位工程师曾经这样问过冯勋。

"传统产品是公司的根本,是不可能关掉的,最多就是不扩大吧。"冯勋当时是这么说的。

只是,安稳了太久,他那时怎么也没想到,产品线不发展,就意味着公司不需要再高薪养着他这么一个开发经理了。

回去做程序员,或者劝退,成了公司为他准备的仅有的两个选择。

03

"研发部的建议是先安排一部分开发工作,逐步转岗。"分管副总经理李总一边说,一边给郄娆面前的杯子添茶,"我当然觉得这样更好。人是我招来的,对公司也有历史贡献,我这人还是念旧的。只是,郄小姐,涉及和人打交道的事儿啊,往往事与愿违。"

一个月前,公司从冯勋负责的产品线中调走了几个核心的开发工程师,冯勋对此意见很大。他找到李总,表示这样做会影响自己团队的士气,而且维护工作也需要人手,就算只是给老客户打补丁,也总需要有人来写代码吧?

"确实需要。"李总当时是这样说的,"团队小了,就应该更精练,每个人负责的事情更多。比如,你不需要做那么多管理工作,可以省下时间来去做开发工作。"

"您让我做开发工作?"冯勋一脸诧异,"这些年我一直在跟进项目进度,对接商务、客户甚至合作方,哪里有多余的时间去干别的?代码早就扔在一边了。"

"那就重新捡起来吧。"李总的声音不高不低,"咱们做事,要服从工作需要。我记得你以前技术基础不错,只要你想捡,问题应该不大。"

领导这样说了,冯勋只有照做。毕竟,现在整条产品线只剩下几个半生不熟的开发工程师,他要是不参与编码,恐怕客户那边反馈回来的问题都不能按时解决。

很快,冯勋和他的下属都发现了一个问题——脱离具体编码工作太久,冯勋手生了。

客户提过来一个问题单,入职两年的工程师三天就能搞定,而冯勋虽然思路清晰,上手去做的速度却明显慢了很多,甚至需要连续加班才能勉强完成任务。

"不知道他当初是怎么提上去的,原来只会指挥别人干活啊。"

"就是。听说开发经理的工资很高,这性价比……咱真不知道领导是怎么想的。"

周围的这些议论,传进了李总的耳朵里。

"我原本打算让 HR 和冯勋谈一谈。既然他现在做的工作大部分是开发工作,薪资要按照开发岗位重新确定一下,可能要打个对折。如果他能够接受,我是愿意给他一个机会的。"

可冯勋请病假了。

连续编码十几个小时,让他的腰椎间盘突出猛烈复发,不得不老老实实住几天院,好好治疗一下。

"才刚开始就扛不住了,以后怎么办?我没有办法啊,郄小姐。只要他接受,离职补偿金该怎么算就怎么算,能好聚好散,谁愿意反目成仇呢,你说是不是?"

04

从咖啡厅出来，冯勋胸中还积着郁气。

从小到大，他什么时候被人这么嫌弃过？

老婆怀着孕，二胎，冯勋不敢把这些烦心事和她说，就打了一个电话回家，说自己晚上要加班，然后一转身，去了同学大林开的烧烤店。

酒菜上桌，冯勋一口气喝了大半瓶啤酒。大林一看，这人明显心里有事，就问："怎么？和弟妹吵架了？"

冯勋呵呵一笑："吵什么架啊，她现在这样，就是指着鼻子骂我，我一个大男人，不是也得忍着吗？"

大林正想继续问，就听见冯勋说："你开这店的收入怎么样？一个月能赚多少钱？"

"你问这个干什么？天天熬到大半夜，都是辛苦钱。你是咱们班里最早升到管理岗位的，干得好好的，可别瞎折腾。"

是他想折腾吗？冯勋忍不住苦笑。

两人干掉了两瓶啤酒，冯勋忍不住把事情的前因后果一股脑地说了出来。

"我当初以为，身为程序员，年龄大了，处境可能会很尴尬，所以我早早就转了管理岗。"冯勋越说越心酸，"咱中国有句老话，学而优则仕，我以为我都做到开发经理了，不管公司不要谁，也不会不要我。可是没想到，比我还大几岁的技术专家，领导恨不得捧在手心里，而我，却沦落到了要被人家扫地出门的地步。"

冯勋一仰头，又干了一瓶，然后抹抹嘴："走就走。此处不留爷，自有留爷处。我还真就不相信了，以我的项目经验和对通信业务的了解，会连一份工作都找不到！"

"这……"大林有些犯愁了。

他自己就是因为做程序员时技术一直提升不上去，觉得迟早会被淘汰，就趁着公司人员优化，主动拿了离职补偿金走人。可离职以后才发现，工作真的没那么好找。而且年龄越大，机会越少，除非你是一个出类拔萃的人物。

要不然，他也不会把自己的专业扔了，跑到这儿来开什么烧烤店。

冯勋和大林关系好，就是因为大林是个实诚人。所以这次，大林也是实话实说。

"你今年34岁了，我觉得就算跳槽，也是最后一跳了。所以你必须得想好，万一这次不小心跳空了，怎么收场？咱这年龄，上有老下有小。要我说呀，给领导服个软，说几句好话，大不了少赚点儿，把工作保住。天大地大，养家糊口最大。什么面子里子的，都不如赚钱重要！"

是这样吗？

冯勋看着大林，半晌没说话。最后，他拿起啤酒，给两人倒满："林子，干！"

05
HR DIARY

郗娆等了两天，不见冯勋回复。

甚至有一次她去冲咖啡，冯勋也端着杯子进了茶水间，郗娆还没来得及开口，对方竟然一言不发，转身就走了。

如果到了这时候，郗娆还看不出来冯勋是什么意思，那她就白做这么久的裁员顾问了。

于是，第三天下午六点，郗娆直接去了研发部。

"有空吗？"她用手指敲了敲冯勋的桌面，"找你聊聊。"

"不好意思，我要加班。"键盘上的手指一顿，冯勋头也不抬地说。

旁边一个二十几岁的小伙子的目光在两人身上打了一个转，笑着问郗娆："我那天在人力资源部看见你了，你是新来的HR吗？"

"我吗？"郗娆看了冯勋一眼，刻意放慢语速，"可以说是，也可以说不是。"

小伙子来了兴趣："哦？什么意思？"

"哎哎哎！"冯勋打断了他，"你不下班吗？不下班的话，晚上留下来干活。"

"不用了，不用了。"小伙子忙摆手，抬腿就往门口跑，"我还有事，先走了。"

"隔壁会议室没人，现在可以聊聊吗？"郗娆问。

中央空调六点准时关闭，房间里略微有点热，冯勋抽出一张纸巾在额头上抹了一把："你说吧。"

"冯先生，似乎应该是您说吧？离职补偿金的金额，您找专业人士看过了吗？如果没有问题，我们是不是可以把协议签了？"

听到"离职补偿金"几个字，冯勋的脸色慢慢涨红。他当然记得他自己说过什么，可大林的话还在耳边，对于有老婆孩子的男人来说，很多事情由不得自己。

从某个直聘APP上发布的信息来看，先不说但凡有点规模的公司都倾向于内部培养开发经理，对外招聘的少之又少，就算是有，也以新兴的互联网公司为主。

冯勋试着去和其中几家公司的HR打过招呼，要么没有回复，要么就是得到一句客气的套话："对不起，我觉得您不太适合我们公司。"

什么不太适合？还不是觉得他年龄大了？

还不到三十五岁，就已经被互联网公司挡在门外，可他要到六十五岁才能退休，这是什么逻辑？还给人留活路吗？

可再多的愤愤不平，也解决不了生存问题。大林说得对，什么面子里子的，都不如赚钱重要！

郗娆等了一会儿，不见男人说话，于是略微提高了声音提醒他："冯先生？"

冯勋咳嗽一声，掩饰自己的失神："我想过了，我不打算离职。"

06

其实这在郗娆的预料之中。

她点头："我能问问原因吗？"

"这还用问吗，郗小姐？我把最好的年华奉献给了公司。九年，我兢兢业业，公司需要我做什么我就做什么，我没有一点对不起公司的地方。结果，我得到了什么？喏，拿上你的离职补偿金，滚出我的公司！这就是公司给我的。"冯勋摇了摇头，"不能这么欺负人。传统业务没落了，是我的错吗？不是我没把产品做好，而是市场放弃了它。郗小姐，请你告诉李总，我冯勋现在还是公司里的一块砖，他想往哪搬就往哪搬，没必要非要赶我走。这么大一个公司，总不至于就多了我一个人吧？"

冯勋，以及那些和冯勋一样，人到中年，做不成管理，又无法承担繁重的技术工作的程序员，他们的未来该何去何从？

"根据我的经验，对绝大多数较大龄程序员来说，要么转售前岗或者产品岗，要么去了培训行业，很少有其他选择。"

在宠物店见到程牧野的时候，面对郗娆的问题，他给出了这样的答案。

"那么，你手里有合适的机会吗？"郗娆又问。

程牧野想了想："有倒是有，但坦白说，我觉得冯勋的能力和这些岗位的要求相比，略有差距。"

那就等于没有。

郗娆有些泄气，随手拍了拍在一旁卖力求抚摸的奥斯卡的脑袋："你老大也不给力呀，孩子。"

奥斯卡摇头晃脑，只顾着蹭她的手心。

程牧野忍不住笑了："我打个电话。"

他这个电话还真没白打，五分钟后，郗娆就收到了他推过来的名片。

"客户公司的HRD，你和他联系一下，他们公司有售前岗位在招聘，只是级别不高，并没有走猎头推荐。"

"级别不高？"郗娆有些犹豫，"如果薪资上的落差过大，我担心……"

"现在不是冯勋选择人家，而是人家选择他。刚转行，薪资上的落差大是肯定的，毕竟他没有任何售前岗经验，如果不是考虑到他的性价比应该还算不错，谁会给他机会？"

虽然程牧野一向是个很客观、很理性的人，但郗娆很少听他说这么直接的话，所以她一时之间有些发怔。

程牧野却又笑了："不过，你不用担心，这家公司的整体薪酬水平不低，晋升也比较灵活。售前工程师对年龄要求不高，如果冯勋能够顺利转型，相当于进入了一个新的赛道，未来非常值得期待。"

"你说的对。"郗娆微叹一口气,"那我先和他沟通一下吧。考虑到他从伟讯科技离职时能拿到一笔不菲的补偿金,这个职位应该会是一个很不错的选择。"

07

郗娆在去伟讯科技的路上,接到了李总的电话。

"郗小姐,不好意思,咱们的合作可能要终止了。不过您放心,按照合同约定,已经支付给您的 50% 预付款,就当是您的劳务费了。"

"合作终止?"郗娆抓住了关键词,"原因是什么?是我的工作进展令您不满意,还是您这边不打算与冯勋解除劳动合同了?"

"都不是。"李总笑笑,"虽说家丑不可外扬,但郗小姐是我们的合作伙伴,我就直说了。冯勋打人,刚被派出所带走。据办案民警说,最少要拘留十天。所以,郗小姐,裁员这事儿我们自己就可以解决,不用麻烦您了。"

打人?冯勋?

郗娆很难把这两个词联系在一起。

可事情的确发生了,她很快就通过大家的议论了解了事情的始末。

原来,公司在外地有一个驻场开发团队,因为出差时间实在太长,有个工程师不顾公司的挽留,毅然提出了离职。

驻场开发不同于在公司内做产品,客户是按照合作方投入人数付费的,这就意味着公司必须在这名工程师离职之前补上他的空缺。

李总想到了冯勋,便让 HR 经理找他沟通一下。

按他们的想法,公司这是在给冯勋机会,于情于理,冯勋都不应该拒绝。毕竟虽然驻场开发要长期在异地工作,可公司的异地补贴很丰厚,里外算一算,正好能补上冯勋因调岗降低的那部分薪资。

所以,当冯勋以自己的老婆临产为由拒绝接受这一安排的时候,HR 经理有些不太高兴,话也说得直接了一些。

"你家里的事,和公司没有关系吧?公司不是福利院,如果今天照顾你,明天照顾他,公司还要不要经营了?"

道理没错,只不过这种表达,未免太让人难以接受了。

冯勋果然激动起来:"你什么意思?如果换成你,你要生孩子了,你老公却要被外派,你能接受吗?"

"如果我老公没本事保住自己的工作,那我就必须接受他被外派。"HR 经理针锋相对,"不光接受他被外派,还要感激涕零,谢谢公司给他一个机会,让他能养家糊口。"

"谁没本事保住自己的工作了,你不要欺人太甚!"冯勋气急,抬手一把将桌面上的键盘扫落在地上,"想逼我走就直说,这是什么龌龊手段,恶心!"

键盘砸在 HR 经理的脚背上,她立刻跳了起来,高声尖叫:"冯勋,你竟然打人!我要报警,我现在就报警!"

于是,在郗娆赶到公司之前,冯勋率先一步,进了派出所。

08

郗娆找到冯勋的姐姐,借亲属探视的机会,见到了冯勋。

她不知道自己为什么要见他。按说,李总已经明确表示要终止合作了,她应该好聚好散,痛快地拿着那一半佣金走人。

可冯勋怎么办?

人到中年,即将成为两个孩子的父亲的冯勋怎么办?

郗娆习惯了做每件事都有始有终,所以她出现在了冯勋面前。

冯勋的状态不太好,像霜打的茄子一样。

"能帮我一个忙吗?"见到郗娆,他揉了揉脸,用赤红的眼睛看着她,"给我老婆打一个电话,就说我临时有任务,出差了。"

"那她要是打你的手机怎么办?"郗娆问。

冯勋摇头,他不知道。

反倒是郗娆替他找好了理由:"我干脆说有个紧急项目,涉密,不能接打电话吧?"

"好。"冯勋把脸埋在膝盖间,"这段时间,我的压力太大了。公司想赶我走,同事们在背后议论纷纷,回到家还得装成什么也没发生的样子,实在是撑不住,要不然,我也不会这么冲动。"

"对不起。"虽说自己只是按照公司的要求做,就算不是她,也会有其他人对冯勋说一样的话,可郗娆还是觉得有些愧疚。如果她一开始就去帮冯勋分析职业方向,寻找新的机会,也许冯勋就不会有今天。

冯勋摇了摇头,苦笑道:"现在,公司应该松了一口气。我被抓进来了,不能去上班。旷工三天,他们就可以按照制度把我开除了,一分钱都不用赔。是不是这样,郗小姐?"

郗娆无法否认。

事实上,换成她是公司 HR,也会利用这件事,单方面解除合同。

位置决定脑袋,她不能说他们是错的,可是对于冯勋这种老员工来说,这样的做法未免太令人寒心了。

兔死狐悲,那些现在正在被公司委以重任的开发经理,难道不会担心自己有一天成为下一个冯勋吗?

所以,这种做法只能算是下策。

"你别这么悲观,我去和李总谈谈,争取让你拿到一些补偿金。"郗娆说,"但是,原来的金额是不可能了,你别抱太高的期望。"

"好。"冯勋低声说。

他没有和她对视,郗娆不知道冯勋在想什么。她只知道,一个家庭的顶梁柱,已经在崩溃的边缘了。

09

李总到底是做了多年副总经理的人,视野和格局没有那么小。郗娆把自己的想法对他讲了以后,他略一考虑,同意按照50%的补偿金标准给冯勋支付补偿金。

这已经超出了郗娆的预期。

"我说过,我这人是念旧的,只是,我也得让大家知道,不能以这种方式和公司对抗。这次是公司宽宏大量,考虑到冯勋的历史贡献,给了他这样的特殊处理,下一次,可就未必了。什么事,都讲究仁至义尽,你说是不是,郗小姐?"

郗娆点头。

果然,姜还是老的辣。

五天后,郗娆从拘留所把冯勋接了出来。

"你打电话说我涉密出差,我老婆相信吗?"他问。

郗娆撇了撇嘴:"不相信。换成是我,我也不信。我猜,她八成以为我是你的红颜知己,把你藏起来了。"

冯勋哭笑不得:"我这样的男人,怎么可能有红颜知己?"

"那就是你自己的事了。实话实说还是继续编故事,你看着办。"郗娆说着,扔给他一张房卡,"你身上都臭了,别上我的车。我在对面酒店给你开了一个钟点房,你赶紧去洗洗澡,新衣服,我挂在柜子里了。梳洗干净就出来,下午两点的面试,别迟到了。"

她自顾自地说完,面前的人却一动不动。

"哦,看我这记性。"郗娆又想起了什么,补充道,"面试完还得回伟讯科技办个手续,李总答应给你50%的离职补偿金,我建议你当面谢谢他。"

"你要什么?"冯勋别过脸,眼圈红了,好半响才说话,"我一无所有,拿什么感谢你?"

"把房费和买衣服的钱转给我就行。"郗娆淡淡一笑,"另外,好好把握机会,我不想有一天再一次裁掉你。"

10

"你不是只拿了一半佣金吗?还给我钱干什么?请吃饭就可以了。"

新开的音乐餐吧的一角,程牧野把一块拿破仑酥推到郗娆面前。

"一码归一码,冯勋入职了,这是你应得的。"郗娆摇摇头,"钱上的事,我不喜欢欠别人的。"

程牧野垂下眼，低笑："跟我算得挺清楚，帮别人倒是帮得起劲儿。"

"别人？"郗娆一怔，"你是说冯勋？"

"还有其他人？"

"我帮冯勋不是很正常吗？"郗娆放下叉子，"他是我案子的当事人！当然，我可以拿着佣金走人，但这不是对客户负责任的态度。而且，冯勋被逼到角落里了，就算他是一只兔子，怕是也要张嘴咬人了，我很有可能成为被咬的人之一。"

"不用急着解释。"程牧野看着她，眼里的笑意更深，"我又没说什么。"

郗娆欲盖弥彰似的提高了声音："不管怎么说，你好歹是我的合伙人，有权利知道整个案子的情况。"

程牧野还是笑着，不说话，只是看着她。

饶是郗娆一向不是一个容易不好意思的人，这会儿也觉得自己的脸颊有些发烫。

"有什么好看的？"她小声嘀咕。

男人回答得倒是顺畅："什么都好看。"

郗娆脸上更是仿佛着了火一般。

"那个……"她没话找话，"这家餐吧的拿破仑酥挺好吃的。"

"所以吃得满脸都是？"程牧野轻笑，抽出一张纸巾，很自然地在郗娆的唇角轻轻擦了擦，"好了。"

郗娆觉得自己必须离开这里，去哪儿都行，反正不能像个情窦初开的中年少女似的傻在这里。

好在程牧野及时转了话题："其实，我有时候挺羡慕冯勋的。"

"他有什么好羡慕的？"郗娆纳闷。

"怎么没有值得被羡慕的？"程牧野的话意味深长，"人家只比我大两岁，老婆都快生二胎了。而我到现在，连孩子他妈都还没搞定呢。"

"那你就快点去搞定啊。"郗娆随口说。

不承想，对方点了点头，从旁边的电脑包里抽出一个文件袋，郑重其事地递了过来。

"这是我的个人简历、体检报告和征信证明，郗娆小姐，如果你不反对，我想和你谈一场以结婚为目的的恋爱。"

郗娆抓着文件袋，只觉得整个人都晕了。

那晚，直到被程牧野送回家，她也没搞清楚，自己这算是默许了，还是默许了，还是默许了呢？

少年桀骜

01

去城北父母家吃完晚饭,郗晓回到自己住的小区时,已经是晚上十点。

她最近有点累,遇到一位极难沟通的当事人,像滚刀肉一样,让人头疼。可郗晓知道,这是没有办法的事,容易裁掉的人,企业自己就裁了,轮不到她来赚这份钱。

郗晓把车开进地下停车场,想赶紧停好车,回家泡个澡,然后上床睡觉。那些麻烦事,等明天起来再操心好了。

可天不遂人愿,她的车位前站着两个人,正好挡在她倒车的地方。

郗晓探头去看。那是一男一女,似乎正在争吵。女孩看起来不过二十岁,穿了一件超短裙,长发披在肩上,还略有点婴儿肥的脸上挂满了泪。

她对面的男孩背对着郗晓,倒扣在脑袋上的棒球帽让郗晓觉得有几分眼熟,只是,郗晓一时想不起来在哪里看到过。

两人都对她的车视而不见,没有一点要让开的意思。

郗晓等了一会儿,有些不耐烦,便短促地鸣了一声笛。

男孩转身要走,女孩拉住他的袖子,但依旧谁都没有往郗晓这边看一眼。

郗晓再次鸣笛。

也许是因为心情本来就不好,被这样催促后,脾气更暴,女孩抬手在郗晓的车的引擎盖上用力拍打,嘴里喊着:"鸣什么笛?没见过别人吵架啊?"

郗晓向来不是软柿子,她推开车门,站出来,居高临下地看着女孩:"吵架的话,麻烦换一个地方吵,这是我的车位,你挡道了。"

"我愿意在哪儿吵就在哪儿吵,你管不着!"女孩蛮不讲理。

郗娆拿出手机，准备打电话给物业。碰到这种被惯坏了的女孩，她没有跟她说话的兴趣。

"我问你呢，鸣什么笛？有车了不起啊？"女孩说着，用力推了郗娆一把。

郗娆一个踉跄，手机摔在了地上，屏幕上顿时出现两条纵横交错的裂纹。她瞬间冷下了脸，狠狠地抓住女孩的手腕："你给我捡起来。"

女孩甩了一下，没甩开，仰着脸咬牙道："我偏不！"

"那我就报警了。别以为社会是你家，谁都是你妈！"郗娆毫不退让。

两人正针锋相对时，也许是听见了这边的动静，本来已经走出几米远的男孩转身走了回来。他弯腰捡起手机看了看，瞪了女孩一眼，对郗娆说："对不起，我赔你。"

郗娆冷哼一声。

"怎么是你？"看清她的脸后，男孩皱起了眉。

"倒霉呗。"郗娆淡淡地说，"辜野，你果然是我的灾星，遇到你，准没好事。"

02

三天前，一家软件公司的HR经理张小姐找到了郗娆。

"我们准备裁掉一个渗透测试工程师，你接不接？"她说。

郗娆挑眉："渗透测试工程师？据我了解，这类人才很稀缺。怎么？他技术不行？"

张小姐犹豫着看向和自己一起来的那位男士："王总，具体情况还是您来给郗小姐介绍一下吧。"

被称为王总的男人轻咳一声："其实单论技术，这个辜野算得上是个人才，只可惜……我们的管理人员，包括我，都没有能力驾驭他这匹野马。"

"野马？"郗娆把这两个字放在舌尖品了品，还真是恰如其分。

辜野今年二十一岁，大学肄业。其实他考上的大学很好，只是，他被调剂到了他不喜欢的化学专业。要是其他人，可能就这么读了，上进一点的，争取考个自己心仪专业的研究生。

可辜野不同——他直接退学了。

"幸亏他父母都不在了，只有一个外婆在老家，根本不知道他没去上大学。"张小姐说着，摇了摇头，"太有个性了，换成是我，还真不敢，怕我妈拿擀面杖揍我。"

郗娆笑了，的确有个性。

幸亏辜野对渗透测试有悟性，而在这个领域，悟性比学习背景更重要，否则，以他的这种个性，只能害了他自己。

就像现在，他在这家公司工作两年多，年收入从十万涨到将近三十万，如果不是万不得已，没有人想让他走。

"去年，我们部门牵头制定劳动纪律管理制度。按照制度发布流程，我们把初稿挂在公司OA上征求意见。有同事反馈意见给我们，都很温和，可是辜野……"张小姐摇头，一副一言难尽的样子，"他直接跑到我办公室质问我，遵守制度没有奖励，违反制度凭什么有处罚？"

"照他这样说，遵守交通法规为什么没有奖励？什么逻辑？"王总有些哭笑不得。

两个人又举了一些例子，总之，这是一个刺头，哪里有闹事的，哪里就有他。

年初，公司代扣工会会费，也是他挑头不交，王总亲自沟通都不行，搞得大家很尴尬。没办法，这样下去，整个公司的风气就控制不住了，这才下决心让辜野走。

郗娆认真地听完，点了点头："这个案子难度不小，价格，咱们可能要好好谈谈。"

虽然嘴上这么说，但她心里其实有一定的把握。不过是个毛头小子，就是难对付，能难对付到哪儿去呢？

03

签了合同，第二天上午，郗娆去辜野的工位上找他。

一个大办公室里有三排办公桌，辜野坐在最角落靠窗的位置。那里的阳光很强，晒得人昏昏欲睡。

郗娆走过去的时候，只见一个脑袋趴在桌子上，棒球帽倒扣着，几缕被染成黄色的头发钻出来，帽檐下的人睡得正香。

郗娆左右看看，大家似乎都习以为常。

果然是个不好管的人。她抬手，用食指的指节在桌面上敲了敲。

旁边的脑袋一转，露出半张脸。

男孩子确实很年轻，白白净净的，像个大学生。他揉了揉眼睛，趴在桌子上没动，只用眼角瞟了郗娆一眼。

"辜野？"郗娆俯视着他，"我是职业顾问郗娆，公司委托我来和你谈谈。五分钟后，我在会议室里等你。"

辜野又瞟了她一眼，一句话都没说，闭上眼睛，头又转了回去。

郗娆气结。

这个人是聋了吗？

有人悄悄围观，郗娆再一次敲响桌子："辜野，我说了，我们需要谈谈……"

话刚说了一半，辜野忽地一下坐起来，眼睛瞪得溜圆，像个有一肚子起床气的孩子，鼓着腮帮子盯着她。

"没空。"他恶狠狠地说。

上班时间睡觉，然后理直气壮地说没空？郗娆都快被气笑了。

她扫了一眼旁边的工位，见那里似乎并没有人，便索性拖过椅子坐下，好整以暇地看着辜野："是吗？那我等你有空。"

从上午等到中午午休，辜野一直没什么反应，好像她这个人不存在一样。

下午，他倒似乎真的进入了工作状态，目光一直盯在电脑屏幕上，指尖敲敲打打，神情严肃，还时不时停下来思考。

郄娆知道，做渗透测试时，思路很重要，不能随便打断，于是起身走了。

第二天上午，她再次过来，辜野还是在睡觉。

这一次，他的脸朝着郄娆的方向，郄娆便坐在一边打量他。睡着的时候，这家伙看起来还挺乖巧的，不像醒着的时候那么讨人厌。

郄娆正在想用什么方式和辜野沟通他才能够接受时，那人突然睁开了眼睛。

"偷看我？"他打着哈欠，神情似笑非笑，"我说，姐姐，你确定不是在利用职务之便接近我？"

"我利用职务之便接近你？"郄娆冷笑，"镜子那东西，你家里没有吗？"

"没有，要不，你送我一个？"辜野突然凑过来。

郄娆起身就走。

身后，那个恶作剧得逞的孩子笑了起来。

有一瞬间，郄娆后悔接了这个单子。她真的没想到，工作这么多年以后，她还要像当年做班干部一样，去对付那些脑回路清奇的中二少年！

04

下午，郄娆找了几个和辜野比较熟悉的员工，简单地聊了聊。知己知彼，百战百胜，这块硬骨头，她还是想啃下来。

忙完，恰好是下班时间。郄娆和程牧野约了一起吃饭，估计着他差不多到了，郄娆下了楼。

一出电梯，就看见那个在大厅沙发上坐着的男人。程牧野一副商务打扮，白色衬衫修身合体，配着浅灰色西装裤，简单清爽，有着说不出的干净雅致。

郄娆忍不住弯起唇角。

似乎是心有灵犀，程牧野抬头看过来，起身时眼里便带了笑。

他走过来，自然地接过她手里的包，轻声问："你上次说想吃鱼火锅，我找了一家，口碑不错，去尝尝？"

郄娆点头。

"哟嗬，稀奇哦。"旁边，一道男声插了进来，满是嘲讽意味，"原来你会笑啊，难道太阳打西边出来了？"

郄娆一转头，就看见了一旁的辜野，她的脸瞬间冷了下来。

这个案子，她原本计划一周做完，再被这小子拖下去，她下周那个新案子就会被影响了。所以，郄娆一见他就心烦。

"怎么一看见我就这副凶巴巴的样子？"辜野堆起一脸委屈，眼睛里却闪着恶作剧的光，"女人这种生物啊，翻脸真的比翻书还快。"

程牧野看了看他，又看了看郄娆，低笑着问："这个案子的当事人？"

郗娆点头，故意用辜野能听到的音量说："一个超龄中二少年。"

辜野果然跳了起来："谁中二啊？要不，你别和这位大叔约会了，晚上陪小爷打游戏去。你打得赢小爷，小爷就勉为其难地抽空陪你聊聊？"

这话从腔调到内容都轻浮暧昧，周围已经有人看了过来。

程牧野笑容不变，指了指写字楼对面："小侄子，看见那所高中了吗？该陪你去打游戏的人在那儿呢。"说着，他牵起郗娆的手往外走，留下一句，"你叔的女人，凭你，惦记不起。"

05
HR DIARY

直到坐进车里，郗娆都没收住脸上的笑。

程牧野转头看她："被一个小破孩调侃，你很得意？"

郗娆赶紧摇头。

这个人的醋劲儿一上来，平时的绅士风度就一点都没有了，像变了一个人一样。她上次参加同学会，被之前的同桌表白，结果被他直接拖回家，一整个晚上都没能抽出空来解释一句。

"他不肯接受协商离职？"程牧野问。

"公司 HR 和他谈过一次，辜野拒绝了。"

"做渗透测试的会找不到工作？哪个猎头手里没有这种需求？他这是在玩什么花样呢？"

郗娆倒不认为辜野是在玩花样，她觉得他只是脑回路和正常人不一样。不过，现在他不肯和自己沟通，得想个办法解决才行。

没等郗娆想出来办法，她就意外地在停车场遇到了辜野。只不过，并不是愉快的见面——辜野和谁吵架她不管，她的手机被人摔坏了。

郗娆被气得没睡好觉，第二天上班时，脑子里一团糨糊。

郗娆刚给自己泡了一杯菊花茶，准备降降火，办公室的门就被人敲响了。这门敲得很敷衍，只象征性地响了两声，门后就出现了辜野那张让人心烦的脸。

郗娆盯着他。

辜野晃悠着走到办公桌前，抬了抬下巴："走，出去。"

"有空和我沟通了？"郗娆问。

"没空。"辜野回答得干脆利落。

"那你干什么来了？"

"我昨晚说了，手机摔坏了，我赔你，所以现在，咱们去买手机。"

郗娆看了看自己手机上的两道裂痕，不是很严重，于是她摇了摇头："不用，我有空自己去换一个屏……"

"我不喜欢欠别人的人情。"辜野打断她。

"是吗？"郗娆凉凉地笑了，"既然你有时间和我去买手机，那应该也有时间和我谈谈关于你离职的问题吧？"

想不到辜野的脸皮很厚，她都把话说到这个份上了，他依然耸耸肩，说："没时间。"

郗娆觉得再和这个小孩绕下去，她会被气出心脏病。于是，她干脆站起来："那行，走吧。既然你要赔我的手机，我没理由不要，本来就是你的女朋友给我摔坏的。"

06

"她不是我的女朋友。"走出办公室，辜野突然说。

郗娆脸色冷淡："和我没关系，反正你说了你帮她赔。"

"你们女生是不是都这样不讲道理？昨晚那个女孩说她喜欢我，我说我不喜欢她，她就拉着我吵架。你呢，说要和我谈离职的事，我不谈，就给我脸色看。我就纳闷了，凭什么你们想怎么样就得怎么样呢？小爷我还不爽呢！"

这逻辑……郗娆明明觉得心头有火气，却又说不上来哪里不对。

"那你还不是一样？公司已经觉得你不合适在这儿工作了，你强留在这儿，有意思吗？"

"谁说我愿意留在这儿了？"辜野挑眉。

正好到了地下停车场，郗娆摸出钥匙，打开了车门。

"砸人饭碗，赚钱特容易吧？"辜野坐进去，拍了拍全真皮的内饰，突然说。

郗娆冷冷地看他："遇到你这种滚刀肉，也不容易。"

男孩笑了。

他倒是爱笑，就是没有一次是好好的笑，不是恶作剧般的笑，就是带着讽刺的笑。

"我说了，我并不愿意留在这儿。你出去打听打听，凭我的技术，会稀罕这样一份工作？要不是我之前的老大技术厉害，我想跟着他学点儿东西，就凭这破公司给的这点钱，小爷早就不伺候了。"

"那你之前的老大走了，你怎么不跟着走呢？"

"他去做灰产了，那东西来钱快，可小爷我不想做。"

倒是挺有原则的，郗娆有些意外。

也许是以为她不相信，辜野难得地解释道："我有外婆，我得给老太太养老呢，为了点儿小钱把自己折进去，不划算。"

原来这个小孩还有这样的一面，郗娆再看他时，突然觉得他没有以前那么讨厌了。

07

"那现在公司给钱让你走，你为什么不走呢？你也说了，以你的技术能力，不差一份工作。"

"没错，"辜野又开始没正形了，"小爷手里是攥着几个 offer 了，不过我们这行跳槽得慎重，最起码我得确认他们合法合规，不能糊里糊涂地被人坑了吧？没想到我还没确认好呢，公司这边就说要把我扫地出门，这小爷我就不服气了。我在公司这两年，该做的工作做了，该出的成绩出了，要走，也是我不要他们，凭什么他们不要我？我偏不叫他们称心。"

"原来你还是一个叛逆的小孩。"郗娆忍不住笑了，"不如我帮你推荐一个工作，保证合法合规，谈妥后你离职，怎么样？成交吗？"

辜野看了她一眼："行啊，年薪五十万，还得有期权。"

郗娆一顿："你这要求……"

"怎么？觉得高了？"辜野哼笑一声，"小爷能给他赚五百万，给我五十万怎么了？只可惜，有些人不识货。"

郗娆看着他，心头涌上四个字——年少轻狂。

她正想开口，那小子却坏笑着凑过来："是不是觉得很难找啊？那就别找了。你不就是想让我同意离职吗？我倒是有一个简单的办法。"

"说来听听。"郗娆语气冷淡。

辜野并不在意，还是那副表情："你做我的女朋友。只要你答应做我的女朋友，我立刻就离职。"

郗娆知道他要出坏主意，却没想到他的坏主意是这个。

一时之间，她倒不知道该说什么好了。

辜野看她怔住，像是终于扳回一局一样，笑得前仰后合："怎么样？小姐姐？和你那位大叔拜拜，到小爷我碗里来吧。我年轻帅气，你不吃亏。"

郗娆冷哼一声："你说的，五十万年薪加期权，机会我可以找，但人家能不能看上你，我保证不了。毕竟，谁知道你那点本事是不是全在嘴上？"

"你觉得我在吹牛？"少年人最怕被别人看不起，当即脸色就是一变，"不管你是不是在用激将法，只要你找到的机会是真的，只要他们的面试官不是草包，没有小爷我过不了的面试。"

郗娆转头看他："那我可就找了哦，到时候，你别怂。"

辜野在鼻子里"哼"了一声。

08
HR DIARY

渗透测试，的确有公司有需求，但能给到五十万年薪加期权这个待遇的公司，屈指可数。

郗娆跟着程牧野拜访了三家公司，终于有一家表示，他们公司的底薪虽然达不到五十万，但是做项目有提成，如果做得好，拿到五十万完全不是问题。

于是，郗娆打电话给辜野，想让他准备面试。

然而，辜野失联了。他的电话没人接，公司那边也找不到人。郗娆问了HR经理张小姐，才知道他调休了。

"你说，这小子是不是故意的？"郗娆跟程牧野吐槽。

辜野不着急，可郗娆着急啊。下一个案子那边在催了，她这边还没搞定，这很影响她的信用。

"你不是说上次在小区停车场遇到过他吗？"程牧野想起这件事，提醒道，"会不会他也住在你们小区？"

郗娆眼前一亮，可随即又泄了气。就算他住在她家小区，那么多栋楼，她要去哪里把这个人找出来呢？

可不管怎么样，只有先试试。

好在不管是穿着打扮还是行为举止，辜野都特立独行，具有很高的辨识度，郗娆找到小区保安一问，立刻就有人告诉了她辜野住的单元和楼层。

只不过，他家里没人。

"您知道他去哪儿了吗？"郗娆问住在对门的一位大姐。

大姐摇头："可能是出差了吧？背了一个旅行包走的。只说如果他明天没回来，让我帮他喂猫。"

辜野当然不是出差，这个郗娆清楚。难道他回老家了？可他为什么突然回老家呢？

郗娆正琢磨着，大姐身后钻出来一个小女孩。小女孩眉眼弯弯，指着对面的门，细声细气地说："那个哥哥的外婆生病了，他要赶火车呢。"

原来是这样。

想到辜野除了外婆再没有其他亲人，郗娆拿出电话，打给了HR经理张小姐："麻烦帮我查一下辜野老家的具体地址，谢谢。"

09

开车开了快两个小时，郗娆终于在天黑的时候赶到了一百多公里外的那座小城。

邻居说，辜野的外婆身体一向不好，这次突发急性心肌梗死，幸好保姆发现得及时，已经送去抢救了。

辜野平时再嚣张，也不过是一个二十岁出头的年轻男孩，万一有什么事，只怕心里也是慌张的。郗娆想了想，转身去了医院。

老人已经从急救室里出来了，至于还有没有生命危险，医生说还需要观察。

观察室门口的走廊上人来人往，有的神情凝重，有的红着眼圈。郗娆放轻脚步走了过去，透过不到十厘米的门缝，正好能看见男孩垂着头坐在床边，背影孤单。

郗娆抬手，轻轻地敲了敲门。

辜野回头看见她，有一瞬间的吃惊，然后迅速在脸上抹了一把，压着声音说："你来干什么，有完没完了？"

这话很不友好。

不过郗娆不介意，他们之间，本来就算不上友好。

她走进去，目光落在床上的老人身上，问："你外婆的情况怎么样？"

辜野没说话，只是一直把外婆苍老的手捧在手心里。

郗娆看见他这副样子，心里是有点难受的。有一年，她妈妈出车祸，她赶到医院，上楼的时候从楼梯上摔了下来，因为腿软。

幸亏妈妈没事，否则，郗娆不知道自己该怎么办。

那时，她也是二十岁出头。

想到这里，郗娆抬手拍了拍辜野的肩膀："外婆会好起来的，你别怕。"

辜野身体一僵："谁怕了？"

"害怕失去亲人，没什么可丢脸的。"郗娆轻声说，把一个饭盒递过去，"我刚才在楼下吃饭，顺便给你打包了一份。你吃点儿东西吧，晚上才有力气照顾外婆。"

辜野没接，只用一双漆黑的眼睛看着她。

"只是一份晚餐，算不上什么人情。"郗娆有些无奈，"你要是实在不愿意吃我给的东西，等会儿把钱给我。"

"我偏不给。"辜野突然把饭盒抢过去，一边打开，一边小声抱怨，"等我离职了，你就能拿到佣金了。就这么一份破盒饭，还跟我要钱，什么人啊，小气！"

虽然他说的话还是那么招人烦，可郗娆分明看见，辜野的眼圈红了。

她心里微叹，就算桀骜不驯，就算叛逆，说到底也不过是一个孩子。

换成当年的自己，处理问题的方法恐怕比他好不到哪儿去。

10

郗娆当晚没有走。

她倒是不会主动照顾病人，尤其是在对方不是自己的亲人的情况下。她只是在医院附近的酒店开了一个房间，让辜野有事随时给她打电话。

直到出了病房，郗娆还能感觉到辜野沉沉的目光。

这孩子，恐怕想多了，她苦笑。

当晚，辜野并没有给她打电话。没有消息就是好消息，第二天早上，郗娆买了早餐，直接去了医院。

因为病情已经稳定了，辜野的外婆被转到了住院区。

郗娆进去的时候，老人刚醒，正拉着辜野说话。郗娆第一次看见辜野温顺得像一只猫，把脸贴在外婆的手背上撒娇。

只是，一见到她，这只猫就炸了毛，又是一副拽上天的模样。

郗娆对辜野的外婆解释说自己是辜野的同事，有工作找他说，这才把他带出病房。

"你到底想说什么？"辜野接过她手里的早餐，"再说让我离职我就翻脸了啊，看不出来人家家里有事吗？"

郗娆淡淡地笑了笑："你提出的那个条件，有一家公司可以满足。"

辜野挑眉："真的假的？"

"难道你觉得自己不值那个价？"郗娆问。

"呵！"辜野果然不服气，"我不值？你没听过那句话吗？千里马常有，而伯乐不常有，我再有本事，也得有识货的人呀！"

郗娆看着他。

辜野摸了摸自己的脸："我知道我好看，但你别这样看着我行吗？姐姐？"

"既然你这么厉害，知道公司为什么想让你走吗？"郗娆问。

"那谁知道？"辜野撇嘴，"有的人嫉贤妒能呗。"

郗娆摇头："辜野，我不是在说教。你也知道你家里的情况，你没有人可以依靠，而且，你还要成为外婆的依靠。人不是不能任性，尤其是年轻的时候，但你得有任性的资本。"

辜野的脸色沉了下来："你的意思是，公司让我走是我的错？"

"对，是你的错。"郗娆并不是喜欢拐弯抹角的人，所以，尽管辜野的脸色难看，她仍然和他对视，一字一句地说，"你是很优秀，也做出了贡献，但这不意味着你可以去挑战公司的规则。公司是一个组织，它要运转，必须依赖一定的规则，规则和你之间，公司没有第二个选择。"

"那如果规则本身就不合理呢？"辜野的语气很冲，"难道也要遵守？"

郗娆摇头。

这话，她以前做HR的时候经常听见，典型的愤青言论。

"先执行，再通过正确的渠道反馈建议。我说的有面试机会的这家公司也是大公司，它同样会要求你遵守规则。所以，辜野，你现在先想清楚，你自己的职业生涯目标是什么，你能为了这个目标去适应环境吗？想清楚了，我再帮你约面试。我的男朋友是非常优秀的猎头顾问，你是以他的名义推荐过去的，我不希望你成为他的职业生涯上的一个污点。你想好了之后，再给我打电话。"

她说完，看了辜野一眼，转身走了。

这小子不笨，郗娆相信他会明白自己的意思的。

如果他真的不明白，她笑笑，那就耗下去吧。未来是他的，对自己来说，不过是一个案子而已。

11

三天后，辜野回来上班。

上班当天，他同意签署《协商解除劳动合同协议》。

"你就不怕面试通不过？"郗娆看着纸上他龙飞凤舞的字，挑眉问。

"技术上肯定没问题。"辜野一副笃定的样子，"至于HR那关，你不是说了吗？让我老实本分，温顺得像只猫。"

老实本分？郗娆忍不住失笑。

眼前这个人，下巴都要抬到天上去了，哪能看出老实本分来？

"不过，我想了想，你说的那些毛病吧……"他抓了抓头发，才继续说，"我大概真的有。不过，这不是一天两天能改的，你说是不是？"

见郗娆点头，辜野不客气地说："所以啊，我需要有人给我做职业生涯辅导，帮助我改掉那些毛病。我听说，国外干你们这行的都会送这种服务，你送不送啊？"

"没问题。"郗娆没多想，答应得很爽快。

辜野是程牧野推荐去新公司的人，她当然希望这个人能成功度过前三个月的试用期，对猎头来说，这才算真正完成一个项目。

可辜野贼兮兮地笑了。

"那我们可就要经常见面了哦，小姐姐，我这么阳光、帅气、年少有为，到时候天长日久地接触下来，小姐姐你要是喜欢上我，可怎么办呢？"

郗娆一怔，原来在这儿等着她呢。

恰好，手机铃声响起，程牧野的电话打了进来。

"晚上我来接你，去我那儿吧，奥斯卡想你了。"他声音带笑，低缓动听。

郗娆朝着对面的人晃了晃手机："小朋友，你完全不用有这个担心。毕竟珠玉在前，你说是不是？"

"哼，早知道就拖着你了。"辜野把棒球帽往脑袋上一扣，"让你整天缠着我，看你还有没有心情约会。"

等他出去了，郗娆才对着电话那边抱怨："三天没见了，竟然只有奥斯卡想我。"

男人笑了。

"我也想你。"他说。

被放弃的"背锅侠"

01

四月,气温陡然升高,大街上的女孩纷纷穿起了轻薄的裙装。

产业园外的星巴克里,空调开得很足。到底是跨国公司,虽然地处偏僻,开门几个钟头了都还没有几个客人,却也没有吝啬这一点电费。

角落的卡座里,孙建看着坐在对面的中年男人,额头上冒出细密的汗珠,在这种温度下,怎么看都像是冷汗。

"侯总,您的意思……我不太明白。"半晌,他挤出一点笑,小声说。

侯国良靠在软绵的沙发靠背上,脸上带着温煦的笑容,眼神中却有几分冰冷。

"你不是不明白。孙建啊,你现在翅膀硬了,我倒是更怀念你刚来的时候的样子。"

孙建一怔,放在膝盖上的手紧了紧,没有说话。

"不过,到底是年轻,想得太简单。"侯国良慢悠悠地端起面前的咖啡,喝了一口,"你以为你跟领导说新办公楼塑钢窗的供应商是我定的,就没你什么事了吗?你不要忘了,询价是你做的,合同是你签的,就连最后的验收都是你安排的。出了质量问题,集团不查你查谁?"

侯国良的话音未落,孙建就急了,声音忍不住拔高了一度:"侯总,您怎么能这样说呢?我一向听您的话,您不能害我啊!"

"你急什么?三十多岁的人了,遇到一点事儿就一惊一乍的,让我说你什么好呢?"

这是一点事儿吗?搞不好自己的前途都完了!想到这儿,孙建的心沉了下去。

侯国良打量着他的神色,放缓了语气:"你放心,你是我的人,只要我还在这个位置上,就会想办法保住你的。说到底,人家有营业执照,有合格证,你只是工作失误。到时候我和领导解释一下,问题不会太大的。"

指望侯国良保他？孙建慢慢冷静了下来。

把事情在脑子里过了一遍后，他突然笑了："侯总，您说得对，我不是刚来时的我了。您的确了解我，但我对您也不是一无所知。为什么会选择这个供应商，这背后有什么交易，您比我更清楚。您的本事大，我相信您自有办法摆平这件事，但是，这么大的一口黑锅，我确实背不了。"

说完，孙建起身准备走。

背后，侯国良叹了一口气："既然如此，孙建，就别怪我不念旧情了。人在职场，会有这一天，其实你早就应该想到的。"

02

接到侯国良电话的时候，郗娆正在给奥斯卡洗澡。

不知道是不是因为这次程牧野在旁边，这只洗澡时一贯只会发呆的狗子突然人来疯，郗娆刚给它涂了泡沫，它就欢快地跳了起来，全身抖得像触电似的，甩了两个人满身满脸。

郗娆本打算板起脸来吓唬它，侧头却看见程牧野笑容舒展，于是也绷不住地跟着笑了。两人一狗，阳光下，这场景倒是有点儿"你在闹，他在笑"的味道。

凭空叫人心生欢喜。

所以，这通不合时宜的电话，郗娆其实是很不想搭理的。

可迅达集团是她的老客户，分管人力资源的副总经理又是她的师兄，这个人情，她无论如何都要给，更何况人家不是不给费用。

"您好，侯总。"郗娆摘下手套，任凭程牧野用纸巾擦着她脸上的泡沫，"事情经过我大概了解了，时间上，您这边有什么要求？"

"越快越好。"电话那边的中年男人说。

"这么急？"郗娆挑眉，敏锐地察觉到有什么地方不太对劲。

他们要裁掉的是一位叫孙建的基建主管，给出的理由是对方不胜任岗位。

可明明公司的新办公楼尚未交付使用，正是需要基建主管做事的时候，就算不胜任岗位，也可以等招到人之后再进行替换。现在这种马上让人家走的态度，反而透露出一点"背后另有隐情"的味道。

但这和郗娆没什么关系。

她的工作只是和对方协商，了解对方的诉求，利用各种资源去争取一个好聚好散的结果，仅此而已。

至于别人公司背后那些见不得光的东西，她没兴趣。

第二天下午，郗娆约见了孙建。

郗娆坐在星巴克临街的位置，隔着落地玻璃窗，看见孙建从远处走来。孙建穿着灰色夹克，长相普通，如果忽略他有些憔悴的脸色的话，倒也算是白皙干净。

这是一个性格偏软、不怎么精明的男人，郗娆做出了初步判断。

03

"是不是侯国良让你来的？"

郗娆客客气气地做了自我介绍之后，孙建抿着唇看了她几秒，问了第一句话。

"准确地说，我接受的是贵公司的委托。"郗娆笑了笑，抬手示意他坐在自己对面，侧身从文件袋里拿出两张纸，推到孙建面前。

"公司认为您无法胜任当前的岗位，为了对彼此负责，希望能够和您协商解除劳动合同。这是您担任主管以来出现过的工作失误，以及给公司造成的影响，您不妨先看看。"

"工作失误？"孙建垂下眼，笑了一声，带了些自嘲，却还是把那两张纸拿起来，一行一行地看了下去。

郗娆看到，他的唇越抿越紧，手指将纸捏出了一个褶皱，于是适时开口道："其实我理解，谁的工作中都可能会出现这样那样的问题。不过，既然公司的态度已经很明确，您再留下去，恐怕也没有太大的意义……"

她本是好意，毕竟被否定是令人尴尬的，却没想到孙建突然看向她，眼里的愤怒几乎要溢出来。

"你理解什么？"他的声音低沉，"说我工作有问题？呵，你根本什么都不知道！"

说完，孙建猛地站了起来，似乎在极力控制着情绪："对不起，郗小姐。请你转告他，兔子急了还会咬人呢，想让我走，没那么容易！"

直到他的背影消失在视线里，郗娆才重新端起咖啡。咖啡还热着，谈话就结束了，这对她来说是很少有的情况，她甚至还没来得及把离职补偿金核算单给对方看。

此刻的孙建，并没有心情去看什么核算单。

回到办公室，人冷静下来了，心却更沉了。有下属进来问他强弱电施工报价的事，看都不看他的脸色，自顾自地说个不停，吵得孙建脑子里一团乱麻。

他果然没有个主管的样子，谁都不把他当回事。

孙建苦笑一声，却也没说什么。忍到下班，他踩着点打卡回家，在楼下买了菜提上去。老婆燕玲要吃红烧排骨，得他动手做，至于他的心情怎么样，没人关心。

04

说起来，他走到今天，和燕玲不无关系。当然，主要还是因为遇到了侯国良。

孙建是被侯国良招进公司的，那时，距离孙建的三十岁生日还有一个星期。

因为之前的工作经历很杂，从库房管理到工程项目监理，孙建不知道自己算不算得上"门门通"，但肯定不是"一门精"，所以，对于能找一个什么样的工作，他自己很茫然。

恰好看到迅达集团条件保障部招聘基建专员，负责办公场地的改造维护，孙建看来看去，觉得合适，便投了简历，顺利地接到了面试通知。

他去参加面试的时候满怀信心。只是没想到，等着参加面试的人那么多，更没想到，和自己这个大专生竞争的，不乏名校本科生、研究生。孙建当时就蔫了，甚至打了退堂鼓。

三天后，意外之喜，他接到了公司的 offer。

"也许是领导看你顺眼呢？"燕玲很高兴，破天荒地表扬了他，"毕竟那些人的学历虽然高，但不一定有你沉稳。"

他沉稳吗？孙建不知道。

仔细想想，自己并没有什么出彩的地方。不过，当时作为部门经理兼面试官的侯国良问了他这样一句话："你认为什么叫忠诚？"

孙建说："听领导的话，领导让做什么就做什么，努力为领导排忧解难。"

也许，他是因为这个被录用的？

孙建没想那么多，高高兴兴地去上班了。

隔天，供应商请侯国良吃饭，侯国良带上了他。席间，侯国良一会儿让他催菜，一会儿让他出去买烟，甚至叫代驾、帮客户挪车这些事，全都吩咐他去做。

虽说这可能是领导的信任，但看起来怎么都有点像跑腿打杂的，孙建心里有了几分不满。

他回到家，把这些情况和燕玲一说，燕玲的手指头恨不得戳在他脑袋上。

"你说你，学习不怎么样，哪来的这书呆子气呢？"她恨铁不成钢，"除了跑腿打杂，你对领导还能有什么用？你不好好跑腿打杂，人家凭什么信任你？以后有机会凭什么给你？一把年纪了，这点儿道理都不懂？"

燕玲家里是做小生意的，她的脑子一向比自己的脑子灵活，孙建被戳开了窍，明白整个部门里面就属自己的学历低，能力也说不上出色，大概只有向侯国良靠拢，才有机会往上走一走。

毕竟三十多岁了，如果能有个机会升到管理层，现在的鞍前马后，他倒也不是那么在意。

只是，跟了侯国良五年，管理职位倒是早早地坐上了，却没想到会有今天。

工作失误？孙建承认自己有。但这么多年，侯国良指东，他不打西，给自己罗列那么多罪状，他怎么好意思？

到底还是忍不住，孙建把洗了一半的排骨往水槽里一扔，转头去阳台上抽起了烟。

05
HR DIARY

郗娆一边喝咖啡，一边翻手机通讯录。翻着翻着，她想起来一个人。

那是她几年前的同事，两人一起出过差，关系不错。

后来，郗娆先跳槽，一脚踏入程牧野给她推荐的那个坑里，不仅充当了人家的刽子手，还很快被扫地出门；而这位叫文悦的姑娘，先是跳到了迅达集团人力资源部，不久前，又跳槽去做了专职培训师。

这应该是最了解迅达集团的人员情况，而且能直言不讳的人了。

郗娆发了一条消息过去："晚上有空吗？小龙虾约起来？"

对方很快发过来一个"好"，紧跟着说："你请客。"

郗娆笑："没问题。"

因为吃饭的地方在文悦的公司附近，郗娆反而成了晚到的人。

"条件保障部的主管孙建，你熟悉吗？"点了菜，叙了旧，郗娆终于进入正题。

"谈不上熟悉，只是认识，你怎么会知道孙建？"随后，文悦恍然大悟，带了一点不可置信地问，"难道公司准备裁掉他？"

郗娆点头。

"不应该啊，侯国良没帮他说话吗？"

"侯国良为什么要帮他说话？"郗娆问。

"孙建是侯国良的人。"文悦说着，略有些不屑地笑了笑，"人在江湖，虽然说猫有猫道，鼠有鼠道，但孙建这个道有点让人看不上。公司不是新建办公楼吗？我没离职的时候，有一次和他们部门的人一起去看工地。那天飘着点儿小雨，沾衣不湿的那种，我担心睫毛膏会花，就从车里拿了一把伞。结果你猜怎么着？孙建把我的伞借走了，跟在侯国良身边，给他打着。那样子，就跟伺候老佛爷的大内总管似的，我都没眼看。"

"真的？"郗娆忍不住笑，"真成个秋儿了。"

"什么？"

郗娆解释道："四川话，'跟班'的意思。"

"可不就是跟班吗？"文悦很认同这个词，"不过，人家也没白跟着侯国良。刚开始，侯国良是部门经理，但他在集团有人，前几年提了副总。当时，他建议过由孙建接他的位置，只是孙建的资历不够。总经理不好不给侯国良面子，便将孙建任命为主管。级别是低一级，但好歹位置占上了，提经理是迟早的事。所以说，侯国良对他还是不错的，不然就凭他自己，怎么可能进入管理层？"

这就奇怪了。

郗娆手里剥着小龙虾，思绪却在这件事上转，怎么想怎么不对劲儿。

既然孙建是侯国良一手扶上去的，侯国良怎么可能因为他那些可大可小的工作失误，要求裁掉他？

难道是因为孙建做了什么惹怒侯国良的事？

郗娆百思不得其解，决定回去问问程牧野。对于人性，她觉得那个男人比自己认识得深刻些。

06

"孙建没说为什么不愿意拿钱走人？"听她把前因后果说了一遍，程牧野问。

郗娆摇头："他只说'你根本什么都不知道'。"

"那你就逼一逼他。"程牧野想了想，"既然是协商解除合同，他肯开价你才能还价。迅达集团的新办公楼涉及不少采购项目，如果说孙建从头到尾两袖清风，你信不信？"

"他看起来，不大像敢拿不明收入的……"郗娆想起孙建的样子，犹豫着说。

即使这样，她还是决定试一试。

程牧野说得对，必须得让孙建开口。虽然有些事她不想知道，但关系到这个案子能不能好好完成的事，她必须知道。

第二天约孙建，她自报家门后，人家就挂断了电话。这种拒绝沟通的裁员对象郗娆不是第一次遇到了，所以她立刻直接找上门去。

孙建没有自己的办公室，他的工位在条件保障部最里面，只是用几盆高大植物隔出来了一个相对独立的空间，里面说什么话，外面可以听得一清二楚。

郗娆到的时候，孙建正在接电话。他将声音压得很低："我觉得才上二年级，没必要上辅导班……我不是怕花钱……"

正说着，转头看见郗娆，孙建顿了顿，对电话那边说："行了行了，你看着办吧，我这儿忙着呢。"

等他挂断电话，郗娆回头看了一眼在外面坐着的几名员工，又看向孙建："在这里谈，还是出去谈？"

孙建皱眉，有些咬牙切齿，声音却几不可闻："你有完没完了？"

"没完。"郗娆笑了，也放低了声音，"这么僵持着，对我没好处，对你也未必有什么好处。你应该知道，公司想要一个人走，办法多的是，何必呢？"

"大不了撕破脸，看谁难堪。我都这样了，还有什么可顾忌的？"

"也难怪你不愿意离职。"郗娆沉默了一会儿，又笑了，俯身靠近了孙建，"听说你不久前才换了车？工程项目，操作空间很大吧？说起来，舍不得也是人之常情。"

话音一落，孙建的脸一下子就涨红了。

"你不要含血喷人！"他双眼赤红。

郗娆摆手打断他："我在楼下的星巴克等你。跟不跟我谈，你自己考虑，但是让你走这件事已经成了定局。现在你该做的不是和谁赌气，而是为自己争取应得的利益，你明白吗？"

07
HR DIARY

一杯咖啡喝完，孙建没有来。

其实，裁员虽然不是一件令人愉快的事，但只要补偿金能谈好，大多数人是会接受的。这就像离婚，你都看不上我了，我强留下来，也是一件很伤自尊的事。

然而，孙建似乎并不关心补偿金。

或者说，对他来说，有比补偿金更重要的事。不知道为什么，郗娆感觉侯国良肯定是知道些什么，但他是绝对不会告诉自己的。

郗娆有些厌烦这种客户，所以在侯国良打来电话催促她的时候，她直截了当地告诉对方这个案子需要时间。

就算孙建不胜任工作岗位，按照相关法律规定，也要在培训或者调整岗位之后仍然不胜任的情况下，公司才有权利解除劳动合同。

"也就是说，你也没有办法让他马上走人？"听完她的话，侯国良问。

郗娆语气肯定："是。"

那边沉吟了一会儿，压低了声音："如果他有严重的工作失误，甚至涉嫌贪污受贿呢？"

"那倒是可以直接解除劳动合同，甚至走法律程序。"郗娆一顿，"有证据吗？"

"你知道，这种事情很难拿到证据的。"侯国良模棱两可地说，"我们工地上新进了一批塑钢窗，工程队的人说质量有些问题……这件事我还在核实。听说孙建和那个供应商关系不错，有人看见过他们在一起吃饭……"

这并不能算是有证据。

不过，倒是可以拿这件事和孙建谈谈。如果他真的做了什么出格的事儿，他自己会权衡利弊。这个时候离职，对真的贪污受贿的人来说，算是一种金蝉脱壳的办法。

郗娆决定第二天再找孙建谈谈。

当天晚上，程牧野有应酬，没开车。将近十点，郗娆接到他的消息，说让她去接，顺便介绍几个朋友给她认识。

吃饭的地方在本市著名的美食广场。郗娆过去的时候，地面已经没有停车位，于是她把车开进了地下车库，直到负三层才找到一个边角位置，把车停了。

熄了火，她正要下车，后视镜里突然出现一个有几分熟悉的人影。

那人穿着灰色夹克，戴了一顶棒球帽，借着两辆车车尾的空隙悄悄往前走。

孙建？

郗娆忍不住回头多看了两眼。

正是这两眼，她突然发现，孙建的斜前方还有一个人。

那人手里似乎提着东西，低着头，慢悠悠地在裤子口袋里摸车钥匙。正是侯国良。

孙建为什么会和侯国良同时出现在这里？而且，看孙建的样子，是悄悄跟在侯国良的身后。

他想干什么？郗娆一瞬间紧张起来。

08

郗娆下了车，轻轻关上门，跟在孙建后面。

孙建的注意力完全集中在斜前方的侯国良身上。侯国良的车停在一个转角处，那里本来不是停车位，而是一处机房的入口。

机房已经废弃，虽然昏暗，且是监控死角，却很宽敞，不失为一个上佳的停车位，常来吃饭的客人都能熟门熟路地找到。

侯国良走进了那片黑暗。

"侯国良!"孙建喊了一声,大步追了过去。有一道光影从郗娆眼前晃过,她反应过来,忍不住惊呼:"孙建!"

黑暗里传来侯国良的声音:"孙建!你要干什么?"

"是你逼我的!"孙建喘着粗气,"你逼得我没有活路,那大家就都不要活了!"

"孙建!你敢!"

郗娆跑过去,眼前的两人已经扭打到了一起。

孙建握着匕首的手被侯国良抓住手腕,他挣脱不了,头一低,咬了上去。

"啊!"侯国良短促地痛呼一声,松了手。

孙建握住匕首就要往侯国良身上捅。侯国良反应不慢,翻身躲开,连滚带爬地去拉车门。

他原本已把车门拉开了一道缝,却被孙建从身后按住,他伸进车里的半条胳膊被夹在了车门缝中。

侯国良挣扎着要抽出自己的胳膊,孙建则举起匕首,准备划过去。

郗娆躲在墙边拨打完报警电话后,正好看到这一幕。

"住手!警察马上就来了,你这一刀下去,谁也帮不了你了!"

"本来就谁也帮不了我!"孙建嘶吼,"就是这个人,是他害我的!明明是他说要用这个供应商,也是他说质量没问题,走个过场就行了!现在集团要来现场审计,他就把我推出去!这个混蛋,我非杀了他不可!"

侯国良趁着他分神的功夫,抽出了手。

他手里拿了一个安全锤,大概是之前放在驾驶位旁边的,照着孙建的太阳穴用力地砸了下去。

孙建偏头躲开,却还是被砸到了耳朵。也许是因为吃痛,他手一软,蹲下身捂住耳朵,匕首"哐当"一声掉在了地上。

侯国良迅速弯腰捡起了匕首。

"侯国良,我提醒你,你再打他就防卫过当了!"郗娆看情况不好,急忙大声喊。

这时候,远处有人跑了过来。

"警察!"一个男人的声音传来,"蹲下!所有人都蹲下,手抱头!"

侯国良推开孙建,靠着自己的车蹲了下来。孙建缓了过来,还想扑上去,被赶到的警察按在了地上。

郗娆终于松了一口气。

09

做了笔录出来后,郗娆听见有人叫她:"郗小姐。"

"你认识他吧?"一名警察指着不远处一边哭、一边把脑袋往桌子上撞的孙建,"他的情绪不太稳定,你能不能先和他沟通一下?"

郗娆想了想,点了点头。

她也想知道这个人是怎么想的。不就是一份工作吗?至于你死我活的?

两个人进了一个小房间,警察在门口守着。

"侯国良受贿。"孙建抹了抹眼泪,开口就是这句话,"他想让我背黑锅,我不同意,他就想把我赶出公司。我知道他是怎么想的,我走了,集团发现问题后,他可以推到我身上,他自己就干净了。可有了这件事,哪家公司还敢用我?我去应聘,人家一做背景调查就知道了,到时候,我冤死了都没地方说理去。"

"为了这件事,你就要把自己的人生毁了,值得吗?"郗娆问。

"我能怎么办?这么多年,我帮他背过多少黑锅?你列在那个单子上的工作失误,几乎每件事,都是我替他顶的。"

说到这里,他忍不住想起他帮侯国良背第一个黑锅的那年秋天。

当时,公司现在这个办公楼空调设备老化,需要改造。侯国良让他负责这个项目,背地里却直接发了一份合同给他。孙建不是不明白什么意思,于是简单地走了一下流程,就和这家公司签了约。

没想到,虽然这家公司的经营范围包括空调工程,却根本没有自己的施工人员,临时拼凑出来的队伍,协调配合很成问题,导致工期受了影响。

当时,侯国良并没有说什么,只是在总经理问起的时候,看了孙建一眼。孙建掂量了一下,觉得责任不算大,就主动承担了。

总经理批评了他几句,说他经验不足,侯国良在旁边做了自我检讨,这件事就算过去了。

之后,类似的情况也有一些,多数是孙建站出来背锅。这样做的好处很快就显现了出来——侯国良越来越信任他,几次调薪的机会都给了他,后来侯国良升职,立刻把他提拔了起来。

10

"我以为我能这样一直做下去呢,毕竟我忠心耿耿,"孙建的脸上出现了愤恨的神色,"没想到,这个人翻脸不认人。我跟了他这么久,他明知道这次的事情很严重,如果我背了黑锅,可能就要被一撸到底,还强行要求我站出来。我才三十几岁,背了这个黑锅,以后在公司还能有什么发展?那我这么多年不是都白干了吗?"

"你从开始替他背黑锅,就应该想到会有今天,你刚才说他受贿,有证据吗?"

"每个人都问我'有证据吗'。"孙建笑了起来,却比哭还难看,"我举报他,集团纪检部的人也问我有没有证据。回到家,我老婆指责我太冲动,没有证据就不要去举报。可是,侯国良是什么人?他那种人,拿了别人的好处,会给我留下证据?不可能的。但我知道,他肯定拿了。要不然，他为什么要选这家供应商？明明比这家规模大、品牌知名度高的有很多。我当时收集了好几家的报价，汇报的时候，侯国良却让我把性价比最高的几家删了……"

孙建激动地说了许久，郄晓抓住了关键词。

"你举报了侯国良？"她问。

孙建自嘲地笑了："我太天真了。你知道，我没有证据，举报有什么用？我刚和纪检部的人谈了话，侯国良就知道了。他说，他能把我提上来，就能让我什么都没有。他说，他改主意了，不打算让我走了，就等着集团来内审，等塑钢窗的质量问题暴露出来，看人家是相信他还是相信我。"

怪不得孙建气得失去了理智。这一刻，郄晓倒是有些理解他了。

"我去和侯国良谈谈，希望他能不追究今天这件事。"这个闲事儿，她本来不应该管，但既然已经知道了这么多，郄晓觉得，让她坐视不理有一点困难。

"你后悔吗？"临走的时候，她问孙建。

孙建目光茫然："不知道……大概，匹夫之怒就是我这样的吧？"

"我说的不是今天。"郄晓顿了顿，"这几年，你巴结侯国良，通过替他背黑锅得到了甜头，所以就一直这么做，以为这样就能得到自己想要的。现在，你后悔吗？"

孙建抬头看她。

郄晓看着他继续说："虽然不该这么说，但如果你有真本事，就算侯国良要把你扫地出门，你也会有更好的去处，何必搞成这样？"

直到她走出去，孙建都没有再说话。

11
HR DIARY

没有等郄晓找侯国良，她就从办案民警那里听说，侯国良并不打算追究孙建的法律责任。

郄晓觉得，大概是侯国良做贼心虚，担心把孙建逼得太狠了，他会拿着自己那些事到处宣扬。就算没有证据，众口铄金，也是很让人头疼的。

因此，孙建被拘留了十天后，被放出来了。

出来后，他给郄晓发了消息，说同意离职。办手续的过程中，他一个字也没提过侯国良。这让郄晓有些吃惊。

孙建似乎很平静。

"这些天在里面，我突然有了很多时间，反复想了想你说的那些话。"他说，"其实，这些年，我原本有机会去进修，提升一下学历，或者考一些证书。去年，我们部门有人考了一级建造师，被一家地产公司挖走了。可我认定了自己能力不行，除了靠他，没有别的出路，尤其是在他把我提上来以后，我的精力都用在了向他表忠心上，从来没想过提升自己。有今天，不全是别人的问题，我自己也得认。"

这话，郄晓倒是同意。

"那侯国良呢,你不再去举报他了?"她问。

孙建转过头,叹了一口气:"他早晚会出事。我得到甜头了,所以巴结他。他呢?他从什么上面得到了甜头?拿惯了的人,不再拿是不可能的。"

后来,郗娆接到过孙建的一个电话。他去了朋友开的一家小公司,还是做项目监理,算是从头再来。

一年后,郗娆几乎已经忘了这个案子时,有一次和文悦吃饭,偶然听说侯国良出事了。

似乎是迅达集团找了合作伙伴,交叉审查供应商,发现了他有问题。能不能查实受贿不知道,不过他想保住现在的职位是不可能了。

"我真没想到他是这样的人,"文悦说到一半,笑了,"不过也是,连腰带都是奢侈品,凭他的工资,怎么可能买得起呢?"

这时候,孙建还在每天跑工地,穿着一身藏蓝色工作服,经常灰头土脸的。

郗娆却觉得幸亏他早离开了。

在三十五岁的年纪明白应该怎么经营自己的职业生涯,虽然晚了点儿,但还是来得及的。有些甜头,吃了第一口就会想吃第二口,到最后都是毒药。

比如侯国良。

已经没有了回头的路。

矽肺工人

01

昏暗的走廊尽头,两扇老旧的红棕色木门紧闭着,将门里门外分隔成了不同的世界。

郗娆走到门口,回头看了一眼身后的程牧野。

"没事。你不做也要有人做,这一点是改变不了的。"程牧野放软了语气,"何况,有我在呢。"

郗娆点头,微微叹了一口气,抬手推开了门。

里面,原本在七嘴八舌地说话的人瞬间安静下来,视线齐刷刷地投在她身上。郗娆整了整西装领口,勾起一个职业化的笑容,大踏步地朝着他们走去。

高跟鞋落在旧式红木地板上,声音清脆,一个女人小声地问旁边魁梧的中年男人:"老杨,她就是那个什么顾问?"

郗娆走到会议桌最前面,放下手里的文件夹,双手撑在桌面上,目光在所有人身上打了一个转,最后落在中年男人杨宜山身上。

"各位好,我叫郗娆。受河岭碳素厂委托,来与大家沟通协商解除劳动合同的相关事宜。"

也许是因为她这种表达用词太官方,对这些碳素厂的工人来说不那么接地气,她话音落下之后的几秒钟里,所有人都只是茫然地看着她,似乎没明白她的意思。

那个女人扯了扯杨宜山的袖子:"她说的……是不是和厂里说的'开除'意思一样?"

这下,其他人也反应过来了。

"不是开除。"郗娆略微提高了声音,解释道,"协商解除劳动合同的意思是,因为各位长期病休,公司确实不能继续聘用大家了,但是公司可以按照法律规定,给予各位经济补偿……"

"能给多少？"坐在角落里的一个男人突然打断她，问道。

郝娆循声看过去。那人头发花白，身量很高，此刻佝偻着背，形容枯槁。要不是她确定这批人中年龄最大的只有五十二岁，几乎要以为这是一个年逾七旬的老人。

"12个月的工资，1个月的'待通知金'。"郝娆压下涌上来的心酸，温声解释，"工作一年补偿1个月的工资，12个月封顶。各位的工作时间均超过了12年，所以按照封顶标准支付。"

"也就是说，只有一年多的工资？那往后怎么办呢？这一家子，老的老，少的少，哪儿哪儿都得用钱……"他越说，唇色越白，整个人都抖了起来，犹如风中的残叶，看起来很是可怜。

杨宜山不忍，起身走到他身边安慰道："老邱，你先别上火，这事儿不是他们想怎样就怎样，咱们还没同意呢。"

"胳膊哪拧得过大腿……"说到这里，老邱猛地捂住嘴咳嗽起来。

郝娆和程牧野对视一眼，找了一个纸杯，倒了一杯水给他端过去。

"您喝点水，这件事还在协商阶段，大家有什么想法，都可以提出来，我会反馈给公司，尽量争取……"

她的话音未落，老邱突然狠狠咳了一声，一口鲜血顺着指缝喷了出来，溅在了郝娆光亮的鞋尖上。

"老邱！"随着杨宜山的惊呼，郝娆忍不住退后一步，靠在了赶过来的程牧野身上。

她没想到会发生这样的事情，那殷红的鲜血让她手脚冰凉，愣在了当场。

02

这个案子是王穗穗给她牵的线。郝娆一听说案子涉及的都是患有矽肺这种职业病的人，而且平均年龄快到五十岁了，就让王穗穗直接回绝。

然而，第二天，王穗穗又发了消息过来。

"河岭碳素厂的王总是我的叔叔，你就当帮我，和他见个面吧。就算听他说完你还是不肯接这个单子，我也算尽力了。"

话说到这个份上，郝娆只有答应。

见面的地方是一家中餐厅，以素餐闻名。郝娆推开包间门，一眼就看到王穗穗和一个四十多岁的中年男人坐在里面。

王穗穗介绍郝娆的时候，王总一直面带微笑，目光却不停地上下打量她。郝娆觉得对方并没有多么信任她，那么，依然执意让她接这个案子，只能说明一点——这件事非常棘手，对方找她，只是想死马当成活马医。

这样一来，她就越发不愿意接这个案子了。

就在她琢磨着怎样拒绝比较好的时候，坐在对面的王总率先开了口。

"我在河岭碳素厂工作快二十年了，看着它由盛转衰，这种心情，你们年轻人是很难体会的。公司鼎盛时期有三千多人，到去年年底，只剩下不到九百个人，这些人里还包括将近一百个患了职业病、长期病休的职工。也就是说，八百个在职员工，不仅自己要生存，还要养活病休职工。前段时间，有人要收购我们厂。这对河岭厂来说，算是绝处逢生。可人家嫌我们历史问题多、负担重。不得已，我们陆续劝退了一批年轻的病休职工。剩下的这些病休职工年龄都比较大，身体也差一些，再加上没有其他技能，劝退起来……坦白说，难啊。"

"既然清楚他们的情况，为什么一定要劝退他们呢？"郗娆直视着他，"您别怪我说话难听，他们一辈子在你们厂工作，现在您说不要就不要了，您让他们怎么生活？这根本就是既残忍又不现实的事儿！"

王总的神色略有几分尴尬。

"郗小姐，您以为我愿意裁掉他们吗？"他苦笑着解释，"这些人里面，有的和我一起进厂，有的甚至在生产车间带过我。可厂子已经连续亏损三年了，如果不把握住这次机会，等待着我们的就是破产清算。到时候，别说是病休的职工，就是在岗职工都要失业！我这个总经理无能，没本事让厂子起死回生。然而，这次就算要背上骂名，我也得努力去试试。毕竟，相比这些人，我首先要考虑的是那八百个职工的未来！如果能为他们找到一条出路，残忍也好，不近人情也罢，我都不在乎了。"

郗娆突然有些说不出话来。

她甚至觉得自己刚刚问的问题有点可笑。

包间里安静下来，只有王穗穗一边夹菜，一边找话题打圆场。

"好，这个案子我接了。不过，裁员归裁员，这些人在你们厂干了一辈子，他们该得的利益，我希望您这边能够保证给到。这既是为了案子能够办成，也是为了不让在职员工寒心。"

03
HR DIARY

晚上回到家，郗娆把事情说给程牧野听，他挑眉："你接了这个案子的话，弄不好可是会被当成帮凶的。"

郗娆不说话。

其实，接这种案子，说心情不沉重是假的。

尤其是在回来的路上，她打了电话给做医生的朋友，知道了矽肺这种病的可怕性。

程牧野起身倒了一杯水，递到郗娆手上。透明的玻璃杯里放了菊花和枸杞，红黄相间，很是好看。

"两难。"郗娆低头喝了两口水，在氤氲水汽里轻声说。

"个人的利益和企业的利益，或者说一部分人的利益和整体的利益，有时候确实很难达成一致。"程牧野说着，也有些遗憾，"所以，有牺牲是在所难免的，无非是两害相权取其轻。"

"可为什么是他们作出牺牲？"郗娆有些犹豫，但还是说了下去，"你能不能找找看，有没有适合他们的工作机会？这些人中，很多还是有一些劳动能力的。"

"娆娆。"程牧野有些无奈，"别说我是猎头，就是街边那种专门介绍体力劳动工作机会的小职介所，恐怕都不敢接他们的单子。你知道为什么吗？"

他在郗娆对面坐下，索性把话说得直接了一些："在职场，要么你有资源，要么你有能力，要么你拼得起体力。以前你接手的案子，那些人只是不适合某个岗位，不代表其他岗位也不能胜任。可这次不同，不客气地说，老弱病残，要技能没技能，要体力没体力，恐怕连送外卖都不行。就算有送外卖这样的工作机会，有多少健康的人在等着，凭什么就能轮到他们？"

郗娆沉默半晌，静静地看了他一眼："你以前说过，所有人都有适合他的位置，你要做的就是帮他们找到这个位置。"

"我收回这句话。我们生活的地方是钢筋水泥的丛林，物竞天择，适者生存，这才是丛林法则。"

"我明白了。"说完这句话，郗娆一口把水喝完，起身去厨房洗杯子。

"生气了？"程牧野看着她的背影。

"没有。"郗娆仔细地把杯子擦干，转身挂在杯架上。

"你不明白。"她和他对视，"你这句话，我十二岁的时候就明白了。我爸和我妈按部就班地上班、工作，规规矩矩，连假都很少请，结果突然有一天，下岗了。你说他们有什么错？出去找工作，人家嫌他们年龄大，没有一技之长。按照你说的丛林法则，他们只能被淘汰出局。可不行呀，他们的女儿还要穿衣、吃饭，他们没有退路……"

郗娆说着，觉得自己的眼角湿润起来。

她也不知道自己为什么会这么激动。只是，这个案子让她想到了自己的父母，想到了过去那些每天担心交不起学费的日子。

程牧野也明白这一点。

他握住郗娆的指尖，有几分无奈。明明自己才是帮别人找工作的，郗娆只负责裁员就行了，为什么现在好像反过来了呢？

"我先找人问问吧，也许运气好，也说不定……"他只好这样说。

04

第二天，郗娆带着合同去河岭碳素厂签约。

穿过竖着大烟囱的厂区时，她遇到了一些下夜班的工人。他们刚洗了澡，头发还湿着，手上拎着塑料袋，里面装了半袋子黑木耳。

似乎是因为厂里发了东西，大家说说笑笑，每个人都很高兴。

郗娆目光微凝。她想起来了，民间传说，黑木耳是清肺的，工厂发这些东西，是因为这些工人每天有八个小时要呼吸带着粉尘的空气。这实在不是一件值得高兴的事情。

正在这时，一个微胖的中年女人迎面走来。

"是郗小姐吗？"她远远地就对郗娆打招呼，"我是人事部负责人张琼，王总让我出来接你。"

张琼是公司的老员工了。她十八岁中专毕业后进厂，到现在整整二十六年。要说谁最清楚这个厂里的人和事，非张琼莫属。

"这一批要裁的人，张姐您都认识吗？"郗娆明白，王总派张琼来接她，是让张琼给自己提供消息的。

"怎么不认识？名单上还有我师父呢！但凡厂里有一点办法，谁愿意走到这一步？"

郗娆点头："厂里的情况，你和大家谈过吗？"

"去年就谈过了。要不然，之前也不会有那么多人同意拿着补偿金走人。有人担心拖到最后，厂里连补偿金都给不起了。"

走的都是年轻一些的，虽然身体不算好，但也能自谋一条生路。甚至有的人病休期间就在外面支起了小摊子，赚的钱不比上班少，这时候有钱拿，自然愿意。

至于不肯走的，郗娆猜想，大概是真的没有办法，只能拖一天算一天，寄希望于厂子能好起来，自己可以顺利退休。

"那……这些人当中，有没有那种比较有号召力的？"见张琼不明所以地看着自己，郗娆索性说得更直接，"就是大家都相信他，愿意听他的话的那种人？"

张琼反应过来了："您想擒贼先擒王？"

这个说法虽然不太合适，但也切中要害。

"你找杨宜山吧。他之前做过工段长，为人豪爽、热情，在老工人里面挺有威信的。"张琼说。

05
HR DIARY

只是，杨宜山不那么好找。

郗娆把电话打过去，他的手机欠费了。她给他充了十块钱话费，再打，接电话的是一个操着本地口音的中年男人。

"你说你是谁？"大概是因为郗娆口中的"职业顾问"对他来说是一个相当陌生的名词，杨宜山这样问。

郗娆决定直说："杨先生，河岭碳素厂和您谈过关于协商解除劳动合同的事情吧？现在他们把这件事交给了我，我想和您面谈一下。"

"我说了，我不同意。"对方的语气很不客气，"当初进厂的时候，让我们奉献。我们奉献了，结果呢？现在用不上我们了，就想把我们扫地出门？这事儿说出去，谁不说他们欺负人？还有什么可谈的？"

"我理解您的心情，所以……"

电话那边传来尖锐的忙音，对方已经挂断了电话。

郗娆再打，提示音变成了"您所拨打的电话不在服务区"——杨宜山把她拉黑了。

好在这些人住的都是厂里提供的改造房，郗娆按照张琼提供的地址，很快就找到了杨宜山住的小区。

小区比较老旧，这几年没有什么人在管理，楼道很破旧，各种小广告像牛皮癣一样贴在并不洁白的墙面上，让郗娆恍惚觉得，她像是回到了十几年前自己的家。

她在四楼一扇黑色的铁皮门前停下了脚步。

"请问，杨宜山在家吗？"敲了几下门，听见一个中年女声问话后，郗娆问。

很快有人来开了门。

女人四十多岁，穿了一件被洗得发白的碎花睡衣，带着几分茫然地看着她："你找宜山？"

郗娆点头，从包里拿出一张名片递给对方："我叫郗娆，是……是代替碳素厂来和大家谈事情的。"

"谈事情？"女人还是很茫然，"谈什么事情？"

郗娆正要开口，屋里走出来一个身材高大的男人。

也许是听见了郗娆的话，他的眉头拧成一个疙瘩："怎么又是你？还找上门来了？"

郗娆保持着职业化的微笑："不好意思，打扰了。可是杨先生，我真的需要和您谈一谈。"

杨宜山抬脚跨出门，反手带上了门，居高临下地看着郗娆："家里还不知道这件事，你们不要欺人太甚！"

06

人矮，气势就弱，郗娆退后两步，和他拉开了一段距离，才平静地说："您既不想让家里人担心，又想维护其他老同事的权益，就更应该和我谈一谈。"

"和你谈一谈，厂子就能不赶我们走了？"杨宜山的眉眼间带上了嘲笑，"还是你觉得你们这些念过书的人会说话，想骗我们大老粗轻而易举？"

"我并没有这个意思，我只是想请您为其他在职的工友想一想。当然，对于病休的工友，我们会尽力做到好聚好散。"

"好散不了。"杨宜山果断地说，"你别跟我耍花招。现在，大家虽然说拿不全工资，但好歹有口饭吃。要是我们把字签了，这几十家老老少少的，靠什么生活？"

他说完，转身往回走，走了一步，又回头指着郗娆说："你别跟我耍花招，也别再来了。不然，别怪我不客气！"

功亏一篑，郗娆只好回去找王总商量对策。她的意见是慢慢来，一个个做工作，总会找到突破口。谁知道王总等不及了，让张琼约这些人第二天下午到公司会议室和郗娆面谈。

这种方式其实很不好，容易让对方抱团，更难说服。

可郗娆别无选择。程牧野担心她的安全，把手上的工作都推了，专程陪她过来。

两个人谁都没想到，会发生老邱当场吐血这样的事。

他这一吐血，立刻刺激了其他人本来就敏感脆弱的神经，会议室里立刻乱了起来，不知道谁先开了口："你们这是想逼死别人吗？"

有了第一个，就有第二个，一群人围上来七嘴八舌地发泄情绪，话越说越难听。

"资本家不给工人活路，那大家都不要活了！"

"这女人就是资本家的爪牙，都把老邱气吐血了！咱们今天别放过她，让资本家知道知道把人逼急了的下场！"

说着，有人来拉扯郗娆的胳膊。

程牧野一个箭步挡在郗娆身前，护着她往后退，然而，群情一旦激愤，很难控制住，有几名工人伸手推搡程牧野，其他人也涨红了脸，大声质问。程牧野身强力壮，但不能对这些人动手，只能左躲右闪，很快便有些狼狈。

"今天没法谈了。"他不得不侧头小声对郗娆说，"你先走。"

郗娆却冷静了下来。

她摇了摇头，目光落在仍旧咳得撕心裂肺的老邱身上。

"现在说这些没有意义，首先要做的是送他去医院！"郗娆一边说，一边从程牧野身后走出来，走到老邱面前，仰头问旁边的杨宜山，"我现在打120，你能帮忙把他背下楼吗？"

07

也许是因为她的声音太稳，现场的混乱随之一静。

杨宜山反应过来，立刻点头："没问题！"

附近有医院，不到十分钟，救护车就赶到了。郗娆在其他工人或愤怒或复杂的目光中，跟在杨宜山身后，把老邱送上救护车。

"我不去医院……"老邱缓过来一口气，挣扎着要坐起来，"这一趟得花不少钱，用不着……"

"救护车是我叫的，钱由我出。"郗娆说完，指着老邱对杨宜山说，"你跟车，照顾着他点儿，我随后就到。"

她想让程牧野先回去。矽肺并发肺结核的概率很高，老邱这样子，十有八九是肺结核。如果真的是肺结核，很可能会传染。郗娆自己惹的麻烦，再怕也不能扔下不管，可程牧野不一样，她不想连累他。

然而，程牧野拒绝了，两个人谁都没有说服谁，只好开车一起跟着救护车赶到医院。

和郗娆猜测的一样，老邱患肺结核多年，病情已经相当危重，需要立刻入院治疗。老邱和杨宜山身上都没带钱，郗娆二话不说，垫付了住院押金，把人送进病房。

直到此时，杨宜山看向郗娆的目光里才多了一点温度。

"现在，我们能谈谈了吗？"走出医院大门，郗娆指着对面的咖啡厅，"不会耽误您太长时间。您也知道，这件事已经箭在弦上，拒绝沟通无法改变结果，相反，一些本来能够赢得的权益,可能会随着时间的拖延而失去。"

杨宜山其实明白这一点。

碳素厂会走到这一步,其实早有预兆。这几年,他们这些人不过是在苟延残喘,现在只是不想面对现实而已。

咖啡厅里灯光暖黄,比起老旧的会议室,倒是让人和人之间的距离感没有那么强了。

杨宜山什么都不肯点,郗娆只好给他要了一杯温水。

"现在河岭碳素厂的情况,您知道吗?"坐下后,她低声问。

"听说了一点。"杨宜山揉了揉脸,"我一年多没上班了。医生说,得了矽肺,得脱离粉尘环境,要不还会加重,等有了并发症,就不好治了。我家属被这话吓着了,哭天抢地,不让我去上班……早知道会这样,就不该办病休,起码还能有个活干……"

08

"有活干也未必能干多久。您知道,河岭碳素厂亏损严重,现在全厂都在指望被并购。只有被并购了,厂子才有机会生存下去。"郗娆把王总的话转述给杨宜山,"没有人希望走到今天这一步,厂里这也是无奈之举。"

"所以就要让我们作出牺牲,凭什么?"杨宜山脸上的表情并不像愤怒,而是认真,"我们这些工人到底做错了什么?厂子要卖给谁,我们不管,可我们的病是因为在厂子里干活得的,难道就不能给我们一口饭吃吗?"

站在自己的角度,杨宜山的想法并没有错。然而,企业是要盈利的,他们不能再为工厂贡献价值了,无论是谁来并购,都不会愿意为这些人额外支付成本。

郗娆决定实话实说。

"如果您和您的工友坚持不肯接受协商解除劳动合同,最后会是什么结果,您想过吗?投资方可能会选择其他工厂,河岭碳素厂会失去被并购的机会。现在,厂里的资金已经严重不足,马上就会面临停工停产。一旦停工停产,不仅是你们这些病休的职工,可能所有职工都会失去生活来源。到了那个时候,就算您想要拿着补偿金离职,厂里恐怕也拿不出那笔钱了。如果这样,您还认为现在的做法是对大家来说最好的做法吗?"

她这话说完,杨宜山明显犹豫了。

郗娆明白,杨宜山不肯离职,除了感情上本能地抗拒之外,更主要的原因是不知道离职以后该怎么办。他们那个年代的人看重"铁饭碗",想的是在一个单位干一辈子,单位就是他们的依靠。所以,郗娆首先得让他明白,河岭碳素厂这个单位已经要倒了,他们必须靠自己。只有这样,大家才能理性地去谈条件,才有解决问题的可能。

杨宜山想了一会儿,果然问:"离开厂子,我们能干点儿什么呢?有些人,比如我,还是可以干点儿活的。可是之前我去找工作,人家听说我的肺不好,都不愿意要。"

"这方面,也许我可以帮您联系一下。"一直安静地坐在一旁的程牧野突然开口。

郗娆侧头看向他。

"虽然我并没有把握。"程牧野继续说，"杨先生，您也知道，您和您的工友都不会什么专业技术，太累的工作也做不了。所以，我只能通过自己的关系尝试一下，工作和工资可能都不会太理想……"

"没关系。"杨宜山的眼睛里有了一点光亮，他搓着手保证道，"做什么都行，只要是我们能干的。我们不挑活儿。"

"那么，如果我们能够帮您和您的工友联系到工作，您负责去说服他们同意离职？"郗娆立刻说。

有的人宁可在家里待着，也不愿意去做那些只能"赚点儿小钱"的工作。对于这些工人，郗娆不是没有这方面的担心。

好在，杨宜山毫不犹豫地点了点头。

"你真的有办法？之前不是说不行吗？"回去的路上，郗娆问。

程牧野沉默了好一会儿，无奈地笑了笑："只有去找人帮忙了，还能怎么办？谁让有的人面冷心热，连职介所的工作都想抢呢？"

09

程牧野说他会找人帮忙，倒是一点也不假。

第二天，他约了一个做路边停车业务的客户，搭上好大的人情，人家才同意提供收停车费的岗位给他。

听到这个消息，郗娆心里的大石头放下了一半。

这两天，郗娆也没闲着，她正在找律师朋友咨询关于职业病人的工伤鉴定的事。

裁员名单上有十几个人的病情比较重，包括老邱在内，这些人已经丧失了劳动能力，距离拿到退休金却还有若干年，所以，帮他们申请工伤认定，争取得到工伤职工待遇是郗娆最后的办法了。

只是，这件事没有那么顺利。主要原因是河岭碳素厂近几年资金紧张，从去年开始就出现了欠保的情况。

于是，郗娆再一次约见了王总。

"我们是真的没钱，如果有钱，我不可能拖欠职工社保。"王总苦着一张脸，"您现在说让我给他们补缴，我拿什么给他们补缴？"

郗娆生气了："那您的意思是要眼睁睁地看着他们因此申报不了工伤？然后呢，他们靠什么生活？"

王总摊手："可我无能为力啊。"

"和你们的投资人去谈，或者向银行去借。"事已至此，郗娆不得不强硬起来，"王总，在法律上，根本不允许对职业病患者进行裁员，看在穗穗的面子上，我接了这个案子，一开始就说过，要保障这部分被裁撤人员的利益。现在，我能够保证，您什么时候完成了社保补缴，工人们什么时候签协商解除劳动合同的协议。"

说完，她起身走了出去。

一个星期后，王总联系她，说他们已经完成了社保补缴。于是，郜娆再一次约所有人面谈，帮他们申请工伤认定。

等工伤认定结果出来，杨宜山已经上班一个星期了。有他帮忙，其他人终于陆续同意协商解除劳动合同。郜娆把协议书交给张琼后，又继续跟进了补偿金的发放情况，一直到补偿金全部发放完毕，她心里的大石头才算是完全落了地。

只是，她等了很久都没有拿到自己的佣金——河岭碳素厂实在没钱了，郜娆不好意思催得太紧。

王穗穗倒是自觉，每天张罗着请客，让郜娆勉强接受了很有可能做了白工的结果。

"以后，这种案子还是尽量别接了，"一天晚上睡觉前，程牧野突然说，"费力不讨好。"

"杨宜山他们那边出问题了？"郜娆马上反应过来。

"人家雇用的大多是退休返聘的员工，不需要给他们缴纳社保。碳素厂的这些人没到退休年龄，客户要搭个社保进去，工资肯定就给的低了些。现在，有的人在找公司闹呢，说同工不同酬。"程牧野说着，揉了揉额角，"还好，这家公司的人力资源总监是我这边推荐过去的，一直很感激我，要不然，不知道会在背后怎么怪我呢。"

郜娆一时说不出话来。

费了这么大劲儿，原来并没有人感激她。

"算了，自从做了这一行，早就准备好了被别人当成坏人。我把这事儿和我妈说了，我妈这一次没有劝我转行呢。"

至少有人开始认可她的工作了，至于其他的是非，郜娆想，反正她也听不见，不如任人评说好了。

颠覆的舒适区

01

直到下了地铁,王雪晴的心里还有几分怅然若失。

虽然这么多年来她都是朝九晚五,赶不上真正的上下班高峰,可也从来没有坐过中午十二点的地铁。原来,这个时候的地铁里面是这样空荡荡的。

也是,这个时候,别人都在上班,就像之前王雪晴自己一样。也许从明天开始,她就用不着再两点一线了——单位裁员,王雪晴在裁员名单上。

那位漂亮却冷淡的职业顾问已经和她谈过,她打算回家和老公张建商量一下,如果他没有意见,王雪晴自己倒是愿意拿着补偿金走人的。

毕竟儿子开学就四年级了,成绩很重要,她想把全部精力放在家庭上。比起去上那个没有什么发展前途的班,培养儿子更重要。

只是,心里有点不是滋味。

"毕竟工作了这么多年,不可能一点感情都没有,习惯就好了。"王雪晴安慰自己。

推开家门,鞋柜下面放着一双黑色的男士皮鞋,是张建的。她开始有些惊讶,随即明白过来,老公昨天陪客户,回来得晚,今天大概在家里休息。

想着正好有事和他商量,王雪晴放下手里的背包,径直进了主卧室。

里面没有人,她转身去书房。走到门口,她听见书房里传来张建的声音。

"我当然想你。你要不要我过去?你说一句要,我马上去!"他说。

王雪晴的脑子里"嗡"的一声。直觉告诉她,和张建对话的是一个女人。

她猛地推开门。张建戴着耳机,背对着她坐在书桌前,桌上的笔记本电脑屏幕亮着,一个穿着黑色吊带睡裙的女人端着一杯红酒,姿态妖娆。

"你们在干什么？"王雪晴冲过去扯下他的耳机，指着笔记本电脑的屏幕问，"她是谁？"

张建先是一惊，本能地想合上笔记本电脑。可很快，他冷静下来，对视频那边的女人说："处理点儿事，等一下打给你。"

那女人笑了笑，看都没看王雪晴一眼便下了线。

"我问你，她是谁？"王雪晴的眼睛红了。

张建拧着眉，神情颇有些不耐烦："王雪晴，你看看你自己的样子，你吵什么？"

"现在是你在和别的女人暧昧不清！"她不可置信，"你还有脸说我？"

"什么叫暧昧不清？"张建理直气壮，"她是我的客户，我们在谈合同！算了，说了你也不懂，你的眼睛里，就只有屋里屋外这一亩三分地。"

"你这是在嫌弃我？"王雪晴的眼泪掉了下来，她扯着张建的胳膊说，"我明明听见你说那些暧昧不清的话，现在都成了我的错？张建，你还有没有良心？这些年，要不是我照顾着这个家……"

"行了行了，说了几百遍的话，你不烦我都烦了。"张建挥手打断她，"实话告诉你，我确实和她在一起了，你想怎么样呢？"

看着丈夫眼里的冷漠，王雪晴怔住了。

这还是当初那个为了追求自己，大冬天在她宿舍楼下苦等几个小时的男人吗？

"没事的话你出去吧，我忙着呢。"张建说完，转向放在桌上的笔记本电脑。

"我要离婚！"王雪晴的声音突然传来。

他嗤笑一声，手上发消息的动作不停："好啊，儿子归我。"

"昊昊是我带大的，凭什么归你？"王雪晴再次激动起来。

"就凭你没本事养活他。"张建看都没看她一眼，"就你那个工作，说不定哪天就让人家裁了。要儿子，你拿什么要？行了，我还没吃饭呢，赶紧做去吧。"

02

时间倒退回星期六上午。

难得郗娆和程牧野两个人都有时间，再加上奥斯卡闹着要出去玩，两人一狗便开着车去了湖边。

正值春末，天气、景致都好，湖边带着狗遛弯的人不少。"孤单少年"奥斯卡很快就和其他狗一起在草地上疯跑打滚，倒显得郗娆和程牧野有些无所事事，像在兴趣班外面等孩子的家长。

"我给你拍几张照片吧？"程牧野晃了晃手机，"我有一个玩摄影的朋友说，日常拍照主要在于构图，只要构图好，手机也能拍大片。"

"真的？行啊。不过，你要是敢把我拍丑，"郗娆挥了挥拳头，"小程同学，你可就要当心了！"

两个人正说笑着，郗娆的电话响了。

郗娆看了一眼手机屏幕，是她一个老客户，于是接通："您好，张总。"

"郗小姐，我有一件事儿啊，左想右想，还是得交到你手上才放心。"

"那就感谢张总的信任了，"郗娆客客气气地说，"为您排忧解难是我应该做的。"

正说到这儿，只听"咔"的一声，旁边程牧野举起手机，拍了一张她的照片。

郗娆瞪他，那人却眨眨眼睛："放心，很美。"

这一分神，没听清对方的话，郗娆只好问："您刚刚说想裁掉多少人？"

"三十二个。"张总解释道，"去年年底，我们有个合作商破产重组，集团这边就把债权转了股权，成立了一个物流公司。现在要裁的，就是那个合作商原来的那些人。"

据他说，这次要裁的人大部分是司机。其实公司最初是打算留用这些人的，毕竟物流公司的主要员工就是司机，这些人走了，他们还要另外再招聘。

只是，这家公司原来的员工惰性太强，并购后不久问题就暴露出来了，挑活儿、磨洋工、偷油的都是这群人。最后，几个车队的队长都不干了，说管不了这些人，要么他们走，要么自己走。

在这种情况下，公司一不做二不休，决定干脆把原来那些冗余人员和可替代性强的岗位上的人员一次性解决，避免以后更难处理。

只是长远考虑，公司 HR 不能直接出面。毕竟还有那么多人留下来，一旦 HR 动手裁员，就很难取得那些人的信任了，以后的管理难度会更大。

所以，这个恶人还得由郗娆来当。

03
HR DIARY

一开始，事情进展得很顺利。

郗娆刚把人召集到一起的时候，确实有些司机闹着要和他们打官司，还有人说要去政府上访，但等她把自己收集到的司机偷油的证据扔到桌上，他们的态度就有了明显的变化。

后来，郗娆把他们一个个叫到会议室给他们算离职补偿金，强硬且明确地告诉他们这个就是法律规定的补偿标准，公司给他们留了余地，如果他们再闹，公司不但一分钱也不用花，可能有的人还得去吃几天"公家饭"。

开大车的司机也算是有手艺的，其实并不难找工作。他们闹上一阵，发现不但不能多拿钱，还有可能惹出麻烦，便偃旗息鼓，该签字的签字，该联系下家的联系下家了。

剩下的就是几个办公室文员。

郗娆看着自己面前的这几位中年女人，大致把情况讲了一遍之后说："我看过大家的档案，大部分都是本科毕业，家里的情况也比较好。与其这样在公司耗着，不如趁这个机会，拿着补偿金回去，做一些自己喜欢做的事。"

"其实我早就想走了。"其中，年纪最大的女人撩了撩自己的长卷发，"我们家老余劝我，反正也不指着我赚钱养家,像别人那样做做美容、逛逛街多好,他忙完工作回家后还能吃个现成饭。"

郗娆看她的态度不错,赶紧说:"确实,很多人的时间,小时候属于学校,长大后属于公司,等有一天终于属于自己了,人却老了。能趁着还没老,就拥有属于自己的时间,是很让人羡慕的一件事。"

有几个女人附和。

这时候,一个眉眼精明的女人打断了她们:"话不能这样说,毕竟在公司工作了这么多年,没有功劳也有苦劳是不是?公司现在想让我们走,不能就这么轻轻松松地一句话了之吧?"

"您放心。"郗娆笑着说,"公司会按照法律规定的标准给各位发放离职补偿金的,一分钱都不会少。"

"那是多少?"精明女人问。

郗娆把提前核算好的补偿金协议发到了每个人手里:"大家可以咨询一下自己身边的懂法律的朋友,看看公司算的有没有问题。"

听她这样一说,几个女人脸上都露出放松的神情,可见是准备接受的。

一直站在后面的一个女人轻声开口:"我们先和家里商量一下吧……毕竟是大事,要看看家里人的想法。"

郗娆转过头去。

那个女人穿着一件米色针织开衫,里面搭配了一条棕色连衣裙。她长得很漂亮,看起来只有三十岁出头,在一群人里面很是显眼。

"你是王雪晴?"郗娆问。

对方点头。

十几年前的名校毕业生,程牧野的校友,今天却站在这里等着被扫地出门。一瞬间,郗娆忍不住有些感慨。

就算不以成败论英雄,就算每个人所追求的不同,也未免太狼狈了一点。

不过,既然几个人都不像是准备坚持留在公司的样子,这个案子应该很快就会完成吧?目送她们出门的时候,郗娆乐观地想。

04

然而,没有谁的钱赚得是容易的。

当天晚上,就在郗娆和程牧野吃完饭,手牵着手在河边散步的时候,她接到了王雪晴的电话。

这个说好回家和家人商量后就给她反馈的女人要求立刻和郗娆见面,郗娆隐约觉得事情有变化,于是发了附近一家水吧的位置给她。

对方来得很快,还穿着白天那身衣服,只是眼角泛红,明显憔悴了不少。

"您能不能帮我和领导说说情？"王雪晴抱着水杯，犹豫了一会儿，开口的声音低得几乎听不见，"我现在……不能没有工作。"

郗娆挑眉，这个人白天听到消息的时候明明很淡定，而且如果自己没有看错，她应该是打算接受协商解除劳动合同的。那么，现在是什么改变了她的想法？

"你家里人不同意？"郗娆问。

王雪晴咬住唇。

"家里……"她说得很艰难，"可能会发生一些变故。"

变故？

郗娆琢磨了一下这两个字，又去打量王雪晴。对面的女人垂着眼，郗娆看不到她的神情，只莫名地觉得她和上午不太一样。

似乎多了一种孤单、惶惑，却不知道来自哪里。

郗娆习惯了在工作中尽量不去触及对方的隐私，所以她只是说："裁员名单是公司给我的，说实话，已经是精简过的。您的这个要求，我恐怕……"

"可档案总要有人管。"王雪晴猛地抬起头，眼里已经水光盈盈，"我真的不能失去这份工作。我知道，只管档案，工作不饱和……现在的公司和以前不一样，是讲究控制成本的，我也可以做些别的事！我听别人说，公司现在还在招人……"

"没错。"郗娆打断她，"招聘财务分析经理，还有商务经理。这两个岗位，您可以胜任哪一个？"

王雪晴怔住。

"我……都没接触过，但我可以学。"半晌，她涨红了脸。

"好。"郗娆干脆地点头，"那么现在，有什么领域是您擅长的？人力资源管理、电子商务、风险防控？就算这些岗位没有招聘需求，我都可以去帮你争取。"

王雪晴的脸更红了。

"我之前没想过这些。"她嗫嚅着，"我没有去学过这些……之前觉得管档案挺好的，轻松，不用加班或者出差，还能照顾家……"

郗娆静静地看着她，王雪晴忽然就说不下去了。

05
HR DIARY

那一年，她大四，学校里的校园招聘会上来了很多公司。

王雪晴长得漂亮，学的是中文专业，还在学院做过学生处助理，公文写作都没问题。一家知名电商公司招聘管培生，她过五关斩六将，拿到了录用通知。

当时是自豪的吧？

只不过，父母不太同意她去做这个工作。在他们的观念里，不管多有名，私人企业都靠不住。何况她是一个女孩子，一入职就要去外地参加封闭培训，然后还要在全国各门店轮训半年，怎么看都是一个辛苦的活儿，家里舍不得。

男朋友张建也这么认为。

何况，他先毕业了一年，做销售，全国各地飞，将来，不能两个人都忙。

于是，王雪晴放弃了管培生机会，进了一家国企。本部留不下，运输公司还缺一个办公室文员，王雪晴就去了。

她一直很听话，小时候听父母的话，谈恋爱了听男朋友的话，她并不觉得这样有什么问题。

而且，文员这工作是真的清闲，有人来查档案就给找找，有补充资料就放进去，最多就是新员工入职的时候忙一点。平时有私事儿，和领导打个招呼就可以去办，不用扣工资，她考驾照的时候，甚至每天下午都去练车。

王雪晴很快就适应了这样的工作。

之后结婚生子，岁月静好。

直到后来，运输公司效益不好，被从国企中剥离出来，工资就停在那儿了，每个月六千元，不高不低的一个标准。这样一来，人心便开始思动。和王雪晴一起入职的一个姑娘最先熬不住了，报了英语培训班，拼命学习了三个月，去了一家外企。

"都三十岁了，还瞎折腾什么？好好照顾家不比什么都强？"办公室里的大姐一边刷朋友圈，一边说。

后来，陆续又走了几个同事，有年龄小点儿的，去考研了；有和王雪晴年龄差不多的，考到注册会计师证书，去了事务所。

"听说事务所特别累。"大姐们又说，"自讨苦吃，舒舒服服地待在公司不好吗？"

王雪晴开始觉得她们说得不对了。

那时候，公众号刚冒头，她看过一篇公众号文章，叫《逃离舒适区》，觉得写得不错。人得努力，不能被温水煮青蛙。

"你看的那都是什么毒鸡汤？"大姐们嗤笑，"好好的舒适区不待，还逃离？那不是有病吗？女人啊，别太争强好胜，看你把儿子带得多好？想那么多干什么？"

于是，王雪晴不想了。

她怎么都没有预料到，她自己不想逃离了，这一直好好的舒适区却突然就颠覆了。

06
HR DIARY

"公司半年前就换了大股东，就算以前安稳，那时候也应该开始另做打算了。"郗娆提醒道。

王雪晴更羞愧了："确实有人说过，新的股东来了，不知道以后会怎么样，大家都挺不安的。可过了两个月，该干什么还是干什么，以前偶尔拖延发工资，后来也没有拖过了，我们都觉得挺好的。"

那是时机还没到，郗娆心里这样想。她越来越发现，安稳日子过久了，人真的就没有危机感了。

老板换了,规则哪有不改的?让你们继续像以前那样清闲、混日子,公司怎么赚钱?等着关门吗?

两个人最后也没有达成一致。

郗娆最多答应帮她争取一下,但以她的立场,还是建议王雪晴拿钱走人。毕竟就算这次不走,以后公司再想让她走,就不一定是协商解除劳动合同了。

"我走了,档案不是也得有人管吗?"王雪晴沉默了一会儿,"是不是有人要顶掉我?"

她现在还觉得是有新的"关系户"要进来。郗娆摇了摇头:"前台不是也走了吗?公司打算让外包公司派一个人来,月薪3500元,负责前台兼档案管理。"

王雪晴咬了咬唇。

工资确实太低了,但也比没有好,最起码有人给交社保。

"我……我也可以做这两种工作。"她说。

郗娆无奈道:"可前台……公司想要二十多岁的年轻女孩。"

这次,王雪晴没再说什么,尴尬地落荒而逃,让郗娆再给她两天时间考虑。

等人走了,郗娆起身,去了另一张桌子。

"够可以的,那样的学习背景,浪费了……"

她开口,却被程牧野打断:"我认识她。"

郗娆抬眼。

"当年,我们的新生入学文艺汇演上,有一个诗朗诵节目,她是领诵。"程牧野说到这里,顿了顿,"那时她大四,学中文的,气质很好,被很多人称为女神。"

"女神?"郗娆重复了一遍,挑眉看他,"这个'很多人',包括你?"

程牧野笑,眼下有淡淡的细纹。

"包括我。"

郗娆在鼻子里"哼"了一声。

"她之前因病休学过,比我大了五岁,所以,我只是单纯的欣赏。"说到这儿,程牧野的语气正经了起来,"只不过,没想到她现在会是这样……也是,十几年了,每个人都会被生活改变……"

"但你还是一眼就认出了王雪晴。"郗娆话里的醋味颇大。

程牧野又笑,抓着她的手:"不是一眼,这不是看了好一会儿才认出来吗?要不是为了帮你,我什么时候这么关注过别的女人?不过,总归是我师姐,说家里有变故,应该是过得挺难的……咱们也想想办法,能帮就帮一下吧。"

07
HR DIARY

人都是会观察形势的,也许是因为听说了王雪晴没签字,第二天下午,精明女人带着一个胖女人找到了郗娆。

郗娆临时办公的地点是一间小会议室，门是透明的玻璃门。

她看着两人径直走过来，推开门进屋后"砰"的一声关上门，便知道来者不善。果然，精明女人的脸上挂着假笑："郗小姐，你可太会说话了，什么协商解除劳动合同的标准是法律规定的？我打听了，只要双方商量好，补偿金并不是都得按照同一标准给。"

"确实。"郗娆点头，"协商解除劳动合同，重点是双方达成一致。"

胖女人毫不客气地拖过一张椅子坐下："我们觉得，你那个工作一年补偿一个月工资的标准不合适。前一年经常停产放假，只发基本工资，你现在就按照基本工资的标准补偿？这不是欺负人吗？"

"不巧。"郗娆笑了笑，"停产放假正是符合规模性裁员要求的标准之一。至于赔偿金额，公司的态度很明确，就是按照法律规定的标准协商，多一分也不打算支付。"

"看来我们是达不成一致了。"精明女人皮笑肉不笑，"你最好再和领导们商量商量，这事儿拖着，我们不着急，反正公司得给工资，就是不知道你们着不着急。"

"我们当然不急。"郗娆的笑容更深，"能达成一致的，就拿钱走人。达不成一致的，就接着上班呗。反正公司马上要推行绩效考核制度，考核不合格的，到时候该怎么办就怎么办。"

等两人走了，外面响起敲门声，是王雪晴。

她的神情有些不安："我想来问问，昨晚说的那件事，怎么样了？"

郗娆看着她："不行。"

王雪晴顿了顿，忍不住继续央求："不差我一个啊……我可以学的。"

"她们想让你一起来和公司讨价还价？"郗娆直接问。

"也……不算是讨价还价。"王雪晴解释了一句，摇了摇头，"我没答应。"

"没答应就好。"郗娆神情淡淡的，换了话题，"我想过了，这些年，你大概确实没什么成长和提升，但这不代表你什么都不会。"

王雪晴抬头看她。

"我听别人说，你读书的时候文笔不错，擅长写公文。"郗娆一边说，一边递过来一张打印出来的单子，"据我了解，有些社区办事处在招文员，我觉得你很合适。只是，这些岗位不属于事业编制，工资也比较低，你要不要试试？"

"我能行吗？"王雪晴对自己没什么信心。

毕竟，就连张建都说："出去找工作？你会干什么？"

没想到，郗娆笑了。

她的气质清冷，因为瞳孔偏琥珀色，总给人一种很疏离的感觉。可她这样一笑，莫名带了一些说不出的鼓舞的意味。

"有什么不行的？你读大学的时候，做领诵之前，有没有怀疑过自己行不行？准备一下吧,明天我们去应聘一圈。拿出点儿勇气来,王雪晴,既然你说自己需要一份工作,就没有资格不战而败。"

08

这话,王雪晴回去的时候反复想了一路。

她确实没有资格。

尽管已经人到中年,可王雪晴是学中文的,爱情的浪漫和纯洁是刻进她骨子里的东西,所以让她为了生活、孩子,和一个背叛了这些的男人将就下去,对她来说是莫大的痛苦和侮辱。

她只能选择离婚。

她不能放弃儿子,而想要抚养权,就必须要有稳定的生活来源。

所以,第二天一早,她把自己收拾整齐,就准备出门。

"碗还没洗呢,干什么去?"坐在桌边吃早餐的男人问。

"找工作。"王雪晴说。

张建嗤笑:"行,去找吧,好好找。"

这语调里满是不屑,似乎她这个人完全是被社会淘汰下来的,根本不会有任何单位能看得上她。王雪晴咬了咬牙,走出小区的时候,眼圈还是红了。

郗娆站在路边,脸迎着朝阳,笑容不明艳,却十分笃定。

"上车。"她下巴一抬,"咱们出征了。"

王雪晴的后背不知不觉地挺了起来。

她曾经是班上的优等生,她考上了知名的院校,她写过学院办公室发布的红头文件,也做过学校竞赛的策划方案。当初应聘,几十个候选人,只有她被选中了。或许,面前的这个人说得对,她应该拿出点儿勇气来。

消除了心理顾虑后,王雪晴发现事情比自己想得要简单。

"工资低了点儿,你真的愿意?"回来的路上,郗娆问。

"有人愿意用我,有人觉得我能做好,这就很好了。"王雪晴说着说着,话锋一转,"再说了,你不是还等着我签字呢吗?你这么忙前忙后的,我不好意思让你白忙。"

看来是心情放松了,会开玩笑了。

王雪晴得到的是一个社区办事处的内勤岗位,还是管档案,不过也负责发通知、写报告、写宣传稿。对于从小就喜欢写东西的人来说,文字表达是童子功,难不倒王雪晴。

看到她这个样子,郗娆放心了一些。

之所以这么帮她,一是因为案子需要,二是因为程牧野嘴里的那个王雪晴和眼前自己看到的这个人反差太大,难免让人唏嘘。

见王雪晴痛快地签了字,拒绝签字的人有点着急了。

这时候，郗娆以退为进，没再找她们。

很快，签字的人都办完了手续，陆续拿到了补偿金。与此同时，公司里开始有人传小道消息，说马上要实行绩效考核了，一半工资都要和绩效挂钩。如果考核不合格，绩效工资就拿不到；连续三次考核不合格，就要转岗去跑业务。

至于跑业务以后还不合格怎么办，不用说大家也明白。除了被开除，还能有什么选择？

这些话，是郗娆和公司 HR 商量之后有意放出去的，不算是假的，只是稍微早了一些，而且说得严格了一些。

郗娆了解过，精明女人和胖女人家里的条件都不错，都是当年的"关系户"。正因为如此，多少年来，她们的工作表现虽说也是做一天和尚撞一天钟，只是这钟撞没撞歪，撞得响不响，就不好说了。

果然，一个星期之后，精明女人找上了门，胖女人还是跟在她身后。

她们本来试图再争取点儿利益，比如能不能先签了，等过几周发完端午福利再走，被郗娆拒绝后，只能满嘴抱怨地签了字。

到这时，所有人都签好字了，郗娆打算拿了佣金就退场，却不经意间在公司茶水间听说，王雪晴在闹离婚。郗娆一看，讨论八卦的其中一个人是人力资源部的，她刚好认识，就问了一下具体情况。

原来是王雪晴的老公出轨，现在双方还没谈好。

郗娆推算了一下时间，回想起那个晚上王雪晴湿红的眼角，什么都明白了。回到家，和程牧野说了这件事，两人都多少觉得有点儿内疚——王雪晴被裁员，是她自己的问题；可在这个时间点逼她签字，怎么都有点儿往人家的伤口上撒盐的感觉。

出于这点儿内疚，郗娆一直和王雪晴保持联系，想的是如果她工作上有什么问题，能帮就帮一把。

09

后来，她断断续续地听说，王雪晴的婚还是离了，儿子自己选择跟她；王雪晴被社区选派去进修，工作很出色。

郗娆渐渐放下心来。

元旦假期，程牧野的父母到这边来，双方见了家长。用程牧野妈妈的话说，两个人都老大不小的了，既然彼此喜欢，该结婚就结婚吧，毕竟别人家的孩子都满地跑了，咱们不能落后太多。

可婚事定下来没几天，彼此喜欢的两个人就闹了点儿小脾气。

两个人都有房子，程牧野要在自己那套房子的房本上加上郗娆的名字，郗娆不愿意。郗娆觉得，人家的贷款都还完了，她直接加名字上去好像捡现成的。她自己不是不能赚钱，犯不着因为这个被人家看轻。

于是，程牧野不高兴了，郗娆第一次发现，他还有点儿大男子主义，希望自己的女人愿意依靠他。

商量到最后，只好说定互相在对方房子的房本上加名字，算是扯平。

忙完这件事，郗娆突然收到了王雪晴的微信消息。

她们已经许久没有联系了。

"我现在业余时间在写公众号文章，关于亲子关系和女性成长，已经有一千多个粉丝了。"王雪晴说着说着，有点儿不好意思，"郗娆，你的朋友多，能不能帮忙转发一下？"

郗娆去看了看王雪晴的公众号。

她很惊喜。

王雪晴的字里行间，都是对生活的思考，和对自己的不放弃。

"三十七岁才明白这些，才再次寻求成长，也许有些晚了。"她写道，"但低头想想，余生还很长，可以做的事仍然很多，便觉得，只要一直努力走下去，风景总会更美的。"

郗娆替她高兴，举着手机对着正在厨房里煮咖啡的男人喊："程牧野，你的女神回来了！"

男人回头笑。

厨房里有窗，阳光落进来，显得他眉眼弯弯。

"我的女神不是一直在吗？"他说。

这话似乎……没毛病。

郗娆捂着脸，笑出了声。

与"关系户"的狭路相逢

01

"好的,我知道了。不好意思,给您添麻烦了,我们今天一定报上去。"人事经理陈曦连声道歉后挂断电话,转身进了部门办公室,走向周雪的工位。

周雪背对着她,正聚精会神地盯着电脑屏幕上某个购物网站页面,丝毫没有注意到陈曦。倒是坐在她对面的曲晶晶抬头看了陈曦一眼:"曦姐。"

"公务用车管理是谁在负责?"陈曦故意问。

"我在负责。有什么问题吗?"周雪一边说,一边慢悠悠地关了网页。

"集团要求昨天下班前上报一季度车辆费用统计表,现在只差我们公司没报了。"

"他们什么时候发的通知?我怎么没看见?"周雪表现得很惊讶。

陈曦皱眉:"上周就发了。"

周雪一拍额头:"那可能是我这两天太忙了,看漏了,晶晶,你看见通知了吗?"

"周姐,我没在公务用车管理的群里。"曲晶晶垂着眼睛说。

"周雪,你赶紧统计一下,今天报上去。"陈曦懒得和她在这个问题上纠结,扔下这句话就想走。

"今天哪来得及啊?"周雪在背后提高了声音,"我下午还要去开家长会呢。"

陈曦回头:"现在还不到十点,抓紧时间,上午就可以做完。"

周雪的嘴角撇了撇,小声嘀咕:"上午还有上午的事呢。"随即,她挤出一个笑容,"要不,晶晶来做吧?反正她一天都在。公务用车费用都走了 OA 流程,不是只有我能统计。"

曲晶晶敲着键盘的动作一顿。

"周姐,公务用车管理一直是你在负责,我急着核对上个月的快递费用,确实抽不出时间……"

"年轻人这么计较就不好了，"周雪揉着太阳穴，半真半假地说，"我最近神经衰弱得厉害，一晚上没睡着，我得趴会儿。"

依陈曦的意见，周雪这样的人根本就进不了她的部门。可总经理顾虑到周雪是客户介绍过来的，不好直接拒绝，陈曦也很无奈。

"晶晶，要不这次就辛苦你一下吧。"陈曦说。

曲晶晶的唇角抿得更紧了，却还是点了点头。

陈曦走出门，正准备去泡一杯咖啡，人事主管从后面追了上来。

人事主管左右看了看，压低声音说："曦姐，周雪总是把工作推给晶晶也不是办法，我听说，晶晶最近好像在参加面试，恐怕……"

曲晶晶要走？

陈曦捏了捏眉心，苦笑一声。这真是劣币驱逐良币，如果曲晶晶走了，行政这边的情况就更糟糕了。毕竟，顶着主管头衔却不管事的周雪和刚来的实习生，都不是能独当一面的人。

"我知道了。"打发走了人事主管，陈曦关上自己办公室的门，从手机里调出一个号码，拨了过去。

"郗娆，上次我和你说的那个事儿，我们还是要做的，你准备方案吧。至于总经理那边，我去说服。"

02
_{HR DIARY}

两周前，星期六的晚上。

郗娆穿着一条深V小黑裙站在镜子前，沉默地看着站在自己身后的程牧野。

"真的，换一条吧。"男人从衣柜里找出一条米色衬衫裙，"我觉得这条就不错。"

郗娆摇头。

"那这个？"程牧野又拎出来一套浅灰色西装裙，"优雅知性，很适合你。"

郗娆再次摇头。

程牧野靠在衣柜上看着她："非要穿这条深V小黑裙？"

"是你说我穿这条裙子好看的，你忘了？"郗娆借着镜子瞪了他一眼。

好看，怎么会不好看呢？程牧野的目光从她修长的脖颈滑到胸口，又在腰间流连了一圈，但还是摇了摇头："当时我……男人的甜言蜜语，你懂的。"

"我不管。"郗娆弯腰从首饰盒里拿出项链，"谁知道你的那些中学同学里面，有没有当初对你心怀不轨的？今晚我要艳压群芳，把所有蠢蠢欲动扼杀在萌芽状态。"

然而，最后，郗娆还是穿了衬衫裙出门。没别的原因，男人的甜言蜜语再次发挥了作用而已。

被郗娆严阵以待的程牧野的这场同学会，其实女性屈指可数。入座不久，郗娆正歪着头听男人们聊天，旁边有女声主动打招呼："你就是程牧野的女朋友？"

来了，郗娆心里想着，忍不住转头打量对方。

面前的女人笑了，对她伸出手："我是他当时的同桌，陈曦。恭喜你拿下程牧野，要不然，眼看着那些歪瓜裂枣都当爹了，我们班第一大帅哥还单着。"

"陈曦，你说谁是歪瓜裂枣呢？"聊得热闹的男人们不干了，你一言我一语地将陈曦当年追班长的事抖了出来。

郗娆在一旁用手机挡着脸笑。

这么一个插曲过后，大家很快熟稔起来。玩闹了一会儿，话题不约而同地转到了自己的工作上。

"现在回想，还是上学的时候好啊。"一个男人感叹，"就算惹老师生气了，被批评几句，最多请一次家长，事情就翻篇了。哪像现在，领导要是给你找麻烦，你有苦都说不出来。"

他这话一出口，现场立刻变成了吐槽领导大会。

"还是你好。"有个女人看着陈曦说，"人事经理一般都是老板的心腹，你们老板对你不错吧？"

陈曦苦笑。

"老板是不错，可前提是你要出色地完成所有工作。以前还好，虽然人手紧张，但齐心协力。前几个月，老板硬塞进我部门一个大姐，现在嘛，不患寡，患不均，再这样下去，人心都散了，队伍不好带啊。"

"那怎么不想办法让她自己走呢？"有个男人说。

"想什么办法？老板都没办法，我能怎么办？"

"你没办法，不代表别人也没办法啊。"那个男人挤挤眼睛，"牧野女朋友是专门做裁员工作的，在这方面有经验。你问问她，没准这事儿就成了呢。"

正在专心吃东西的郗娆听见这话，筷子一顿。

她抬起头，发现陈曦看向自己的目光亮晶晶的，活像盯上肉的狼。

"郗娆，我们加个微信吧。"不等她反应过来，陈曦笑着说，"你放心，不到万不得已，不会让你来做这个恶人的。"

03
HR DIARY

郗娆也不太想做这个恶人。

毕竟逼着一个人主动离职，难免要用一些桌面下的手段，更何况这个人还是一个"关系户"，难度更大。

然而，陈曦的"万不得已"到底还是来了。

"不想做就算了，我去和陈曦说。"程牧野看到郗娆纠结，凑过来说，"就说你要准备结婚，没空。"

郗娆忍不住笑道："为什么不做？人家又不是不给钱。"

她见程牧野还要说话，干脆伸手捂住他的嘴："你也说了，要准备结婚呢，正是用钱的时候。做一个单子，几桌酒席钱就出来了，好事儿！"

程牧野扶额："你这话说的，让我无地自容了。"

郗娆正色道："程牧野，我还是那句话，我知道你有能力养家，但我希望我们能并肩走下去，而不是你来背负着我，你明白吗？"

"好。"程牧野笑起来，"如果郗娆小姐不介意我回家被养活，我也荣幸之至。"

郗娆捶他的肩膀："臭美吧你！"

第二天下午，郗娆驱车来到工业园区，与陈曦在咖啡厅聊了一下午，讨论对策。三天后，明盛科技公司人事部迎来了一个新的副经理，名字叫郗娆。

"哎，没听说咱们部门要设副经理啊，这位是什么来头？"目送郗娆踩着高跟鞋跟在网管身后去领电脑，周雪伸长了脖子，小声问坐在她对面的曲晶晶。

曲晶晶摇头，表示自己也不知道。

圆脸的人事专员凑过来，一边左右看看，一边用手拢住嘴说："听说这位副经理的后台可硬了，集团公司领导直接推荐过来的。"

周雪撇嘴道："怪不得为了她特意设了一个岗位。"

要知道，她当初过来的时候，也是想做副经理的。只不过陈曦一口咬定部门一共就七八个人，不考虑增设副经理岗位，才只给了她一个主管岗位。

"我昨天看见她的简历了。"曲晶晶看了两人一眼，意有所指地说，"有后台和有后台也不一样，毕竟人家是科班出身。"

话音一落，周雪的脸就黑了。曲晶晶假装没看见，收回视线，盯着她的电脑"噼里啪啦"去了。

"科班出身有什么了不起，还不是得靠关系找工作？"周雪鼻子里"哼"了一声，见没人理她，自顾自地说，"不服气也没用。"

04
HR DIARY

她们这些唇枪舌剑，郗娆并不知道。

等她像模像样地弄好自己的工位，就到了中午，于是，她热情地招呼着请大家吃饭。办公室里这几个人倒是都没有推拒，起身就跟着郗娆走了。

等到了公司附近的餐厅，发现陈曦没来，所有人的表情都变得微妙起来。

"我就说嘛，谁愿意自己的部门里突然空降一个副职。"周雪一边洗手，一边和一旁的HR专员说悄悄话，"何况人家后台硬，说不准哪天就把她顶掉了。"

HR专员只是笑，并不说话。

回到餐桌上，郗娆已经点好了菜。虽然还不熟悉，但总不能冷着场，于是大家纷纷寒暄起来，无非是这边说"我初来乍到，还要仰仗大家多多支持"，那边说"哪里哪里，我们要多向郗经理学习"，一时间，倒也算是气氛融洽。

等觉得时机差不多了，郗娆开始阐述自己对未来人事管理改进的构想。当然，她都不了解情况，能有什么想法？无非是把陈曦给的剧本背下来了而已。

不过，大家都是成年人，就算她说得不对，也不会有人在这时候不给她面子。于是，众人很自然地附和起来，包括周雪在内。没想到，郗娆转头就看向了周雪。

郗娆脸上笑容真挚："周姐，我看了一下，这边只有你是主管级别的，以后这些工作的推进，我可全靠你配合了哦。"

周雪没有多想，她向来嘴巧，漂亮话像不要钱似的往外倒，什么"感谢领导信任，我一定全力以赴"，什么"我这个人别的优点没有，但做事尽心尽力"，说得郗娆都有些佩服她了，毕竟要是换成她，当着这么多了解自己工作表现的人，这话还真的说不出口。不过，周雪说得越多，对郗娆就越有好处，她不仅耐着性子听了，甚至有意引导了一下。

就在周雪把胸脯拍得"啪啪"响的时候，冷不丁地听见郗娆用一种平淡却不容置疑的语气说："那好，周姐，你下午订机票，明天出发，去全国的办事处走一圈，收集一下他们在日常管理中的问题和困难，顺便也看看有哪些地方不符合公司规范。"

周雪差点脱口而出的一个"好"字被卡在了喉咙里。

"我去出差？"她睁大眼睛，顿了顿，转头去看曲晶晶，"郗经理，我得管孩子呢……要不，晶晶去吧？年轻人，多锻炼锻炼……"

05

"啪。"郗娆放下了筷子。

"你的意思是，不愿意服从我的工作安排？"她唇角仍弯着，只是脸色冷了下来。

郗娆皮肤白，配上琥珀色的瞳孔，本身就显得冷淡，此时，除了冷淡，还添了几分压迫感。

周雪没想到会有人在饭桌上把话说得这么直接，她张口结舌："我不是这个意思……"

"不是就好。"郗娆重新挂上笑容，"那就去吧。"

余光里，曲晶晶把头埋在碗口里，看不见表情，不过，郗娆猜她在笑。

"哎哟，郗经理。"周雪终于找到了状态，她环顾了一下在场的人，再开口时语气中带了几分委屈，"您还没成家吧？您是不知道有家、有孩子的难处啊。我老公天天就知道忙工作，孩子大事小事都靠我……"

"说白了，还是不愿意去是吧？咱们公司可真体贴，还会考虑员工的家庭情况。这要是在我以前的公司……"她说到这里，转了话题，"算了，曲晶晶手上的工作多，不能出去，这事儿先放放吧，吃饭，吃饭。"

这话几乎等于直接说只有周雪是个闲人了。

周雪的脸色忍不住变了几变，终于还是挤出了笑容："领导能理解就好。"

只是，她说完这句话后，整顿饭都没有人再开口，气氛十分尴尬。

表面上看，郗娆取得了第一回合的胜利，但她心里有些沉——这是一个能屈能伸的人，不好对付。

两天后的早会，陈曦没有出现，郗娆只象征性地解释说她请假了，由自己主持会议。

话音一落，周雪的唇角就撇了撇。

郗娆假装没看见，开始让大家轮流做上个月的工作汇报。汇报顺序是她指定的，周雪就排在曲晶晶的后面。

"第一，交办公区物业费、水电费；第二，开物业费、水电费发票，走费用报销流程……"

周雪刚说到这里，郗娆突然笑了。不是微笑，不是嗤笑，而是那种出声的、差不多要前仰后合的笑。周雪的脸色僵了僵，有点儿说不下去了。

"周姐，你以前就是这么汇报工作的？"笑完了，郗娆问。

大家的目光都落在周雪脸上。周雪深吸一口气，垂下眼不看郗娆，只不咸不淡地"嗯"了一声。

郗娆点头："陈经理真是好脾气。这是一项工作，你把它拆成两项说就算了，各项费用是多少，有没有什么异常，这些总得说一下吧？要不然，你这个月的工作汇报和上个月、上上个月的工作汇报有什么区别？都是那点儿事。"

这倒不是郗娆借题发挥。陈曦早就已经把周雪的工作汇报发给她看过，而且十分郁闷地吐槽："人家聪明，事情少，就把事情掰开了揉碎了说。结果，别人就那么三四项工作，到她这儿，十项、八项都能弄出来。不知情的人，还以为我们部门周雪才是最忙的呢。"

06
HR DIARY

回到自己的工位，周雪把记事本扔在了桌上。

其他几个人你看看我、我看看你，交换了一个眼神，谁都没有说话。

"说我工作量少、不饱和？她才来几天，她懂什么？"周雪冷着脸，声音尖锐。

她一眼看到坐在对面的曲晶晶，于是指着曲晶晶说："我负责物业缴费，晶晶负责预订机票；我负责公务用车管理，晶晶负责办公采购分发。大家都是那么多事儿，我哪点做得比别人少了？"

"是吗？"郗娆的声音从门口传来。

刚刚开完会，她说要去买咖啡，周雪没想到她这么快就回来了，脸上愤慨的表情一时收不住，僵在了那里。

她倒也圆滑，虽然还挤不出笑来，却立刻换了语气："说实话，郗经理，我就是觉得委屈。天天忙得连喝水的时间都没有，要是领导不理解，那我可就冤死了。"

郗娆点头："如果真的那么忙，的确冤枉。不过，如果我没有理解错，物业费是每月缴一次吧？可公司同事出差的机票是每天都有，24小时在预定；公务用车管理也是，保养、保险、维修都不是每天都有的，可办公采购分发，除了每月固定部分，还有很多临时的。所以，周姐，你觉得这些被用来进行对比的工作，占用的时间和精力一样吗？"

周雪被她这样直白清晰的分析说得下不来台，索性准备糊弄过去："郗经理，具体情况你以后就知道了，真不是那么简单。房子、车子都是公司的资产，责任大着呢……"

"有道理。"想不到郗娆竟然从善如流，"毕竟我刚来，不了解情况。不过你说过，你还要照顾家里，太忙了确实不方便，那不如，干脆把你和晶晶的工作内容对调一下吧？"

周雪一下子没反应过来，曲晶晶也怔住了。

郗娆一拍手，似乎在为自己想到这么一个聪明的办法而扬扬自得："正好晶晶年轻，多锻炼锻炼。当然了，咱们的岗位级别和工资都是根据工作内容确定的，既然工作内容对调了，这些也得对调……"

"这就没必要了。"周雪实在忍不住了，好不容易挤出一个比哭还难看的笑，"没必要，没必要，我毕竟比晶晶有经验，再说，我也不是拈轻怕重的人。"

旁边有人笑出了声。只是，大家都背对着她们，就连曲晶晶也隐藏在电脑屏幕后，这个声音是谁发出的，一时还真不好确定。周雪脸上红了红，假装没听见。

这更证明了郗娆之前对她的判断，周雪不是一个被伤了面子就会主动离职的人。

"遇到滚刀肉了吗？"晚上回家，郗娆和程牧野吐槽，程牧野笑着摇头，"跟你说过，这个案子不好做。"

"那我现在该怎么办？"郗娆往他肩膀上一靠，"你帮我想想办法，我不能砸了招牌。"

程牧野笑得更厉害了。

其实，郗娆说完后，自己也觉得不太对。在以前两个人只是合作伙伴的时候，她是绝对不会这么说的。

独立了这么多年，竟然开始想着依靠一个人了，郗娆在心里笑话自己。可转眼她就释怀了，也许这就是爱情吧？不是让女人越来越聪明能干，而是越来越像一个小姑娘。

07
HR DIARY

程牧野的建议是，让周雪回家去病休。

陈曦所在公司的病休工资不低，大概是每月三千元。既然周雪是客户推荐的，只要客户能带来的利益足够，这笔钱花得就值得。而陈曦担心的周雪对部门氛围和凝聚力的影响，随着周雪离开办公室，就不复存在了。这样，虽然手段不同，但目的达到了，也算是完成了任务。

郗娆觉得这个方法不错，当即打电话和陈曦商量。陈曦听后也认为有道理，第二天就向总经理做了汇报。总经理让商务部查了周雪背后那个人的合同，同意了。

他们想得挺好——周雪回家专心带孩子，每个月的社保、公积金有人给交，还白拿三千元工资，不会不同意。可周雪并不这样想。

"我现在的工资是九千元,也不是不做事,郗经理,你一来就想把我赶回家,这不合适吧?大家都不是走正常招聘渠道进来的,你为什么总是针对我呢?"

郗娆试图说服她,然而,几轮拉锯战下来,周雪似乎打定了主意,自己的身体没问题,还可以为公司贡献光和热。

面对这种脸皮比城墙还厚的人,郗娆觉得有些无力。

也许是因为看出了郗娆和周雪之间的剑拔弩张,部门里的其他人都默默地远离了周雪。虽然她们之前和周雪的关系也并没有多亲近,毕竟没人喜欢"关系户",但现在就连面子上的应付都很少了。

周雪曾经找陈曦诉苦。

她的演技好,陈曦的演技也不差。等周雪说到眼圈通红,陈曦递上一张纸,掬一把同情泪,摊摊手:"郗娆背后有人,我现在都自身难保。"

至于总经理那边,别问,问了秘书就说不在,反正隔着好几级呢,周雪总不能直接去总经理办公室里堵人。

周雪陷入了孤立无援的状态。

"反正她也没本事开除我,谁怕谁?大家走着瞧!"她这样安慰自己。

直到集团消防周活动的通知发下来,郗娆把做方案和组织活动的任务交给了她,周雪终于不耐烦了。

08

她做事还是留有余地的,并没有和郗娆起正面冲突,而是再次看中了"软柿子"曲晶晶。

"晶晶,你年轻,脑子灵活,做方案肯定比我强,要不,你和郗经理说说?"周雪递了一个橘子给曲晶晶,问。

曲晶晶没接橘子:"郗经理把任务安排给你,肯定有她的考虑。"

"什么考虑?不把我累死她不舒服呗。"周雪小声嘀咕后,又厚着脸皮凑上去,"再说,这种工作我没做过,万一做不好,到时候集团来检查,不是给咱们公司丢脸吗?"

"大家都没做过,学呗。"一旁的人事专员不知道是得到过陈曦的授意,还是真的看不过去了,似笑非笑地插话道,"周姐,你别什么事情都想推给晶晶,她审核办事处的流程呢,天天加班。"

"关你什么事,跟你说话了吗?"周雪本来就气不顺,正好有了出气筒,"人家晶晶都还没说话,你在那儿管什么闲事?什么叫我把事情推给晶晶?都是一个部门的,谁干不一样?"

"那你怎么不干呢?"人事专员也不是省油的灯,"郗经理把任务分配给你,是让你自己做的。现在你让晶晶做?合着你在公司的角色就是二传手啊?"

周雪猛地站了起来:"不说话没人把你当哑巴!别以为郗经理踩我一脚,就谁都能踩我了。

晶晶，你说，这个事儿你能不能做？"

敲击键盘的声音停了下来，曲晶晶慢慢地抬起头。

她长相甜美，声音软糯，一直以来给别人的印象都是比较好说话。可这时，她一点儿没笑，直视着周雪，声音坚定："不能。"

"呵！"周雪冷笑，"果然，谁都想踩我一脚。那我今天就把话说明白，曲晶晶，我是主管，你是专员，我有权利安排你的工作，你没有权利拒绝。现在你清楚了吗？"

"陈经理和郗经理都没有说过我的工作由你安排，我也从来没有向你汇报过工作。"曲晶晶还是那个表情，"如果周姐你想安排我的工作，请你先和两位经理确认。"

"你这是什么意思？"周雪转头看向人事主管，"张薇，人事专员的工作是你安排的吧？他们不干行不行？"

你和我一样吗？你那个主管是怎么来的，你自己心里没点儿数？这样想着，人事主管却不能这样说。

"郗经理安排下来的工作，如果你想安排给晶晶做，我建议你最好先问问郗经理的意见。"她笑着打圆场。

"我的意见就是周雪去做。"在门口听了半天的郗娆找准时机走了进来，对曲晶晶笑了笑，"晶晶已经够忙的了。"

"我一样很忙啊。整个部门，不是只有曲晶晶在做事吧？"周雪涨红着脸说。

"那么说说吧，你在忙什么？"

郗娆刚说到这里，桌上的座机响了起来。

"公司公务用车的保养灯亮了，我现在得开车去4S店。至于消防周活动的方案，就麻烦晶晶你了。"周雪接完电话，得意地走了。

09

等周雪出了门，曲晶晶抿起了嘴唇。

"她对待这个工作倒是挺积极的。"郗娆随口说。

"郗经理，你这话说对了。"人事主管压低了声音，"周雪来公司这么久，别的工作都拖拖拉拉，一说到车有毛病，她跑得比谁都快。"

郗娆皱起眉，这不对，很不对。

她原本以为这一次周雪这么积极，是为了推脱消防周活动的事，现在看来，是她本身就偏爱修车这种工作。

为什么呢？

难道只是因为要在4S店等上几个小时，能吃到一顿免费的午餐？这不太可能。

一个想法从郗娆脑子里冒出来，郗娆转身，直奔财务部。之后，一直到下班，人事行政部的人都没有再见过郗娆。

"人家后台硬，想什么时候下班就什么时候下班。"周雪回来以后，看着靠窗位置空着的工位，不冷不热地说。

第二天，郗娆还是没有出现，反倒是陈曦过来布置了两项工作。

"对了，郗经理今天去4S店了，消防周活动的事你抓点儿紧，明天她回来看不到进度，我也不好替你解释。"临走的时候，陈曦笑着提醒周雪。

"去4S店？"周雪抓住了关键词，压了压心头的不安，"公司的车出问题了吗？我没听说呀？"

陈曦摇头："说是去了解一下公司公务用车的情况，具体的我也不清楚，你们也知道……"她没有再往下说，笑容中有些无奈。

周雪觉得自己全身都僵硬了。她做了什么，她自己知道。这件事说大不大，但如果真的被郗娆发现了，以郗娆现在对她的态度，难保不会把小事化大，到时候可就真的难看了。

怕什么来什么，陈曦走了没多久，郗娆就回到了公司。

她似笑非笑地看着周雪："周姐，会议室里聊聊？"

周雪刚想拒绝，郗娆紧跟着说："或者说……你想在这儿谈？"

10

郗娆这话一出口，周雪明白，她什么都知道了。

周雪索性把心一横，不就是几千元钱的事儿吗？难道就凭这一点，这位所谓的副经理就能拿捏住自己？

等两个人在会议室里面对面坐下，郗娆先笑了。

"够聪明的啊，周雪，4S店可以做两套账这种事，你是怎么知道的呢？不是第一次干了吧？"

"我不明白你在说什么。"周雪装傻。

"你明白。"郗娆微微倾身靠近她，压低了声音，"听说把你介绍进来的是你老公的哥哥。你猜，如果他知道你利用4S店可以打两份不同的维修清单的方法套公司的钱，他会怎么想？"

周雪的脸色沉了下来，抿着唇不说话。

"当然，也许他自己也不是什么干净的人。"郗娆还是笑着，一手托腮，倒是显出几分胸有成竹的随意，"不过，婆家人和娘家人毕竟不一样，尤其是他大小算个领导，这事儿传出去，换成是我，面子都不知道该放在哪了。"

"说完了吗？"周雪冷哼一声，似乎打算破罐子破摔，"多大点儿事？满打满算五六千吧？你犯得着抓住不放吗？"

郗娆轻笑："当然犯得着。维护公司利益，人人有责，你没听说过？"

周雪被她的态度气得涨红了脸："郗娆，我没得罪过你吧？你这是什么意思，成心找不痛快？"

"说得对。我直说吧,每个人都想要听话的下属,你这种不把领导当回事的下属,我看着不爽。"

"那你想怎么样?"周雪有些不屑,"你能把我怎么样?"

"让公司以违反制度、虚假报销为由开除你,让大家都知道你周雪是一个什么样的人,或者,你自己主动找一个理由,体面点儿离开,你自己选。"

"总经理不会同意的。"

郗娆笑出了声:"我能说出来,就能做到。"

怪不得传说她背景很硬,周雪现在信了。她咬了咬唇,勉强说:"你就不怕影响公司和客户的关系?"

"这就不用你操心了。"郗娆说完,起身拉开会议室的门,"回去考虑一下吧,明天下班前,我希望收到你的辞职申请。"

11

周雪走了。

不管情愿不情愿,反正台面上的理由是家里老人身体不好,她得回去照顾。

她的那位大伯哥对此很困惑,打电话给总经理,旁敲侧击地问是不是公司里有人欺负周雪。总经理很耿直,说马上查,然后很快就把郗娆推了出去。

为了一个人事部副经理影响公司和客户的关系,得不偿失,于是,总经理一边道歉,说自己关注不够,没把人照顾好,一边克服万难,逼得郗娆主动辞职,算是给周雪出了一口气。

只是,客户到底也没好意思厚着脸皮再让周雪回来,毕竟不管怎么道歉,总经理都从来没有提一句这个意思。大家都在生意场上,有些话不用说明白,互相就都懂了。

"背锅侠"郗娆高高兴兴地拿着佣金回家了。

晚上,陈曦请郗娆吃饭,先到了一会儿,坐在靠窗的位置,看见一男一女牵着手从门口走进来。

男人一身休闲衬衫,挺拔俊朗,女孩子则显得清冷了一些。只是,两个人说话的时候,她仰头看向他,琥珀色的瞳仁里光晕流转,笑意止不住地从那双眼睛里溢出来。

曾经同桌的那朵高岭之花,到底被人折下了啊,陈曦微笑着摇头。

是有点儿嫉妒的吧?毕竟,少女时期,谁没喜欢过帅气的男孩子呢?只不过都过去了,陈曦点开手机屏保,是一家三口挤在一起微笑的脸。

"男人长得普通点儿也没什么,至少对你好。"她告诉自己,继而叹气,"该准备红包了呢。"

唉,又是要破财的一年。

爱加班的姑娘

01

下午四点,冬日的暖阳从头顶转下来,太阳光恰好透过窗户玻璃照在电脑屏幕上,让那些密密麻麻的数字变得模糊不清。

夏梦回头,准备拉上窗帘,却听见自己的脖子发出"咔咔"的响声。她抬手揉了揉,似乎在自言自语:"唉,一核对数据就忘了时间,这脖子早晚要废。"

办公室里没有人接话。

夏梦却不在意,起身去了洗手间。

进了洗手间隔间,她将手机调成静音,打开了某个短视频APP。刚刷到一条明星绯闻,她便听见有人走了进来。

"名单啊,基本确定了。"那人似乎正在接电话。

这声音无比熟悉,正是夏梦所在部门的经理方佳瑶,夏梦的耳朵立刻竖了起来。

"最后还是按照我建议的……张总本来觉得她的工作态度还不错,但你说,光有工作态度,不出活儿有什么用?再说,她那叫工作态度好吗?不管安排的工作是多是少,反正人家天天加班。加班就算了,还发朋友圈,什么'飞奔到地铁站,却与末班车擦肩而过',什么'你见过凌晨两点的明康大街吗'……呵,她倒是见过,但事情做得不出彩,玩这些有意思吗?"

夏梦出了一身的冷汗。

方佳瑶这话,怎么越听越像是在说自己呢?她想起对方提到的"名单",顿时整颗心都沉了下去。

这几个星期,公司里都在传要裁员的事。夏梦其实并不太相信,毕竟作为一家在本地小有名气的财务代理公司,他们的业务发展一直很好,有什么理由突然裁员呢?

可现在，她不得不猜测，方佳瑶说的或许正是这件事，而且，搞不好自己就在那个裁员名单上。

夏梦顿时心乱如麻。

因为害怕被方佳瑶发现，她屏住呼吸，在隔间里一动都不敢动。直到听见对方挂断电话，洗手，关门，脚步声逐渐远去，夏梦才扶着墙慢慢站起来。

她呆呆地回到办公室，看着电脑屏幕上的报表，脑子里一片空白。

"梦梦，你要争气，妈妈将来就靠你了。"母亲的话反复在她耳边回放。

"下班了，还不走？"几个女同事语气轻松地互相招呼，夏梦茫然地随着人群走出写字楼，径直穿过门口的斑马线。

刺耳的刹车声响起，一个男人从车上跳下来，气急败坏地指着夏梦的鼻子喊："红灯还往前走，你不要命了？"

夏梦侧头，那人的口水喷溅在她的脸上，星星点点。她的眼睛慢慢赤红，压抑在胸口的情绪直往头顶冲。

"你凭什么欺负我？你们凭什么都欺负我！"夏梦尖叫着，狠狠地推了那人一把。或许是因为没想到她会是这个反应，那人没站稳，踉跄着后退了两步，引起旁边车道又是一阵紧急刹车。

"哎？你还敢动手！"对方回过神，一拳打了过来。

有人拉着夏梦的胳膊后退，险险避开这一拳。夏梦回头，前一天见过的那位叫郗娆的职业顾问正站在自己身后。

"上车，我送你。"她甩头。

夏梦的眼泪流了下来。

02

人的一生中有许多偶然，夏梦不知道的是，自己职业生涯的转折，始于上个星期六下午的一次偶然相遇。

那天，郗娆父母的宠物店搞了一个小型酬宾活动，把顾客家的毛孩子们凑到院子里一起玩闹嬉戏。郗娆和程牧野正好有空，便带着那只叫奥斯卡的哈士奇来凑热闹。

"你真的打算裁员？"狗子跑去撒欢，两人刚坐下，旁边就有说话声传来。

每个人对与自己职业相关的话题都特别敏感，郗娆也不例外。她循声看过去，隔壁桌坐着一胖一瘦两个女人，刚刚问话的是稍胖的那个女人。

"嗯，正好是个机会。"偏瘦的那个女人看起来很干练，"虽然说确实丢了一个客户，但影响不大。只是，公司这两年人均产出一直在下滑，我想通过这种方式换换血。"

"也是，人员长期稳定反而不利于效率提升，是时候给他们一点压力了。"稍胖的女人附和道。

"话是这样说，只不过，裁哪些人我有点儿拿不定主意。毕竟我裁员不是因为人员冗余，而是为了去粗取精。万一裁掉的是成长性比较好的，不是适得其反吗？"

"既然这样，不如找专业人士帮忙？"开口的不是郗娆，而是程牧野。

两个女人都看了过来。瘦女人起身，熟稔地打招呼："程先生，带奥斯卡来玩？"

程牧野点头，自然地介绍郗娆道："我的未婚妻，她是一名裁员顾问。"

"裁员顾问？专门做裁员的？"瘦女人微感吃惊，然后很快笑着伸过手来，"我叫张秦，我开了一家小公司，做财务代理。"

"刚刚听张总说，您的公司打算裁员？"

张秦与身旁的同伴对视一眼："的确。"

"这件事操作起来有一定的复杂性。"郗娆唇角上扬，露出一个自信的微笑，"如果您有什么需要帮忙的，可以随时联系我。"

03

只要稍加了解，就会知道郗娆在这行中小有名气。

所以，接到张秦电话的时候，郗娆并不觉得惊讶。现在，很多商务人士都有一个共识——专业的事情，尽量交给专业的人去做。这表面上看可能增加了成本，但结果往往是事半功倍的。

"如果可以，你最好现在就过来。"张秦说，"咱们争取这两天把名单敲定。"

"没问题。"郗娆正在程牧野公司楼下和他共享工作午餐，听到这话，立刻放下筷子，冲着餐桌对面的男人晃了晃车钥匙，"剩下的交给你了。"

目送郗娆的背影消失，程牧野无奈地摇头苦笑。以前约会的时候，如果来了工作，她还会犹豫一下，现在则是毫不犹豫地扑向工作。难道在她眼里，自己已经成了煮熟的鸭子，不会飞了？

郗娆赶到的时候，正好是下午上班的时间。张秦的办公室里除了她自己，还有一个三十岁出头的女人。

女人戴着眼镜，穿着深蓝色套装，干净利落，看起来就很精明能干。

"这位是业务一部的经理方佳瑶。"张秦介绍道。

其实，裁员名单已经初步列了出来，现在的问题是，两个人就一名员工是否应该在名单内产生了分歧。

"工作能力和工作态度都不好的，不用说，肯定要裁掉。那种在公司工作多年，想要得过且过，混日子的也得裁掉。现在的市场环境多残酷呀，如果我不主动去筛选员工，将来被市场淘汰的就是我们公司。只不过，对于工作能力一般，但工作态度好，一直任劳任怨的员工，我始终感觉……不太能下得了手。"

等张秦说完，方佳瑶推了推眼镜："我不这么认为。咱们说说夏梦的工作态度，确实，安排工作给她，她从来不推脱，这一点我承认。可别人一天能完成的工作，她三天以后交过来还到处都是问题,你能说她的工作态度好吗?"

"这是工作能力的问题。我说了,她的工作能力一般。不过,考虑到她勤勤恳恳的工作态度,咱们是不是应该再给她一次机会?"

"勤勤恳恳?您指的是她发的那些朋友圈?"方佳瑶冷笑,"这是典型的伪勤奋。如果她真的努力,心思为什么不往正地方用?连 Excel 都用不熟练,只会秀加班给领导看。没有成绩,还因为爱加班得到领导的称赞,只会对其他同事造成误导。您要留下她,可以,麻烦您把她调到其他部门去,别影响我们部门的氛围和效率。"

"我能把她调到哪去啊?"听方佳瑶这样说,张秦扶额,看向郗娆,希望她能给出一个专业的意见。

郗娆没有说话。

如果夏梦真的是一个伪勤奋的人,她也赞成裁掉。企业追求的是效率和效果,这两样,和自我感动毫无关系。

关键是,夏梦到底是不是一个伪勤奋的人。这一点,她需要去证实。

04

于是,第二天一早,公司里来了一个叫郗娆的职业顾问。她把大家分别找到会议室里,逐一沟通,说是受公司委托,要帮他们做职业生涯规划。

从职业目标谈到发展路径,最后,郗娆拿出一份调查问卷,要求每位同事填写对本部门其他同事的评价和看法。因为问卷是匿名的,而且被评价的人只是同事,并不包括领导,大家都比较配合。

郗娆对这些问卷做了分析,加上自己根据沟通情况作出的判断,写了一份报告交给张秦。报告有好几页,但结论只有一个——建议将夏梦列入裁员名单。

张秦同意了。

一般来说,喜欢晒加班的人,自我评价偏高,就算知道公司要裁员,也不会往自己身上想。所以,郗娆觉得夏梦应该是裁员中的难点,准备第二天找她单独谈谈。

只是谁都没想到,方佳瑶的一通电话,会让夏梦提前在洗手间里听说这件事,更没有人想到,她的情绪会因此失控到这种程度。

"缓口气。"把夏梦带到自己车里,郗娆递过去一张纸巾,"告诉我你家的地址。"

"不用了。"夏梦捂住眼睛,微微摇了摇头,"麻烦你把我放在地铁站入口吧。"

郗娆沉默了一下,趁着红灯,转头打量对方。她心里隐约有了猜测,语调和缓地问:"家里发生了什么事吗?"

夏梦不说话。

"我还是送你回去吧,你现在的状态,看起来不太好。"

"我昨晚加班到十一点。"说完这句话,夏梦深呼吸了好几次,似乎是在努力平复心情,但声音里还是带了哽咽,"来公司一年多,我从来没有下班就走过,这是第一次。"

郗娆沉默,车里只有夏梦的抽泣声。

"我知道自己的能力一般,也不是重点大学毕业的,可我都已经这么努力了,为什么他们还是想赶我走?"

她越说越激动,肩膀不停地颤抖。

"你住在西大街是吗?"郗娆打断她。

"明明我已经在考助理……你说什么?"夏梦抬头。

"我说,你住在西大街新鑫花园,没错吧?"郗娆的目光落在前方,"想问我是怎么知道的?因为我看了你的简历。我是职业顾问,不过我最主要的工作是裁员。"

这话一出口,夏梦的呼吸明显一滞。

她怔怔地看着郗娆,不自觉得将手里的纸捏成一团,过了好半天才哑着嗓子问:"原来真的要裁员……可为什么是我?"

05

为什么是我?

做裁员顾问以来,郗娆最常听到的就是这句话。

"我很遗憾。"她又抽了一张纸巾递过去,声音更加温和,"你们部门有六个会计,三个会计助理,除了你之外,每个人手上都有独立负责的客户,所以……"

"我也可以独立负责客户!"夏梦的双手紧紧交握在一起,"可是方经理不同意,我真的不知道为什么,我的情商确实不高,可我没有得罪过她……"

"你很喜欢这份工作?"郗娆问。

夏梦没承认,也没否认,神情有些茫然。

"虽然不想这样说,但你知道,做我这一行,每天看见的都是一拍两散。有时候,我觉得裁员就像分手,经常是一个人已经不爱了,另一个人却还在恋恋不舍。有句话叫强扭的瓜不甜,如果不是喜欢到了非他不可的程度,为什么不干脆换一个?"

"换一个?"夏梦喃喃地重复,像是突然找回了理智,"可这不公平!你知道吗?每次深夜走在老旧的楼道里时,我都会告诉自己,只要我一直这么努力下去,总有一天会得到我应得的……现在呢,现在这个结果算什么?"

果然,她把自己感动得一塌糊涂,有一瞬间,郗娆甚至不知道该怎么与她沟通。

"夏梦,我有一个建议,你想听吗?如果你的工作交付并不出色,千万不要去发朋友圈晒加班。因为这样做,恰恰是在向所有人证明,你做事的能力有所欠缺。"

夏梦被这句话猛然噎住,眼泪都憋了回去。

半晌,她急切地摇头:"我发朋友圈,确实是希望被领导看见,但我努力也有错吗?我底子薄,人不聪明,好,别人下班就走,我多做几个小时,这样也不行吗?"

"那我问你，在工作量不变的情况下，你觉得公司更欢迎用一个小时完成工作的人，还是用三个小时完成工作的人？何况，你昨天给我描述你用了一天的时间核对预算表，但我问了方经理，她检查以后，依然发现数据有错误。"

"不可能，我一个数据一个数据看的！"夏梦不相信。

"这就是问题所在了。几个数据表之间，明明可以设置公式去核对，你却选择了最笨的办法。"

"那些复杂的公式，我不会用……"

"所以，你宁可把时间用在一个个核对数据上，也不愿意把时间用在学习更好的方法、提升效率上。夏梦，你努力错了方向。"

车子转了一个弯，新鑫花园的牌子远远地出现在视线里，郗娆开始对这个话题进行收尾。

"夏梦，虽然裁员很残酷，但对你来说不一定是坏事。你刚刚大学毕业两年，相比这份工作，你更需要的是分析自己到底做错了什么，从错误中学习……"

"我不会同意裁员的。"夏梦突然打断郗娆，"我知道，公司要裁掉我，得和我协商一致，我不会同意的。你没有被人扫地出门过，你根本不会理解我的心情！我付出了这么多努力，凭什么公司让我走我就走？"

说着，她就去推车门，吓得郗娆赶紧踩下刹车。

看着女孩子的背影消失，郗娆仰起头叹了一口气。做HR时背锅后被裁员的记忆席卷而来，郗娆不由得苦笑。自己说的那些话是肺腑之言，但如果当初有人这样对她说，她大概也会和夏梦有一样的反应吧？

毕竟，有些事只有经历过了，才能懂得。

看来，更残酷的事实，想不拿出来都不行了。

06
HR DIARY

所谓更残酷的事实，是调查问卷的结果。

调查问卷中有一个问题："你认为周围的同事会怎么评价你？"

夏梦的回答是："不算聪明，但是踏实、勤奋。"

其他同事的问卷上，虽然对夏梦的评价并不完全一致，但有两点是相同的："做事不行，但爱表现。"

甚至有同事十分明确地指出，夏梦的加班频率太高，使自己产生了焦虑。

另一个问题更有意思，题目要求所有人填写一个自己最不喜欢与之合作的同事，除了夏梦自己，其余同事竟然全部写了她。

会议室里，自从郗娆把这个问卷结果推到夏梦面前，夏梦就没有说过话。

"现在你还觉得不安排你独立负责客户，是方经理在为难你吗？"郗娆轻声问。

这话太直接，也太伤人，夏梦的唇紧紧抿住。

她自己清楚，要说部门经理不喜欢她，有可能；说个别同事对她有意见，也有可能；然而，所有人都讨厌她，她很难继续在这里待下去了。

可她还记得，刚毕业的时候，找工作有多难。

不仅仅是她难，普通院校财务专业的学生找工作都难。市场上的工作机会虽然不少，但每年毕业的学生更多。优秀的人还有一些选择权，到他们这里，只能自我安慰："先就业，再择业。"

其实，潜台词是不就业怎么办？总不能让父母把你供到大学毕业，然后你回家啃老吧？

现在这家财务公司，是夏梦能找到的最好的选择了。她也想有骨气地转身就走，可走容易，再找到这样的机会就难了。而且，她要怎么去和妈妈说？说自己绩效不合格，被公司淘汰了？她做不到。

07
HR DIARY

郗娆一边小口喝着咖啡，一边拿起手机看时间。夏梦去洗手间二十分钟了，还没有回来。她又等了五分钟，起身去找人，却在门口遇到了方佳瑶。

"夏梦？她刚刚说自己肚子疼得厉害，我看她脸色确实不好，就让她先回家休息了。"方佳瑶很吃惊。

郗娆怔了怔，无奈地笑了。

这不是第一次有裁员对象谈到中途逃跑了，她到底做了什么？

第二天，夏梦发消息请假。

"要不，我不批假？"方佳瑶把手机递到郗娆面前，"她总不至于旷工吧？她要是真旷工倒好了，直接开除，公司连补偿金都省下了。"

郗娆摇了摇头。

裁员工作做久了，她越来越明白，赢得一城一池算不上赢，什么事都可以好好解决，不能把人往墙脚逼。

"给她两天假，让她缓缓吧。"郗娆微微叹气，"也许可以想清楚。"

其实，需要想清楚的不只是夏梦，还包括郗娆。夏梦这种情况，能给她推荐一份工作吗？别说郗娆做不到，就算能做到，也是在害下一家公司。

那么，她能做点什么呢？郗娆一时找不到方向。

周末，有旧日朋友结婚，郗娆被邀请去参加婚礼。

酒店的楼梯上摆放着许多照片，每一张照片都在讲述新郎和新娘之间甜蜜的爱情故事。

"你说，咱俩的故事该从哪里讲起？"郗娆看了看这些照片，侧头，朝程牧野不怀好意地笑。

程牧野装糊涂："从你被前男友骚扰，我英雄救美开始？"

"往前。"郗娆盯着他说。

"从竞争同一名候选人,你赢了,咱们不打不相识开始?"程牧野还在装糊涂。

"往后。"

"娆娆。"程牧野扶额,无奈地笑了,"那件事,不是说好不再提了吗?"

郗娆斜睨他:"把我推荐到火坑里去,毁了我作为 HR 的职业生涯,你说翻篇就翻篇?"

"那就不翻篇。"程牧野微微低头,气息吹拂在她耳边,"反正现在人都被你捏在手心里了,你随意。"

郗娆忍不住笑出了声。

08

"郗小姐,是你吗?"背后突然传来一个女人的声音。

郗娆回头,仔细打量了对方几秒钟:"冯静?"

"是我。"女人走上前来,伸出手,"你好,又见面了。"

说实话,郗娆并不太愿意再见到被自己裁掉的人。看见别人的职业生涯从此寥落,她会忍不住自我怀疑,而就算别人离职后生活得更好了,人家自己可以说苦难是最好的老师,她这个逼着别人去经历苦难的人却不能这么说。

总是有些尴尬的。

冯静却看似没有一丝尴尬。她自称是新郎的朋友,热情地引导两个人入席之后,还颇有兴致地和郗娆聊起天来。

"现在回想起来,当初被裁掉倒是一件好事。"

郗娆笑了笑,没有说话。

冯静看了她一眼:"我说的是心里话。你那时评价我没有一个工作了七年的行政人员该有的经验,只是把同样的工作重复做了七年,对我的打击其实挺大的,我甚至为此哭了一整个晚上。"

"我很抱歉……"

郗娆刚开口,却被对方打断:"但后来我慢慢明白,你说得对。我以前一直没想过自己的目标是什么,只顾着忙碌地做最琐碎的事,以为自己很努力,其实毫无专业性可言,难怪公司会选择放弃我。"

"冯小姐很坦率。"见郗娆不自在,程牧野主动开口,"您现在发展得应该不错吧?不知道在做哪一行?"

"我和朋友一起开了一家培训公司。"冯静撩了一下头发,露出一个带了几分张扬的笑容,"其实,我一直希望能再遇到你,郗小姐。我想告诉你,你看,我找到自己的位置了,我也能做得很好,并没有你说得那么差。"

郗娆忍不住笑了。

她突然想起了夏梦。

"你的公司,培训方向是什么?"郗娆问。

冯静说:"不是什么高深的培训,只是教大家一些职场技能和方法。比如,接到工作任务后怎样去高效地完成,怎样整合资源,以及一些自我提升课程,包括办公软件的高阶用法。我自己吃过无效努力的亏,不希望别人再吃一遍。"

09

夏梦终究还是来上班了。

毕竟很多事情,躲是躲不掉的,迟早要面对。

"怎么样,想好了吗?"下午,两个人在楼下咖啡厅坐下,郗娆问。

夏梦把脸扭向一侧,叹了一口气。

"我同意离职。"她说,"领导不喜欢,同事们也看不起,我再努力,有什么意义呢?"

郗娆轻笑:"你还是觉得自己已经很努力了,只是别人不认可?"

"难道不是吗?"夏梦反问。

郗娆摇头。

"你投入了时间,投入了精力,但你从来不关注结果,似乎你做了这个努力的动作就够了,不过,任何公司、任何领导想看到的,都是结果。如果我没猜错的话,你读书的时候应该也是这样吧?每一科的作业都按时完成,笔记永远整洁漂亮,但这些都没有带给你一个好成绩。你只是在仪式化地展示你的努力给所有人看,其实对于你做的那些工作,你从未做过总结,也没有想过去学习新的方法、提高效率,就好像你的漂亮笔记,你从来没有真正理解过自己抄写的知识点。"

"啪。"夏梦手里的小瓷勺掉进杯子里,咖啡溅了出来。

她慌忙抽纸去擦,擦了几下,用力地把纸扔在了桌子上。

"我没有……我已经在备考助理会计师了。"夏梦说着,拿出手机,调出自己买书的记录,"我一直在学习。"

"那在你的工作中呢?你把学到的知识运用在了工作中吗?你哪样工作漂漂亮亮地完成了?如果你想做一名出色的财务分析师,就要拿成绩说话。只是通过秀加班说明你很辛苦是没有用的。你是在用战术上的勤奋掩盖你战略上的懒惰,这只能说明你焦虑、你心虚。"

"够了!"夏梦抬手,小半杯咖啡被泼在了郗娆脸上。

郗娆低头看了一眼自己今天穿的黑色衬衫,真明智,这要是白色的衣服,就只能扔掉了。

她抽出纸巾在脸上擦了擦,还没说话,对方却提高了声音,气愤道:"不就是要赶我走吗?我已经同意了!为什么要把我说得一无是处,你以为你是谁?"

服务生走过来提醒她们不要打扰到别人。

夏梦拿起自己的背包,转身就走,她刚走了两步,听见身后的女人说:"我有一个朋友是做职业技能培训的,她答应让你免费试听培训课程。所以我们得聊聊你现在需要在哪方面进行提升，对你的目标实现会更有帮助。"

夏梦慢慢停下脚步，回过头。

郗娆正在擦头发。咖啡含糖，所以她的脸上和头发上都有些黏腻。

"我去洗个脸。如果你关心自己的职业生涯应该以什么样的方式发展，麻烦你坐下等我一会儿。"

10

夏梦的离职手续办理得很顺利。

最后几天，甚至经常有同事请客吃饭，她能看出他们努力隐藏着的那种松了一口气的感觉。

"同一个部门，你天天加班，别人肯定焦虑，更何况你还要秀给人家看。"

夏梦没有说话。

她有好几个同学都是这样做的，她以前并没有觉得这样做有什么不好。

"明天就开始去上课了？"郗娆问。

"嗯，报了一个培训高效完成工作的系列课程。"

"讲什么？"

夏梦笑了笑："讲一些我之前没想过的东西，比如计划、路径、工具、复盘这些。"

"好好学。"郗娆说，"学完了，用这些方法包装一下简历……到时候，我先生也许能帮你介绍一份工作。"

"包装简历？"夏梦一惊。

郗娆道："没让你造假。不过，你可以用这些方法分析一下你之前的工作，找到更好的工作思路，补充到简历中去。只要你以后的工作表现能达到简历中提及的水平，有什么问题？"

夏梦的培训大约持续了三个月，之后却并没有找郗娆帮忙介绍工作。事实上，她甚至没有再联系过郗娆，郗娆也渐渐地把这个人忘记了。

过了几年，郗娆和张秦一起吃饭。

因为都是干练的职场女性，家里又都养了毛孩子，两个人倒是慢慢处成了朋友。

"你还记得夏梦吗？"张秦问。

郗娆隐约觉得这个名字很熟悉，在自己的微信联系人中翻了翻，才想起来是那个爱晒加班的会计助理。

"她怎么了？"郗娆问。

"在我们的竞争对手公司呢，做部门经理。有一次，两家公司合作拿了一个标，她做总体负责人，我们见了面。"

"哦？"郗娆来了兴趣。

"我以为她会说当初我们裁掉她是有眼无珠呢，没想到小姑娘成熟了，挺平和的，还说了一些感谢的话。"

"还加班吗？"

"加，听说很拼的。"张秦笑了，"考上了 B 大的研究生，一边工作，一边读研呢。"

"那应该没时间发朋友圈了。"郗娆打趣道。

郗娆把这件事说给程牧野听时，程牧野只是淡淡地笑了笑。

"一个伪勤奋的人变成了真勤奋，就好像减肥成功的胖子，一鸣惊人很正常。"

那自己算不算是在关键时刻给了这个姑娘破茧成蝶的压力？

想到这里，郗娆在心里默默地给自己画了一朵小红花。

与前男友的最后一战

01

"这位小姐皮肤白皙,手指修长,非常合适这种皇冠造型的戒面,您看,六爪镶嵌方式会让戒托侧面透光性更好……"

见郗娆的目光锁定了一枚钻戒,导购小姐立刻替她戴上,微笑着介绍起来。

"你觉得怎么样?"郗娆伸手看了看,转头问程牧野。

"漂亮。"程牧野一本正经地说。

郗娆瞪他:"程先生,这是在选婚戒,要戴一辈子的,麻烦你认真一点好不好?每戴一个你都是这句话,让我怎么选?"

程牧野很无辜:"可确实是每一个戴在你手上都很漂亮,我总不能说谎吧?"

旁边的导购小姐笑了,赶紧补充:"先生说得对,小姐的手长得好看,不挑款式。"

听见导购小姐的话,程牧野扬眉对着郗娆笑,一副"你看我没骗你吧"的样子。

郗娆又瞪了他一眼,回过头看着柜台上她刚刚试过的几枚钻戒犯了难。

她以前从来不觉得自己有选择困难症,相反,她买东西一直很干脆,就算是网购,也经常从搜索出来的前几个商品中随手选一个,甚至都懒得去比较。

到了今天郗娆才明白,所有轻易能做出选择的,大概都是没有那么在意的。

她在意程牧野,所以在意和他的婚姻,以至于为了结婚做的所有准备,她都希望能完美无瑕。

正在纠结,郗娆的手机突然响了起来,是一个陌生的号码。

"您好!"她接听,习惯性地露出标准的职业化微笑。

"你好吗?"那边传来一个男声,隐约有几分熟悉。

郗娆正努力回想在哪里听到过这个声音,男声再次响起:"是我,郗娆。我是江海炎。"

这个人竟然还有脸和自己联系？难道给自己使绊子、在网上胡说八道那些事，他都忘了？

郗娆几乎被气笑，随手就想挂断电话。

"我有个案子想和你谈。"也许是猜到了她想挂电话，江海炎飞快地说，"我们公司要裁员，四个人，我可以推荐你去做。"

郗娆和程牧野对视一眼，略微调整了一下情绪，用公事公办的语气问："条件呢？"

江海炎一顿："你就是这么看我的？郗娆，不管怎么说，咱俩也在一起过，虽然后来……这个案子就当是给你的补偿行不行？佣金八万。"

"用不着。"郗娆冷笑。

"那就在商言商吧。"江海炎倒是有耐心，"都是成年人，没必要和钱过不去，是不是？你考虑一下……"

"不用考虑了，我不相信你。"郗娆打断他，毫不犹豫地挂断电话。

想到那笔佣金，她多少还是觉得有些可惜。上学的时候，连发高烧都舍不得放弃五十元一天的兼职，现在，八万元的案子说拒就拒了，不知道该说自己是豪横还是任性。

"不想做就不做。"像是知道郗娆在想什么，程牧野轻轻捏了捏她的手指，"赚钱养家这种事，你愿意给机会，我求之不得。"

郗娆忍不住唇角上扬，点了点头。

江海炎这个人，如果可以，她是不愿意与之打交道的。

02

既然已经拒绝了，郗娆就没再把这件事放在心上。

过了几天，她正在和王穗穗一起吃午饭，突然接到一个女人打来的电话。对方自称李淼，是一家科技公司的 HR 经理，说有一个案子想和郗娆谈。

"生意不错啊！"案子谈妥后，她刚挂断电话，王穗穗就笑眯眯地凑上来，"要不，这顿你请？"

"好像姐姐我平时一毛不拔似的。"郗娆冷哼，"我请！怎么着？是不是还要加两个菜？"

"那客气什么！"王穗穗一拍桌子，"加，必须加。"

她们的菜本来点得就有点儿多，这一下就更多了。郗娆从小家里条件不好，不愿意浪费，两人都撑到扶着墙出来。

这样一耽搁，等郗娆赶到那家公司所在的写字楼，已经快下午三点了。

两部电梯，一部在维修，另一部总不见下来。想着只有四层，郗娆干脆转进了楼梯间。

爬到公司外面的楼梯转角处，郗娆看到台阶上坐了一个男人。

郗娆以为他是躲出来抽烟的，走过去的时候顺便打量了一眼。正好男人抬起头看过来，两人的视线便撞在了一起。

尽管对方没有什么特别的表情，可那一瞬间，郗娆敏锐地感觉到了一种深切的悲伤。

只是，这悲伤一闪即逝，等她再看过去时，男人已经一片平静，甚至唇角还几不可见地微微翘起。

大概是自己看错了，这样想着，郗峣加快脚步，与他擦肩而过。

李淼已经等在了公司门口。

"郗小姐，这是裁员名单，还有那几位同事的资料。"一进会议室，李淼就开门见山地说。

郗峣接过来翻了翻。

公司准备裁掉的是四名软件工程师，都是签了无固定期限劳动合同的老员工，年龄从三十八岁到四十二岁不等。

"预算多少？"她随口问。

那边却理解错了："您的佣金吗？每个人两万元，一共八万元。"

"我说的是离职补偿金。"郗峣解释。

李淼恍然："这个当然是按照法律规定的 N+1 支付。说实话，我们也不愿意这么做，但公司已经好几年没有用他们熟悉的那种开发语言了，只安排他们维护老产品。现在，大部分客户都已经做了产品升级，老产品逐渐退出市场，维护工作非常少，最近一年，可以说公司完全是在白养着他们。"说到这里，李淼摇摇头，"你也知道，这两年，企业的生存环境并不算好，竞争激烈，我们也是迫不得已。"

郗峣点头。

软件公司裁掉大龄普通程序员，很常见的案子，她不是第一次做了。只是不知道为什么，这次，郗峣隐约有些不安。

"郗小姐，如果没有什么问题，咱们先把合同签了吧？50% 的首付款今天就可以打到你的账户里。"李淼催促道。

回去的路上，郗峣顺便去公司接了程牧野。两个人晚上要去看电影，所以他特意没开车。

"四个人，八万元？"听郗峣说起这个案子，程牧野皱了皱眉，"你还记得江海炎要推荐你做的案子吗？报酬好像也是这个数？"

郗峣这才明白自己那份不安来源于哪里——人数和佣金都一样，难道真的只是巧合？

03

见郗峣问起，李淼毫不隐瞒地承认了，向她推荐郗峣的人正是江海炎。

在她看来，这是江海炎想帮前女友的忙，却不愿意让前女友知道，有点做好事不留名的意思，李淼就做了一个顺水人情。

郗峣便也不好再说什么。

可她对江海炎这个人是一点信任都没有的，当天晚上的电影也没心思看了，回家就把那几个被裁对象的资料翻出来研究。

没有问题，一点问题都没有。

难道江海炎真的只是想帮她一个忙？

郝娆有些烦躁："我还是觉得他在给我挖坑，早知道是这样，就不应该和他们签合同。"

但此时说这话已经晚了，如果她不做，不仅要赔付违约金，还会影响自己的信誉。

"没关系，咱们走一步看一步。"程牧野拍了拍郝娆的胳膊，前半句是温言软语，后半句却陡然凌厉起来，"如果江海炎真的不怀好意，那他就得做好被'反杀'的心理准备。"

这话有道理，而且也没有别的选择了。郝娆索性不再纠结，反正兵来将挡，水来土掩，她还怕江海炎不成？

第二天，郝娆准备和这四个人逐一沟通，先打电话请其中最年轻的那位到会议室找她。

郝娆做好了所有准备，甚至特别注意把桌面上的矿泉水和纸巾盒都收了起来，避免自己被砸着。只是她没想到，等了足足二十分钟后，来的不是一个人，而是四个人。

"你就是那个职业顾问郝娆？"其中一个体型偏胖的男人拉开郝娆对面的椅子，一边坐下，一边问。

郝娆点头："是我。"

"我查过你了。"另一个圆脸男人说，"你是做裁员的。什么职业规划和辅导，不就是想让我们卷铺盖走人吗？"

这位应该就是刚刚和她通电话的陈斌了。

自从对方问了她的名字，郝娆就猜到他会这么说，所以她只是笑了笑："我确实是裁员顾问，但被裁员本身也是一种职业生涯的转换，我可以用我的经验为大家提供辅导和帮助……"

话没说完，圆脸男人抬手打断她："你不用说了，我们知道我们年龄大了，遭人嫌弃了，但是想打发我们走，没那么容易。"

郝娆点头，从文件袋里面拿出每个人的《协商解除劳动合同协议》和《补偿金核算表》，分别递到他们手里："各位不妨先看看这个。公司并不是否定大家的能力，但从业务发展情况来看，公司确实已经没有合适的工作能提供给大家了，拖下去对双方都没有好处……"

"你少说这些没用的！"坐在中间的男人"啪"的一声把手里的两张纸拍在桌子上，"公司里几百个人都有事做，到我们这儿，就没有工作能给我们了？想卸磨杀驴就明说，当我们是三岁小孩吗？告诉你，走可以，但只给这点儿钱，不可能！"

"就是！"旁边一个戴眼镜的男人附和。

"各位，N+1是法定补偿金标准。"郝娆神色不变，对方的声音越高，她的语调反而越平和。

"我不管什么法定不法定，反正钱给不到位，老子就是不同意！"

说完，坐在中间的男人又重重地拍了一下桌子。

04
HR DIARY

见对方是这个态度，郝娆一时也不知道该怎么继续谈下去，气氛瞬间紧张起来。

"杰哥。"一直坐在胖男人左侧的人开了口,"这位小姐只是代表公司来和我们谈……人家毕竟是女孩子,咱们有话好好说。"

郗娆看向他。

刚刚,这个男人一直低着头,而且她的注意力都在另外几个人身上,没有发现这个人还是和她有过一面之缘的——正是坐在楼梯上发呆的那位。

郗娆对他笑了笑。

男人也弯起唇角:"我是王栋。"

资料上有照片,王栋是四个人中长相最出色的一个,阳光帅气,和面前这个人不太像。

郗娆又仔细看了他一眼。

"变化有点儿大……"王栋看出来她的意思,主动解释道,"做我们这行太辛苦,老得快。所以,公司怎么也得考虑考虑,毕竟我们把最好的时光都给了公司……"

这话引起一片附和声。

第一次沟通,本来就不指望有什么突破性进展,见到眼前的情况,郗娆很快结束了谈话。看着几个男人走出会议室,她想,也不是没有收获,最起码找到了突破口。

郗娆准备从王栋开始做工作。

她把王栋约到了楼下的水吧。下午,这里没有什么人,正适合谈一些可能会导致对方不满的话题。

王栋远远走过来的时候,郗娆隔着玻璃窗打量他。王栋一直垂着头,双手插在裤子口袋里,浑身笼罩着一层说不清的颓废气息,和他在会议室里给她的感觉完全不一样。

郗娆微微皱起了眉。

推开门的一瞬间,王栋对上了郗娆的目光,他立刻扯出来一个笑。这笑容明朗温和,倒让他有那么一点像资料照片上的人了。

郗娆见过,有的人独处时和在别人面前时表现出来的状态不完全一样,比如独处时喜静,但在人前特别活泼,她觉得王栋大概也是这样的人。

这是后来令郗娆无限后悔的地方——太过自信,强不知以为知,没想到有时候差之毫厘,谬以千里。

"郗小姐,你找我?"王栋站在她面前,客客气气地问。

"坐。"郗娆抬手示意,"您是K大毕业的?"

男人点头,随即坐下。他没有将椅子往前拉,和她保持了一点距离。

"您当年的成绩一定很好。"郗娆笑起来,"我记得我高考那年,K大的分数线很高。"

"是,我高于录取线13分进去的,专业随便选。"说到人生的高光时刻,王栋的眼睛里有了神采,话也多了起来,从高三的考试到填报志愿,滔滔不绝地给郗娆讲了一遍。

"所以,现在离开,我觉得对您来说并不是坏事。"等他说完,郗娆开始帮他分析形势,

"您三十九岁,在软件行业的确不是最好的年龄,但仍可以去小一点的公司带团队,或者干脆转行做培训讲师,毕竟,您的学习能力很强。抛开我的角色不谈,如果您是我的朋友,我会建议您顺势而为。"

"我明白。"王栋笑得爽朗,"我这个人不适合做管理,也不太喜欢做管理,但技术上,我觉得自己还是有点儿底气的。不过,希望郗小姐能给我两周时间找工作,找到了,我马上办手续,你看这样可以吧?"

05

有了王栋的这种态度,郗娆对顺利完成这个案子的信心大大增强。

三天后,除了胖男人,另外两名工程师都表示愿意先看看机会,尽量和公司达成一致。于是,郗娆把程牧野及他所在行业内的朋友们手里的招聘需求全部共享给了他们。

下午,她继续和胖男人进行拉锯战。

胖男人态度明确,除非给他2N的离职补偿金,要不然他就和公司死磕到底。

"您应该知道,如果离职补偿金谈不拢,公司想要逼您走,办法非常多。"好言好语地讲了半天,对方油盐不进,郗娆索性摊牌,"作为一名裁员顾问,我希望我们能通过桌面上的途径解决问题。"

胖男人却咧开嘴,朝着她招了招手:"桌面下的途径我也不怕,要干什么?尽管来!"

这个人可能一直是一个刺头,领导提起他都要皱眉毛的那种,郗娆正这样想着,走廊里突然传来一阵骚动。隐约间,她似乎听见有人提到王栋的名字。

都说女人的直觉很准,在脑子反应过来之前,郗娆已经冲出会议室,跟着大家跑向了男洗手间。

男洗手间门口已经围了里三层外三层。

"怎么了?发生了什么事?"她一边问一边伸手去拨开人群。

没人认识她,也没人回答。

"我没带手机,谁帮忙叫一下救护车!"男洗手间里面传来一个焦急的声音,郗娆立刻判断出这个声音来自与她有过两面之缘的圆脸男人陈斌。

有人应了,她的心一沉,稍稍侧身,硬挤了进去。

一个隔间的门敞开着,王栋歪在墙边,腿伸了出来,像是已经失去了知觉。陈斌脸色苍白地站在那里,脚边扔着几个塑料袋。

因为自己喜欢的一个男演员曾经通过头套塑料袋的方式自杀,所以郗娆对此印象深刻,一瞬间就反应过来王栋做了什么。

她逼着自己冷静下来,走到王栋身边,把手放在他的鼻子下面。

没有呼吸,什么都没有。

06

"帮我把他带到外面去，平躺。"郗娆转身对陈斌说。

陈斌怔怔地看着她，没有动。

不知是恐惧还是紧张，郗娆感觉自己的心脏都要冲出胸膛了。

"傻愣着干什么？想要看着他死吗？帮我把他弄到外面去，平躺着！"她提高了声音，几乎是吼出来的。

刚刚打电话叫救护车的人率先反应过来，立刻招呼了几个人，和陈斌一起把王栋抬到平地上。

郗娆跪在王栋身边，双手重叠，将掌根压在王栋胸口，同时命令："来一个人，按照我的节奏做人工呼吸。"

陈斌这时候已经找回了理智，赶紧配合地蹲了下去。

"郗小姐。"有人叫郗娆的名字，她回头，李淼正站在她身后。

"你确定能行吗？"对方犹豫着问。

郗娆明白，如果王栋死于窒息，这件事根本牵扯不到她身上；但如果被她急救以后人没了，就很难说了。

审时度势，她不应该做这些。

可王栋为什么要自杀？和公司裁员这件事到底有没有关系？郗娆不确定，也不敢去确定。现在，除了不顾一切地把这个人救活，她别无选择。

郗娆没说话，果断地数着拍子，开始用尽全身的力气按压王栋的胸口。

一下，两下……不知道按压了多少下，胸膛里终于重新有了微弱的跳动。

"喘气了！"一旁的陈斌说。

郗娆的眼泪都要流下来了。她比任何时候都庆幸自己因为担心父母年纪大了会出什么意外，特意去学了一些急救方法。

不管怎么样，现在已经有了一线生机。

救护车来的时候，王栋还没有醒。医护人员将王栋抬上救护车，郗娆一转头，看见门外不远处有人扯起唇角，对她露出了一个嘲讽又不屑的笑。

是江海炎。

两人对视了几秒钟，江海炎转身就走。

醍醐灌顶一般，郗娆想明白了之前她百思不得其解的那个问题。

江海炎的确是在给她挖坑，现在，她可能已经掉进去了。

郗娆不知道为什么王栋明明表现得很正常，对未来也很乐观，却会突然在公司里自杀，也不知道江海炎凭什么能预知这一点。

但她知道，如果王栋真的因为裁员这件事而死，自己这辈子就完了。

经过这件事，她还能问心无愧地过自己的人生吗？

07

郗娆是在天台追上江海炎的。

或者说,是江海炎有意引她上了天台。

"好玩吗?"因为发胖,这个男人早已没有了当初帅气的模样,此时露出幸灾乐祸的表情,显得十分油腻。

"你送了我那么一份大礼,把我的尊严放在脚底下踩,我一直在想该怎么回礼比较好。"他耸耸肩,"你看,这不就找到机会了?"

"王栋有什么问题?"

郗娆其实已经猜到了,她只是需要确认。

"有什么问题?"江海炎哼笑,得意地转了半个圈,"你说呢?"

"抑郁症?"郗娆死死地盯着眼前这个人,努力控制着自己的情绪,"所以,你为了报复我,甚至不惜去害死一个活生生的人?"

江海炎摆摆手:"你千万别这么说,我只是碰巧知道他有抑郁症,害死他的人是你。别忘了,是你逼他中年失业,像一条丧家之犬……"

"啪!"一个巴掌重重地落在了江海炎脸上,落掌处立刻出现了一个红肿的手印。

郗娆练过散打,虽然不算精通,但比一般女人有力量一些,更何况,现在她已经愤怒到了极点。

"动手?"江海炎的神情突然变得狰狞,伸手就来抓郗娆的肩膀,"告诉你,我可没有不打女人的习惯!"

话音未落,江海炎伸出去的手就被另一只手箍住,随即,对方一把将他的胳膊拧到了背后。

"这么大本事?那咱俩练练?"还没来得及喊疼,江海炎耳畔就传来一个男人的声音,"别说我没提醒过你,这可是天台,一个不小心,你掉下去可就有意思了。"

"你敢?"江海炎咬着牙,明显是外强中干。

"有什么不敢的?你打我的女人,我这不是正当防卫吗?"说着,男人放开他,活动了一下手腕,"怎么样,来不来?"

"哼!"江海炎转过身,看到神情轻松地站在郗娆身前的程牧野,重重地"哧"了一声,"有时间在这里逞英雄,不如想想怎么处理王栋的事情吧。如果他救不回来,那才叫真的有意思。"

说完,他整了整刚刚被扯歪的衣领,扬长而去。

程牧野看向郗娆。

"没事了,别怕。"他把脸色苍白的郗娆拉到自己怀里,抬手轻轻地顺了顺她的头发,"不过是个奸诈小人,有我呢。"

郗娆闭上眼睛,全身勉强攒起来的力气突然就消失了。

08

快回到家的时候，李淼打来电话，告诉了郗娆一个好消息和一个坏消息。

好消息是王栋醒了，身体没有大问题，正在医院接受治疗。

坏消息则是，王栋自杀前给他老婆发了一句话："要强的老妈，能干的老婆，考第一名的女儿，真好呀，只多了我这么一个一无是处的废物。"

通过这句话，李淼分析他的冲动行为与裁员事件有关。

"你知道他有抑郁症吗？"沉默了一会儿，郗娆问。

"我才来三个月，我怎么会知道？"李淼显然认为自己也很冤枉，"而且我特意去了解了一下，以前的HR也不知道这件事。"

郗娆闭了闭眼。

也许正是因为这样，江海炎才这么确定她会踏入他的陷阱。

"我得去看看他，李经理。"郗娆说。

"你现在去？恐怕……"李淼的话没说完，但郗娆明白，如果对方家属知道了裁员的事，会用什么态度对待自己，可想而知。

可总要去面对。

第二天早上，郗娆买了一个果篮，按照李淼说的地址，找到了王栋住院的病房。

病房门开着，医生正在查房，她便站在门外等。

"怎么？没有勇气进去？"身后传来一个声音。

郗娆回头："你来干什么？"

"来看你倒霉啊。"见她怒视自己，江海炎更得意了，"你不是一直都很得意吗？当初把我从公司赶出来的时候没想过会有今天吧？呵，这就叫风水轮流转！"

说着，他突然抬起手，用力地推了郗娆一把。

郗娆离门很近，一不小心就踉跄着跌进了病房。

"王太太。"江海炎也跟进来了，提高了声音对坐在王栋病床边的女人说，"你们不是想知道王栋为什么要自杀吗？问她啊！"

他指着好不容易稳住脚步的郗娆："这位郗娆小姐，是一名裁员专家。说难听点儿，就是靠砸别人饭碗赚钱的。你问问她，她对王栋说了什么，是怎么逼着王栋离职的？"

09

房间里的人都看了过来。

被称作"王太太"的中年女人大步走到郗娆面前，瞪着眼睛质问道："你要开除王栋？"

"是协商解除劳动合同。"郗娆如实说。

"怪不得他说自己是废物！"女人突然抬手，向郗娆的脸上打来，好在郗娆有心理准备，迅速后退了一步，躲开了这一巴掌，"在公司工作十多年，我家王栋没有功劳也有苦劳吧？你们凭什么想开除就开除？是不是要把他逼死你们才高兴？"

在场的医生护士都围了过来，女人没有再动手，声音却越发尖利了。

"这件事，我和王先生沟通过。"郗娆看向躺在床上的男人，"他说有自信找到合适的机会，我并没有逼迫他……"

"你没逼他，我儿子为什么要自杀？"一个六七十岁的老太太也挤了过来，老泪纵横，"我就这一个儿子，孙女才上小学。要是他有什么意外，你让我们一家人怎么活？"

她这么一哭，周围人看向郗娆的目光中都多了几分不赞同。

"真的很抱歉。"郗娆艰难地开口，抬手把果篮递过去，"我也没想到会这样，希望你们能让我再和他谈谈……"

"还谈？"王栋的老婆一把推开了郗娆的手，把她连人带东西往病房外赶，"你不害得我们家破人亡不罢休是吗？"

"你走，我们一家人不想看见你！"老太太也来推她。

"我只是想把事情说清楚，有什么要求，你们可以提出来……"郗娆一边解释，一边踉跄着往后退。

江海炎靠在墙上，双手插兜，皮笑肉不笑地看着她。医生们走出来，病房的门在郗娆面前关了。

"你不知道现在中年人的压力有多大吗？本来就焦虑。"一个四十多岁的男医生摇着头，有些感同身受的样子，"年纪轻轻的，干点儿什么工作不行，何必为了钱把人逼到这种程度呢？"

郗娆一愣，一句话都说不出来。

难道自己真的错了吗？自己所从事的职业真的这样被人厌恶吗？

刚开始做这个工作的时候，她确实认为那些被裁员的人都是自己有问题。不出色就出局，这是职场的规则。

可做久了，郗娆越来越明白，出色的只是少数人，其他人可能再努力，也只是平凡的大多数。

但平凡的大多数就无路可走吗？她并不这样认为。所以，她开始帮被裁员的对象做职业规划，利用一切机会帮他们争取合适的职位。

难道还是错了吗？

10
HR DIARY

郗娆失神地坐在医院楼下发呆。

有一个瞬间，她想起身就走。该赔多少违约金就赔多少，这个案子，她不做了。

可是她做不到。

如果自己是一个小孩子就好了，就可以任性、可以不负责任了，郗娆苦笑。

微信电话提示音响起，她接听。

程牧野的声音传来："你在哪儿呢？"

"医院。"

"去看那个自杀的程序员？见到人了吗？怎么不让我陪你去呢？"

郗娆叹了一口气，直接回答了最后一句："不用，我自己的事情，我会想办法解决……"

"郗娆。"程牧野突然语气郑重地叫她的全名，"没有你自己的事情。你和我在一起，无论什么事情，就都是我们的事情，我们一起来解决。"

郗娆抿起唇角，眼圈突然有些发热。

"嗯，知道了。"隔了几秒钟，她闷声说。

"他们给你难堪了是不是？"程牧野似乎在路边，偶尔有鸣笛声传来，"把你所在的位置发给我。"

他到的时候已经快中午了，两个人一起吃了饭，又讨论了一会儿，才重新回到王栋的病房。

"你还有脸来？"王栋的妻子一看见郗娆，立刻走过来，想把她往外推。

程牧野向前一步，挡在了郗娆前面。

"王太太，您这样做解决不了任何问题。"他说着，掏出一张名片递了过去，"我是郗娆的朋友，同时也是猎头公司的合伙人。如果您希望王栋在这个行业内获得一些帮助，我建议大家坐下来谈谈。"

接过名片看了一眼，王栋的妻子有些犹豫。

"谈什么谈？我们家和你们没什么好谈的！"这时，王栋的妈妈提着饭盒回来了，她指着床上的王栋，看郗娆的神情像看仇人一样，"你瞧瞧我儿子这个样子。从醒来到现在，他没有说过一句话，谁和他说话他都没有反应！这要是你家里人，你心里是个什么滋味？"

老太太越说越难受，捶着胸口抹眼泪。顺着她的手指看过去，郗娆心里也堵得难受。

程牧野却很冷静："王栋有抑郁症这件事，你们是知道的吧？"

老太太的动作一顿，看向自己的儿媳妇。

中年女人僵着脸点了点头。

"我们也很遗憾，因为裁员给他带来了更大的压力，但事情的根源还是他的病。"程牧野看了王栋一眼，语气缓和了下来，"我这样说也许显得有些不近人情，但我希望大家都能明白，抑郁症是需要系统治疗的疾病，否则，就算没有这件事，也可能会有其他事对他造成刺激……"

"你的意思是他自杀跟你们没关系，他有病，他活该？"王栋的妻子又激动起来，甚至动手去推程牧野。

对方是女人，程牧野只能被动躲闪，一时间有些尴尬。郗娆伸出手，抓住了对方的手腕。

"王太太。"她神情沉静,"我听说王栋自杀前曾给您发过一条微信。从内容上看,他之所以做出这个选择,恐怕不仅仅是因为裁员吧?工作没了可以再找,大不了可以转行。他究竟在怕什么?是谁给了他这么大的压力?难道,逼着他这样做的真的是我吗?"

这话一出口,王栋家的两个女人都怔住了。

11

这一点,是刚刚程牧野和她们对话的时候郗娆才想明白的。

王栋会患上抑郁症,除了他自己的因素,一定和他的家庭情况脱不开关系。

只是,她没想到,王栋的老婆愣怔许久后,突然扑到王栋身上号啕大哭了起来,声嘶力竭的那种。

"我不是想逼你,我只是希望你好……你是我的老公,我怎么会害你呢?"

王栋的妈妈似乎也反应过来了,拉着他老婆就捶:"都怪你,整天说我儿子没出息,跟这个比,跟那个比。就你有本事,就你能挣钱,你把我阳光开朗的儿子还给我!"

眼看着病房里乱成一团,程牧野赶紧过去拉开婆媳两个。

"王栋还在休养,你们克制一下情绪。"他说。

"对,当务之急是找一个心理医生,系统地进行治疗。"郗娆也赶紧劝说她们,"至于以后,不管是转行做产品经理,还是去做技术培训,都是不错的选择,现在,实在没必要这么灰心。"

好说歹说,两个人总算平静了一些,却仍是不停地抹眼泪。

躺在床上的王栋眼珠动了动,看向了郗娆和程牧野。

"现在公司知道我有这个病了,是不是就可以直接把我开除了?"他问。

"不会的,公司还是希望双方能协商一致。"

说实话,郗娆现在和他沟通,心里是有点害怕的,很担心哪句话没说对,会再次刺激到他。

"你能多给我争取几个月的补偿金吗?"他又问。

这一点,郗娆已经和李淼商量过了,所以她点了点头。

"好。"王栋重新把目光落在天花板上,"我答应过你,会办手续,等我出院就去办。"

他老婆立刻试图打断他:"那以后……"

"王太太,当务之急是治病。"郗娆说着,和程牧野对视了一眼。

程牧野立刻会意:"我有一个朋友曾经接受过这方面的治疗,我会请他把自己的心理医生推荐给我。"

中年女人看了看王栋,又看了看自己的婆婆,还想说什么,王栋却径自坐起来,对程牧野点了点头:"那就麻烦你了,如果我好了……"

"我会为您推荐工作机会的。"程牧野语气肯定地说。

12

程牧野介绍的心理医生很不错。

接受了两个多月的治疗后,王栋给程牧野发消息,说自己心里那条仿佛随时会跳出来咬死他的黑色恶犬已经走了。

那天正是程牧野迎娶郗娆的日子。别的新郎新娘坐在婚车里的时候聊什么他们不知道,他们讨论的是什么时候帮王栋推荐工作,以及什么样的工作适合他。

"今天这种时候,你还在惦记别的男人的事。"最后,程牧野忍不住失笑,"好像不太合适吧?"

郗娆低头看看身上的婚纱,也跟着笑了。

"不过,这件事至少给我带来了一个好处。"程牧野继续说。

"什么?"她仰头看他。

"让我的老婆终于明白了一件事。"男人附在她耳边,声音里带着笑,"自己的男人是可以依靠的。"

郗娆弯起唇角:"嗯。"

"对了,那个人……"她猛地想起了什么,又问。

"我刚刚说什么来着?还提别的男人?"程牧野故意逗她。

郗娆脸上一热,正想说算了,程牧野却弯起了唇角。

"我找了一个朋友,给他推荐了一个非常好的工作。"男人淡淡地说,"江先生都拿到 offer 了,可惜简历造假被曝光,入职当天就被扫地出门。唉,他白高兴一场,入职手续都没来得及办完,太惨了。"

见他这副幸灾乐祸的样子,郗娆几乎笑出了眼泪。

"哎,我的睫毛膏!"她忙把手指按在眼下,"再逗我笑,你就准备娶个熊猫回去吧。"

那个差点儿把她的职业信念,甚至她的人生都毁掉的人,终于得到了教训,郗娆心里其实是痛快的。

"马上到酒店,你就要当着所有人的面嫁给我了,紧张吗?"程牧野突然问。

他不问还好,一问,郗娆立刻觉得自己手心竟然开始冒汗了。

"快看看我的妆还好吗?"她伸长脖子去照后视镜,突然想起了什么,转向程牧野,"你说,我得罪过那么多人,不会有人来砸场子吧?"

程牧野扶额,眼睛弯了起来。

"别怕,郗娆。"他把她往怀里拉了拉,怕碰乱她的头发,只是轻轻地抱着,"我还是那句话,有我呢,以后都有我呢。"

郗娆也弯起唇角,主动靠了过去:"那么,往后余生,程先生,还请多多关照。"